こころの性愛状態

Sexual States of Mind

ドナルド・メルツァー
Donald Meltzer

古賀靖彦
松木邦裕 監訳

Ψ
金剛出版

こころの性愛状態

『こころの性愛状態』は、「性欲論三篇」およびその後のナルシシズムの理論でフロイトが定式化した性愛の精神分析理論を、一九二〇年代に発達した彼の構造論の観点から改訂する試みである。この試みのなかで、乳幼児の多形倒錯の素質、精神－性発達の段階の発生学的な概念、そして性器的優位と前性器的前戯に終わる性愛部位（性感帯）優位についての、独創的だが漠然とした定式化が自ずと解き明かされるのが示される。成人と乳幼児のこころの構造の区別、および同一化の「取り入れ様式」対「自己愛的様式」に基づくこころの構造の性質上の基礎を描写することを通じて、こころの性愛状態とその結果生ずる行動の意義を評価する、純粋に精神分析的な多様性の基準が導き出される。

これに基づいて、メルツァー博士は、美学、教育、法律、政治の近縁領域での作業に精神分析の知見を利用するための論理的枠組みを提供するのみならず、面接室への明快な応用にまで役に立つようなやり方で、倒錯の理論を再構成する。メラニー・クラインによって記述された妄想－分裂ポジションと抑うつポジションの経済原則は、フロイトの快感原則と現実原則によって意味された快楽主義的な立場よりも、性行動との関係で、特異的で倫理的な立場を育むことが示されている。その結果得られるのは、性の行動と空想への包括的な取り組みにおいて、情緒、意味、価値を結びつける理論である。

Sexual States of Mind

Donald Meltzer M.D.

First published 1973

Clunie Press, Perthshire, Scotland.

監訳者まえがき

松木邦裕

人間の本質とは何か。精神分析的探究の中核とは何か。この双方の問いにもっとも肉薄する人間の属性は、性愛（sexuality）でありましょう。

かつてその創成期に精神分析の存在が社会全般に広く浸透し始めた頃に、精神分析は「汎性欲論」と呼ばれもしました。そこには精神分析に向けられたいかがわしさや揶揄を伝える響きが確かに含まれていました。それでも真摯な視座から人間と精神分析を直視するなら、この表現はさほど間違ったものではないと私は思っています。確かに精神分析は性愛を備えた人間というものに注目しました。それは、性愛を生きて苦闘している人間こそが、生きた人間であるからです。その人間に生きているこころがあるからです。生きたこころこそを精神分析は見つめ続けようとしています。

しかしながら精神分析さえも、臨床実践に没頭したときから体系化され精神分析学と呼ばれるようになる進展の歴史において、性欲動やリビドー論を、やがては精神－性愛の発達そのものを置き去りにし始めました。自我や超自我、対象、象徴などの抽象化されやすい概念に重点は移され、いわゆる洗練された知的思索が主導権を握っていきました。その結果、その議論の中には生きた人間がほんとうにいるのか、不確かな状況さえ見られています。

ですがその中にも、精神分析が何を見つめるのかを忘れていない人たちもいます。

本書の著者ドナルド・メルツァーもそのひとりです。すでに三冊の邦訳書があるメルツァーはわが国でも注目されているクライン派分析家になっており、『精神分析過程』や『精神分析と美』を彼の代表作と考えている臨床家も多いでしょう。その見解を否定するものではありません。しかし個人的には私は、本書『こころの性愛状態』がメルツァーの代表作と考えています。少なくとも私がもっとも好む彼の著作です。私に言わせれば、精神分析の源流に直結する著作なのです。フロイトがその晩年においても自身の代表作のひとつと公言した「性欲論三篇」を、クライン、ビオンの業績に立脚しながらみごとに深化させた、精神分析の臨床体系に不可欠な著作と私は位置づけています。

これも周知のように、メルツァーは子どもの分析家でした。性倒錯者もまた彼が精神分析の対象としたところでした。彼の代表論文が「肛門マスターベーションの投影同一化との関係」であることにそれは示されています。こうした臨床活動が人間における性愛の中核性を見逃させなかったのでしょう。

ビオンは両親の性交の健全な内在化こそが、その人の深い思索や豊かな創造性の根源であると述べました。メルツァーはそこに止まらず、そしてもちろんフロイトの性愛に関する知見にも止まらず、精神ー性愛の発達に関する新たな見識を披露し、それを通して人間そのものや人が生きる文化を探究しています。メルツァーの諸見識を参照しながら、私たちは性愛を通して人間の本質に迫ることができるのです。

原著“Sexual States of Mind”の翻訳出版の成就は、ひとえに統括的な最終監修を担当された古賀靖彦氏に負っています。文章としても研究書としても高い完成度をもって本書を世に送り出すことができたのは、精神分析臨床実践を踏まえた彼の優れた読解力と丁寧な校正、緻密な全体構成の賜物なのです。各章は翻訳を担当された諸氏によって早くに完成されていましたが、精密な仕上げが必要なため、その後かなりの時間を要しました。しかしながら翻訳者諸氏も本書の完成度に満足されると私は思っています。

好もうと好むまいと、本書『こころの性愛状態』にこそ精神分析にとってのこころがあります。私はこう言いたいのです。

セクションB　性の臨床的精神病理　167

第3部 理論の応用 281

•凡例•

本文中の「◀1」は原註番号を、「◁1」は訳註番号を表わし、それぞれ章末にまとめる。

理解のために本文中の原文を補う場合は［　］内に原文表記を記し、訳者が訳文を補う場合は〔　〕内に記す。

謝辞

本書に収めた概念を構築するのを援助してくれた多くの人たち——患者、訓練生、同僚、友人——のなかでも、特に励ましてくれ、草稿や書物を作成し終える手助けをしてくれた以下の方たちに感謝する。エスター・ビック（Esther Bick）先生、パティ・ノック（Patti Knock）先生、ロジャー・マニー＝カイル（Roger Money-Kryle）先生、エリザベス・ボット・スピリウス（Elizabeth Bott Spillius）先生、エイドリアン・ストークス（Adrian Stokes）先生、ドレーン・ウェデル（Doreen Weddell）先生。

序文

ある種の切迫感のもとに本書は作成されることとなった。この切迫感には、今日あらゆる面において直面する性愛〔sexuality〕にまつわる現在の混乱状態への不安だけでなく、精神分析とその実践の領域が含まれる。

性病防止の分野での医学の多大な進歩が、宗教に煽られた道徳心によって押しつけられていた恐れに怯えた抑制から性的行動の解放を推進させたことには、誰も疑問を抱かないであろう。さらに医学の最近の進歩は、初心者でも簡単で安全な避妊法を通して、倫理に関する事柄からの解放を約束する。皮肉なことなのだが、性への頑迷な信念に対して全く革命的だった科学が、性のライセンスに関して今や強く「禁欲的な厳格さ」にこだわっている。けれども無知の振り子が大きく揺れているとしても、個性への信頼や心的現実〔psychic reality〕の卓越性、そこからの責任の具体性という原理的根拠の上に、精神分析は確固として立っている。精神分析は、あらゆる社会学的な文化概念をとらえるのと同じように、正常性に関する統計的概念が人間の行動を因果論的に説明するものとして提示されるとき、それらすべてを、偽善的ないしは冷笑的でさえある責任回避として見るに違いない。精神分析は同様に、宇宙的神秘主義を疑うはずである。

しかし精神分析はそれ自体の神秘主義をもっていて、それは軌道を外れるという傲慢なことをしないあらゆる科学と同様である。すなわち宇宙の神秘の探索は決して、究極の問いに答えたり私たちの畏怖や不可思議さを破壊したりしない。むしろ科学は自然の聖域を発見しても侵入はしないようにと、私たちの自己制御——私たちによる宇宙の制御ではなく、自分たち自身の制御である——を高めながら、より謙虚であろうと努める。それは、こころ［mind］の進展が私たちに課する責任を私たちが負うためである。今や地球上のあらゆるものに首を突っ込めるがゆえに、私たちはもはや地球の管理者なのである。だから、父なる神にこれらの負担に再度着手させようと、優美な社会政治理論で私たちの内的世界［internal world］からその神を追い出そうとするのは手遅れである。

本書に課せられた切迫感についてはこのぐらいにしよう。本書の内容は、フロイト（Freud）に始まり、アブラハム（Abraham）を通してメラニー・クライン（Melanie Klein）、ウィルフレッド・ビオン（Wilfred Bion）へと至る天才の系譜への賛歌である。方向づけしてくれたのは彼らだが、その詳細は、彼らの偉大な洞察を耕せる道具を鋳造するために、他の者たちによって埋められねばならない。これから先は精神分析家、哲学者、生物学者、社会学者、人類学者など他の人たちの業績には稀にしか言及しない。言及しているところは「賞賛」するためではなく、読者をさらなる研究に向けるためか、問題に関するとりわけ簡潔な陳述を引用するためである。個人の達成を賞賛することはない。しかし、賞賛がほとんど示されない領域にここで触れておくのは有用である。というのは、その領域は、それに沿ってさまざまな知見が示される、精神分析的方法の概念形成にひとつの面を付与するからである。精神分析は、どちらかといえば病気の人物が、どちらかといえば健康な人物に援助を求めて訪れるところから始まる。しかしながら「精神分析過程」の立ち上げと整理がうまくなされるなら、二人の人物は親密さ、率直さ、思考、そして、断言するがその強度は無類のものである感情の露呈に巻き込まれる。それには、母乳を授ける母親と赤ん坊の深い集中、性交中のカップルの情熱［passion］、体験に形を与える芸術家の緊迫感、哲学者の言語化に向かう衝動、数学者の正確さへの渇望が——潜在的に——混ざっている。分析が燃え上がり、新しい洞察がなされそうだとすれば、それは二つのこころの相互作用によって起こる。

そこで、これから先に記述されるさまざまな概念を説明するのに、その臨床素材が使われる患者に謝辞が述べられるべきである。いつかそれは実現するだろう。しかし偏見から私たちの患者のプライバシーが守られる必要が未だあるところでは、あらゆる精神分析的発見は自己暴露であり、あらゆる論文は自伝であるという明白なことを認めるところから始めなければならないだろう。そうしたわけで、少なくとも患者のうちの一人の名前は明らかにしている。

賞賛と責任の識別がこれによって明確にされる。こうしてフロイト－アブラハム－クライン－ビオンの業績という流れに含まれる性愛の正しい理解についての含意が正確に辿られると私は思う。この「正しさ」への責任は著者にかかっているに違いない。その理論が正しいのなら、それが「彼らの」理論だからであり、間違っているのなら、「私の」理論だからである。けれどももちろん、自分の仕事にオリジナルなものを見出す能力の欠落は、自分の超‐自我‐理想の起源に関する内と外の混乱の名残りのせいである。というのは、つまるところ、誰が意図して孤児になろうとするだろう！

本書の企画はシンプルなものである。一九六四年と一九六五年にロンドン大学の教育研究所で精神‐性発達についての精神分析理論史と性の臨床精神病理を講義した。さらに一九六八年から一九六九年にかけて、精神分析インスティテュートで二回の講義を行なった。両者は洗練の水準や文献に関する予備知識が異なっていた。

次に、精神‐性発達の改訂版が提示されている。特に（第10章において）超‐自我‐理想の組成と特に性生活でのその位置を解明している。

識別のいくつかの次元――成人‐乳幼児（第11‐12章）、多形性‐倒錯性（第12‐13章）、倒錯的性愛‐性倒錯（第15、16、18章）――での性愛病理論の改訂版のための道筋は確かである。両性愛［ambisexuality］に関する臨床実践での問題（第16章）、嗜癖的転移（第19章）、性愛における労働の場所（第17章）が検討されている。

そして最後に、政治（第20‐21章）、教育（第22章）、人工中絶（第23章）、法律（第24章）といった他領域へのこの改訂理論の応用や含意を探究している。

章の日付は一九六〇年以降でさまざまであるが、その章の主要部に表わされている見解が現在の私の見解とは異なっているところには脚註が加えられている。

すべてを精神分析的な観察方法の妥当性に賭けるのが、純粋に精神分析の仕事である。直にこの方法を知っている人たちにとって、この妥当性は情緒的に最も感じられるものだろう。精神分析の文献に詳しい読者の知的理解を助けるには、二つのアイテムを示しておくのが有益かもしれない。すなわち、一つは専門用語であり、もう一つは総論が関係する。

臨床での現象を描写するための全般的な表記体系は、『精神分析過程』に使用されたそれと同じものに従っており、部分対象や全体対象、自己の各部分、性愛部位（性感帯）［erogenous zones］や部位の混乱［zonal confusions］の命名に関わっている。このように、内的なものであろうと外的なものであろうと、乳幼児的な空想［phantasy］の対象は、乳幼児の使用語――全体対象もしくは部分対象を指し示す「おかあちゃん」「おとうちゃん」「おかあちゃんのおっぱい」「おとうちゃんのちんちん」など――で言及される。さらに、部分対象の機能区分は語の連結――「トイレ－乳房［toilet-breast］」〈トイレの機能をもつ乳房。以下同様〉「栄養を与える－乳房［feeding-breast］」「内部の－ペニス」「乳首－ペニス」など――で表示される。乳幼児的な自己の部分は、性別、良いと悪いの区別、発達のレベル――「赤ん坊部分」「男の子部分」「女の子部分」「良い部分」「悪い部分」もしくは「破壊的な部分」で描写される。

「成人の［adult］」や「乳幼児の［infantile］」という用語はメタサイコロジーの意味でもっぱら使用され、一方「大人の［grown-up］」「子どもの［childish］」という用語は外的な振る舞いや文化価値を表わすために使われる。

記述され例証されることになる理論は、構造論とクライン派の発展に照らした「性欲論三篇」を推敲して拡大させたものである。手短に言えば、「多形倒錯」という乳幼児性愛についてのフロイトの概念は、多形性と倒錯性に分けられるが、それらは心的構造と強く結びついている。この方法で、自己愛組織［narcissitic organisation］の問題を探究できるし、発達と退行的障害への影響を辿ることができる。さらに、一方では取り入れ同一化［introjective identification］の概念や超－自我－理想という統合された概念によって、性器性のカテゴリーが広く**成人の性愛**のひとつに含まれることになるが、それは記述的というよりもメタサイコロジー的であって、**乳幼児の性愛**と区別される。この理論は、乳幼児のこころの性愛状態が自我のエスとの直接の関係を反映している一方、成人の性愛状態では内的な結合対象［combined object］（超－自我－理想）の性的合体との取り入れ同一化を通して介在された間接的な関係が存在するということを含意している。この土台の上に、こころの性愛状態に関連する臨床現象の一般領域に新たな組織が与えられ、倒錯、嗜癖、フェティシズム、一般的な退行性の疾患のメタサイコロジーに対して特定の寄与がなされる。全体を通して、理論的定式化と臨床例の両者において、拡張された形での原光景や原光景空想が、成人と乳幼児の両者のこころのあらゆる性愛状態の記述の準拠枠として保持されることは明瞭であろう。

第1部

歴史

セクションA

精神-性発達の理論*

*ロンドン大学教育研究所での一九六四-六五年の講義から採っている。

第1章 精神分析の方法と理論

この程度の分量の本で、科学における最も複雑な問題[▽1]の全体像を描こうとは私は考えていない。この問題については自然科学や人文科学のほとんどの部門から、それぞれに特異な研究方法と研究素材を利用した何らかの貢献が期待されるであろう。私は生物学者、医師、精神科医として関心をもち、訓練を受けたため、その分私の経験の幅は広くなっているかもしれない。しかし、自分が専門の知識と広い経験をもっていると言いうる分野は、やはり精神分析のみであると認めざるをえない。私はこう弁明することで、精神分析というその方法、発見が狭小な領域［narrowness］に関わっているということを述べていると考えていただきたい。

いかなる科学分野についても、その知見にどのような価値があるかを判断するには、その科学の方法と研究素材を理解することが基本である。したがって私は、人間のこころの働きを探求してきた精神分析の方法について、その歴史のあらましを簡潔に述べておきたい。なおここで、精神分析的知見と精神分析理論を区別しておく。それにより、二つそれぞれのカテゴリーでの異なった問題に関して以後述べていく事柄について、その妥当性を合理的に判断できるであろう。

（a）個々の患者の発達史を再構成するためのデータの信頼性をどう評価するか。

（b）これらの臨床的知見から子どもの発達に関する理論を構築してきた、この精神分析という思考の性質をどう批判的に判断するか。

精神分析臨床以外にも精神分析には多くの関連分野があり、訓練を受けた精神分析家は精神分析的知見を豊かにし、精緻化し、発展させたいといった妥当な望みのもとにこれらの分野を追求してきた。しかし私はこれらの関連分野まで論ずるつもりはない。これらには乳幼児観察、行動学、心理学的検査、保育所や特別支援学級での援助業務、人類学といった分野が含まれる。その他にも多くの分野が精神分析の発展にある役割を果たしてきたのであるが、ここでは考察しない。

ジークムント・フロイト（Sigmund Freud）は、非正統派で他民族に比較的同化したユダヤ人家庭の出身で、世紀転換期ウィーンのコスモポリタンな雰囲気のなかで働いた。彼は医師、神経学者、そして神経生理学の研究者として訓練を受け、パリにおけるシャルコー（Charcot）の催眠を利用した治療や、ウィーンにおいてブロイエル（Breuer）がヒステリー患者に行なった治療に感銘を受けた。催眠法、後には強制的連想法、そして最終的には自由連想法を用いてフロイトは、ヒステリー患者の病的症状を形成する決定要因として、無意識という最初の作業概念を確立しはじめた。しかし彼は同時に別のことを遂行しており、ここにこそ彼の偉大さと精神分析的方法の真髄がある。すなわち、患者についての発見に照らして、また患者に対する彼自らの情緒的反応に関連づけて、フロイトは自己自身を探求しはじめたのである。

これら二つの探究の一つ目は、一見したところ副次的なものと思える。しかしその探究から、「夢判断」(1900)、「日常生活の精神病理」(1901)、「機知――その無意識との関係」(1905) といった、精神分析的洞察の基礎が産み出された。そして、この副次的探究の二つ目から体系的な自己分析が発展した。これはアーネスト・ジョーンズ (Ernest Jones) の手になるフロイトの伝記に記載されている。この厳格な自己吟味能力によって、フロイトは、ヒステリー者についての研究を、ヨーゼフ・ブロイエル (Joseph Breuer) との「ヒステリー研究」(1895) の最初の共同刊行後も継続することができた。一方、ブロイエルは、女性患者が彼に対して性愛転移を全面的に発展させたため、研究を放棄せざるをえなかった。フロイトの自己分析は一八九七年に始められ、おそらく一九三九年のロンドンでの死の時まで日常生活の一部として続けられた。この真に英雄的な努力である自己分析こそが、精神分析的方法の基礎を築いたのである。患者が産み出すものに対し、自分自身が情緒的に、また空想上で反応する。これは後に逆転移と呼ばれるようになるものであるが、この性質と起源を体系的に追求することにより、フロイトは転移の概念を確立し、これを精神分析的探究に不可欠な基礎とすることができた。この知見を、彼は正式には一五年後の論文「転移の力動性について」(1912) において提示している。転移が分析的探究の基礎となるという知見こそが、今なお精神分析的方法の真髄であり、この特質ゆえに精神分析は人間のこころの神秘を探るために利用される種々の技法のなかで、全く独自の位置を占めているのである。

それでは、**転移**とは何であろうか。ここに転移のドラマをフロイトが当時どう見たかについての彼自身の記述がある。「無意識的衝動は、治療が望むようなやり方では想起されようとしない。むしろ、無意識はその無時間性と幻覚生成能力にしたがって自らを再現しようとする。夢の体験と同様に、患者は自分の無意識的衝動を呼び起こされ、その結果産み出されたものを、現在の現実のものとして体験する。患者は自己の熱い情動(愛と憎しみの双方、とその前にフロイトは説明している)を現実の状況を考慮せずに、行動に移そうとする。分析家は、患者にこれらの情動的衝動を、治療や生活史との関連のなかに組み入れさせ、知的考察のもとに服するようにして、心的意義に照らして理解するようにさせるのである」[1]。

患者の**転移**に強く結びついている無意識の空想と情緒を分析家が把握する能力は、患者の「情動的衝動」に対して生ずる分析家自身の無意識的な反応、すなわち**逆転移**に分析家が触れているかどうかによる、という確信を、二年早い一九一〇年にフロイトはすでに表明していた。彼は次のように書いている。「我々は「逆転移」について気づくようになってきた。これは(分析家の内部の)無意識的感情に患者が影響を及ぼす結果として生ずるものである。そして、分析家は自己自身のなかに生じる逆転移を認識し、克服するべきである、と我々は主張するようになった。今や、相当数の人が精神分析を実践していて、その知見をお互いに交換するようになった。そして我々は、分析家は自らのコンプレックスと内的抵抗が許す範囲を越えては先に進めない、ということに気づいた。したがって分析家は自らの活動を自己分析より開始すべきであり、患者を観察している間、絶えずより深く自己分析を持続することを我々は要求する。この種の自己分析において結果を産み出すことのできないものは、精神分析によって患者を治療することができるという考えを即座に放棄してもらうことになるであろう」[2]。

フロイトは、自分自身の自己分析は適切であり、彼の継承者はみな自己分析能力をもっていると考えていた。しかし年を経るにつれ、彼はこう考えることに楽観的でいられなくなった。一九〇九年には、どのようにしたら分析家になれるか、という質問に答え、彼は「自分自身の夢を分析することによって」[3]と気楽に答えることができていた。けれどもわずか三年後（1912）、彼は「訓練分析［training analysis］」の必要性を確信していると書いている。「この（精神分析の）仕事を行なおうとするものは誰でも……このコース（熟達した知識をもつものによる分析）を真剣に選択しなければならない。これは、多くの利益をもたらすであろう。病気によってやむを得ず行なうのではなくして自己自身を他人に対してオープンにする、ということに伴う犠牲は十分報われるものである。自らのこころに隠されているものを知ることを学ぶ、という目的が、（自己分析よりも）はるかに短い期間で、少ない感情の消費で達成される。しかもそれだけでなく……明確な印象と確信が自己自身に即して得られる。これらを、書物を研究し、講義に出席することで得ようとしても徒労に終わってしまうであろう」[4]。

これは、訓練分析を受ければ自己分析なしですまされる、という考えにフロイトが飛躍したことを意味するものではない。むしろフロイトは、自己分析は他者による分析を通じて始めたときのみ、生産的で持続的な過程となりうると認識していた。彼はこう述べる、「自己を知り、自己コントロールが増すことに高い価値を認めるものは、誰でもそれ（正式の分析）が終了した後も、自己分析の形で自己のパーソナリティを分析的に吟味しつづけるであろう。そして、外界と同じく自己の内面に、つねに必ず新しいものを発見することが期待できることを実感し、満足するであろう」[5]。

これが書かれた半世紀後、精神分析治療への需要が増え、精神分析の訓練の必要性が高まり、いわゆる「訓練分析」は訓練過程の要としての地位を占めるようになった。精神分析治療は、当初ヒステリー症状に専心していたが、その治療範囲を、情緒障害、精神疾患、そして性格［character］障害の全体に拡大した。それにつれて、分析家に要求される自己探究の深さと徹底性もまた増大した。訓練として求められるものも増加し、特に長期の徹底した分析を必須とするようになった。これは、並行して技法上の発展があったためでもある。というのは転移の過程がこころの奥深くにまで分け入り、乳幼児最早期の数年、さらには生後数カ月に関連するレベルにまで達するようになり、個人の言語習得以前の経験や記憶が焦点になってきたからである。しかし、これらの現象を認識できるかどうかは、精神分析家が自分の逆転移と接触し、コントロールできるかどうかにきわめて大きくかかっている。この領域における重要な仕事は、ここロンドンにおいて、メラニー・クラインの発見に刺激を受けたドナルド・ウィニコット（Donald Winnicott）、ポーラ・ハイマン（Paula Heimann）、そしてウィルフレッド・ビオンらの研究者により発展した。[6] 特にビオンは、逆転移を詳しく探求する方法を通じ、子どもと母親の間で機能する精神機能の最早期の様式を見出した。彼は、『経験から学ぶこと』において、次のように書いている。「私たちが、「考えること［thinking］」として知っている心的活動は、その起源においては増大した刺激をこころから取り除くための処理手続きであり、そのメカニズムはメラニー・クラインが、投影同一化［projective identification］として記述してきたものである。この理論のおおまかな概略を述べると、その時点では望まれない、しかし、ときには価値があると感じられるパーソナリティの一部分を分裂・排除し［split off］、それをある対象の中に入れることができるという万能的空想が存在する、というものである。治療実践においては、この理論を支持する事象、他の理論では説明不能でこの理論によってのみ解明しうるこの事象を観察し、解釈することが可能であり、かつ有益な治療を行なうために望まれることとなのである」。

「さらにまた、可能でありかつ実際重要なのは、この万能的空想が作動していると推定しうる患者が、現実においてこの空想内容に対応するものと関連した行動を取りうる、という証拠を観察することである。患者は、たとえ生まれたばかりであってさえ現実に接触することができ、その接触により、**自分がもちたくない感情や、あるいは母親にもってほしいと思う感情を母親のなかに生じさせる**ように行動することができる」[7]。

これらの最後の言葉で述べられているのは、今日の精神分析的研究の最も進んだ領域のひとつにおいて語られている事柄である。以下に述べることのほとんどは、作動中のこの理論が妥当なものでありうるか、という観点から評価してほしい。分析家に対し患者の乳幼児期の転移が生じると、患者の人生最早期の数カ月に由来する対象関係パターンが再生しはじめる。このとき患者は、分析家とコミュニケートする能力と同時に、分析過程により再燃した耐えがたい心的苦痛を軽減する能力ももっている。患者のこの二つの能力は、単一の原始的な心的メカニズムによっている。このメカニズムこそがすなわち投影同一化で、これはある空想によって作動している。この空想のなかでは、伝達または排出されようとしているこころの状態をある自己部分が含み込んでおり、患者はこの自己部分を分裂・排除できると空想しているのである。この自己部分は、空想において分析家のなかに（起源的には親像のなかに）投げ入れられる。これは空想のなかで生じるだけでなく、実際に投影の受け手にさまざまな感情や感覚の様式を生み出し、これが外界の受け手の行動に空想内容に一致した一過性の影響を及ぼす。

これが、ビオン博士の理論であり、母親は、赤ん坊の投影同一化を無意識に受容することによって、赤ん坊を理解することができる。また分析家は、自分自身の無意識と十分に接触することによって、同様の受容性と反応性を、自己のうちに自覚することができるのである。ここで、分析家はまず十分に受容的でなければならず、次に、この投影を受けることにより生じる自分自身の内部の無意識的過程と十分に触れ合っていなければならない、ということに注意しなければならない。この第二の段階によって、彼は親としてではなく、分析的に対応することができる。

さて、ここまで述べてきたことが、人間のこころを探索する精神分析的方法の発展の歴史である。私が強調したように、この方法がその独自性として主張するのはただひとつ、その基本的な手技、すなわち転移を詳しく探求することである。そしてその妥当性について主張するのはただひとつ、この観察装置の正確さであり、それはすなわち精神分析家の分析を受けたこころ、自己の逆転移に接触できること、そしてそれについて考える能力である。かくして、精神分析が機能するのは、あらゆる科学的過程と同じく、観察装置を観察すべきシステムのなかに置くことによると考えることができる。そして、すべてのデータは、この観察装置を導入することにより、もとのシステムに変化が生じる、という視点[2]から評価することが必要なのである。

しかし、このデータ収集方法は、探究方法としての精神分析の基礎でしかない。次に私たちは、精神分析が収集するデータの性質と、そこから仮説を定式化し検証する方法についても考慮しなければならない。精神分析は、決して自らを帰納的な体系［inductive system］である、[3]と主張したことはない。他の分野の科学から主張されてきたこのような帰納主義的主張は、近年の科学哲学の発展によって検討を迫られている（ポパー（Popper）を参照）[4]。むしろ科学が仮説を形成する中核的部分には、無意識的過程、あるいはメダワー（Medawar）[5]が呼ぶところの「霊感的［inspirational］」過程が存在する。精神分析的方法において、この過程は、**解釈**と呼ばれる恒常的な機能として現われる。転移、逆転移を観察しつつ、分析家は時折、あるいは頻繁に、その時点で治療室において進行しつつある対象関係の質に関して、患者に試験的な仮説を提供する。これが分析家の基本的な活動であり、特異的かつ治療的な性質をもつ介入である。実際には分析家が治療設定を創造し、コミュニケーションや投影を受け入れる、ということはある。しかしこれらはすべて、多かれ少なかれ分析家の自己コントロールによって達成される消極的な要素である。これに対し、分析家の積極的な貢献は解釈であり、この手段により、感情や空想が流動的である状況が、知的判断を利用できる、より明確な構造へと変化することを分析家は期待する。むろん解釈は何ももたらさないかもしれない。あるいは混沌を増大させるかもしれない。しかし、これら三つのうち一つは起こるはずであり、ひきつづき観察を続けることにより、ともかくもどれが生じたかを見極めることになる。そして何カ月間か、あるいは何年にもわたって、ある特定の定式化を繰り返し提供することで、心的秩序の改善された定常状態がもたらされたとき、その定式化の妥当性が確立されたということができる。すなわち患者の心的過程に秩序を広くもたらすものとして、患者も分析家も等しくその作業仮説の妥当性について確信をもてるようになっていくのである。[▼8]

精神分析は、したがって科学的演繹体系［scientific deductive system］[▼9]であるだけではなく、データを検証する主要な様式として、理論的予測により妥当性を検証する方法［predictive validation］[▽6]を活用する実験方法でもある。ここでさらに付け加えるべきことは、子どもの発達の研究者に最も関わる事柄である。すなわち精神分析は、フロイトが「反復強迫［repetition compulsion］」と呼んだ大前提に基づいて過去の出来事についての諸理論を構築する、ということである。この前提的仮説は、最初一九一〇年には言及されていたが、心的機能の原則として実際に提案されたのは一九二〇年の「快感原則の彼岸」(S.E., Vol.18, Chap.3, 4) においてであった。そして反復強迫は、患者個々の早期の生活史を精神分析的に再構成するための理論的基礎となった。また、人類学や古生物学においては、含意法［implication］[▽7]や外挿法［extrapolation］[▽8]を適用することにより、反復強迫概念は有史以前の種のあり方をも再構成する理論的基礎となったのである。

転移、子どもの遊び、外傷神経症患者の夢、といったさまざまな現象を引証しながら、フロイトは、「反復しようとする強迫」が、こころのなかにある「快感原則を超えた」原動力である、と仮定した。すなわち、反復強迫は快感［plesure］と苦痛［pain］に関わる経済論的な利害関係よりもいっそう原始的なものである、と考えた。最も明敏かつ論争的な文章のひとつで、フロイトはこう書いている。「しかし「欲動的」である、という述語は、どのようにして反復強迫と関連するのであろうか。ここに到り、我々は欲動がもつ普遍的な特性と、そしておそらく有機的生命一般がもつ属性についての手がかりを見出したのかもしれない、と考えざるをえない。これは、今までのところは明確には認識されていないか、少なくともはっきりとは強調されてこなかったことである。**すなわち、欲動とは、有機的生命が生得的にもつ衝迫で、より早期の状態を復元しようとするものである、と思われる。**この早期の状態は、生命体が外的な妨害力の影響により放棄せざるをえなかった状態である。すなわち、欲動はある種の有機的な弾力性であり、あるいは別の言い方をすると、有機的生命に生得的に存在する慣性力の表現なのである」[10]。

治療実践において、これは以下のことを意味する。すなわち、過去の経験の形態［configuration］を反復しようとする衝迫はきわめて大きいので、反復への障害が取り除かれると、この過去の形態が必ず姿を現わす。この再現性は、睡眠、疲労、薬物中毒、催眠、脳外傷においても見られるが、精神分析的転移においては秩序立って現われるがゆえに、体系的な研究が可能となる。これは過去の形態が再現されるのを阻んでいた不安が、解釈によって、徐々に苦労を重ねながらも取り除かれていくときに生じてくる。幼児期エディプス期の葛藤に関連して、過去の形態が分析状況に現われる現象は、フロイトによって「転移神経症」と名づけられた。これと同様に、より深層のより早期の形態に接近できるようになる現象もあり、これはハーバート・ローゼンフェルド（Herbert Rosenfeld）によって、「転移精神病」と名づけられた（『精神病状態』を参照。Int. Psa. Library, No.65, 1956〔1965の誤植〕）。

ここで要約すると、何よりまず、精神分析は、きわめて限定された分野——無意識の対象関係——についての研究である。この分野では精神分析が方法論的に優れていることを特に主張してよいであろう。その方法とは、きわめてコントロールされた設定のなかで二者関係を確立し、その場において、他者への特別な感受性に関わる訓練を受け自分自身の無意識と深い接触を保つことのできる分析家が、可能な限り自らの活動を**転移解釈**に限定しているときに露わになってくる出来事を研究する、というものである。これらの解釈は仮説であり、その妥当性は予測的方法によって検証される。そして逐次近似法

〔serial approximation〕[▽9]により、解釈の妥当性の正確さや複雑さが増大していくのである。

今ここに展開している転移について、このようにして検証された仮説を基礎として、そしてまた反復強迫の理論を推論に利用して、分析家は**患者の無意識の対象関係の発達**を再構成する。そして個々の患者ごとの経験を広く積み重ね、分析家は発達理論を一般化し提唱する。この理論は、精神の深いレベルにおいて生物学的な基盤をもっており、さまざまな文化、人種、生活環境によって基本的に異なるものではない、と分析家は考えている。

原註

1 Freud "The Dynamics of Transference", In : S.E., Vol.12, p.108.（小此木啓吾＝訳 1983「転移の力動性について」『フロイト著作集9』人文書院 p.76）〈訳文は訳者が一部変更している。この章においては、以下同様〉

2 Freud, S.E., Vol.11, p.144.（小此木啓吾＝訳 1983「精神分析療法の今後の可能性」『フロイト著作集9』人文書院 p.47）

3 Freud, S.E., Vol.11, p.33.

4 Freud, S.E., Vol.12, p.116.（小此木啓吾＝訳 1983「分析医に対する分析治療上の注意」『フロイト著作集9』人文書院 p.83）

5 Op.cit., p.117.（前掲書 p.83）

6　これが書かれた時点で、私はブエノスアイレスの故ハインリッヒ・ラッカー（Heinrich Racker）によってなされたこの領域についての研究が、いかに体系的で洞察に充ちたものであるかを認識していなかった。"Transference and Countertransference", Int. Psa. Library, No.73, Hogarth Press, London, 1968.（坂口信貴＝訳 1982『転移と逆転移』岩崎学術出版社）

7　Wilfred Bion, 1962, Learning from Experience, Heinemann, London, p.31.（福本修＝訳 1999『精神分析の方法』法政大学出版局 p.43）

8　これらの考えを、のちに私の著書 The Psycho-analytical Process, Heinemann, London, 1967（松木邦裕＝監訳 2010『精神分析過程』金剛出版）においてさらに展開している。

9　私はもはやこの見解をとっていない。むしろ、帰納的方法と演繹的方法はさまざまなバランスを保ちながら、異なる人々の研究のなかで相互に作用していると考えている。フロイト自身は双方を往復しながら作業することができる人であったと私は理解している。彼は霊感を受けた仮説に導かれて自らの方法を拡張し、次にこの方法で新しいデータを明らかにし、この新しいデータによりまた新しい仮説を必要としていったのである。一九二〇年から二六年にかけての構造論の大改訂の時期がこの往復作業を明らかにしている。この時期フロイトは、ナルシシズムの現象学と新しく霊感を受けた仮説（「快感原則の彼岸」）とにより、古い言明（自我とエス）を改訂するようにと促された。その仮説には新たな方法論的な道具が含まれており、この道具によりマゾヒズムと倒錯の問題を解明する道が開かれたのである（第5・6章参照）。

10　Freud, "Beyond the Pleasure Principle", In : S.E., Vol.18, p.36.（小此木啓吾＝訳 1970「快感原則の彼岸」『フロイト著作

集6』人文書院 p.172)

訳註

1 性愛の問題。

2 観察装置の導入により生じるもとのシステムの変化を観測することが、観察という事象の本質であるとのこと。

3 個別的・特殊的な事象から一般的普遍的な法則、理論を導こうとする推論方法。近代科学の方法原理ではあるが、いくら個別事象を積み重ねても、あくまで蓋然的な結論しか導き出せないと批判されることがある。

4 カール・ライムント・ポパー (Karl Raimund Popper)(一九〇二-一九九四)はウィーン生まれの英国の科学哲学者・思想家。心理主義、帰納主義、論理的実証主義を批判し、反証可能性こそが言説が科学的であるための必要条件であると主張した。そしてこの観点から精神分析、マルクス主義などを疑似科学として批判した。

5 ピーター・ブライアン・メダワー (Peter Brian Medawar)(一九一五-一九八七)はブラジル出身、英国の免疫学者、移植免疫の研究者。

6 未知のデータを予測することができる、という事実により、理論、データの妥当性(予測的妥当性 (predictive validity))を検証する方法。

7 論理学用語。データに含まれている意味から未知のものを推測する方法。

8 数学用語。得られたデータを利用して、未知のデータを推測する方法。

9　数学用語。より近似したデータへの接近を繰り返しながら、より妥当な真の値に近づいていく方法。

第2章

幼少期の性愛とエディプス・コンプレックス

第1章では、今日まで続いている乳幼児［infant］と子ども［child］の発達に関する再構成が妥当なのかを評価する作業を補うべく、人のこころを探求するための精神分析的方法の歴史的発展を大まかに述べてきた。その最大のポイントは、その主要な道具――精神分析家自身の分析されたこころ――に関して、その方法論が独自であるということだった。すなわち、データ――転移の進展――における、実験的立案――二人の関係に現われるさまざまな変化に言及するための解釈の使用――における、そして再構成のための理論的な基盤――反復強迫の概念――における独自性である。一方で私は精神分析的方法が、無意識的な対象関係という特別な研究領域の狭小さによって、その独自性への代価を支払ってきたことも強調した。

これから続く三つの章ではもう一度、発達に関する精神分析理論の進展について、個体発生的というよりもむしろ歴史的な年代を追って見ていこうと思う。もっとも実際にはこれら二つは、ある意味で互いに反比例的に関係している。最初に、幼少期［childhood］の性愛と性器期葛藤としてのエディプス・

コンプレックスについてのフロイトの科学的発見について述べたい。第3章では、カール・アブラハム(Karl Abraham)の業績に含まれる多くの部分、特に離乳後の前性器期発達に関する発見を述べていくつもりである。第4章では、誕生から離乳までの生後の最早期についての再構成を、それが不可欠となる後の発達に沿って、私たちが修正を加えた概念に基づいて述べていくつもりである。これは主としてメラニー・クラインの研究と最近の精神病の成人と子どもの研究成果によるものである。

一九〇五年の「性欲論三篇」(S.E., Vol.7)が刊行される前からフロイトの著述には、子どものこころのなかにある強力な力として、性愛の存在が繰り返し論じられている。エディプス・コンプレックスは、早くも一九〇〇年に「夢判断」のなかでそのあらましが述べられている。だが、これらはおおよそ精神病理学への貢献だった。フロイトはこの有名な「性欲論三篇」で初めてこれらの現象の遍在性、したがって本質的な「正常性」を主張した。私たちが何を言おうとも、文化の変化への感動を欠いた受け入れ姿勢は、これらの発見に重大な意義があるという感覚や、法律、道徳、宗教、子育て、教育、芸術[art]などのあらゆる人文科学へのインパクトを鈍らせるのである。フロイトが早い時期から孤立や虐待、剥奪や無視に着目し成果を得ていたことは、ジョーンズの伝記を読めばおわかりいただけるだろう。

フロイトの発見は大きく二つの源に由来した。すなわち神経症、特にヒステリーへの精神分析治療と、もう一つは彼自身の自己分析である。彼は以下のように結論づけている。性的なものへの専心や活動は、早期幼少期にはよく見られる現象であり、徐々に高まりながら三歳から五歳の間のどこかでエディプス葛藤の高みに到達する。そしてこの性愛は、性器へと徐々に集約されていく、本質的に「多形的［polymorphous］」で「倒錯的［perverse］」なものである。葛藤が頂点に達する時期は、続いて性欲動が比較的「潜伏」した時期へと移行し、その潜伏していた欲動は、生殖器の成熟に伴って出現してくる思春期［puberty］において顕在化する。発達の性差に関するフロイトの見解は後にいくらか修正され、性欲動の対象関係性に関する差異を示すものとしてナルシシズムという重要な概念が取り入れられたのだが、幼少期の性愛に関する見解は一九〇五年に述べられているものとおおむね同じであった。「性欲論三篇」の要約の一部に一九一五年、一九二〇年、一九二四年に変更が加えられたことを考慮されたい。この訂正は、私がこれから検討し、またこれからの一連の章でも吟味することになる大切な問題をまさに強調するように、フロイトの考えの進展を生き生きと描いている。彼は「幼少期に性欲動があること」が否定され、子どもの観察において性的なものが少なからず見受けられることが例外的なものと捉えられてきたことは遺憾なことである。それどころか、子どもはこの世に性的活動の萌芽とともに生まれ出で、食物を摂りはじめたときからすでに性的満足を楽しんでおり、「指しゃぶり行為」でその満足に準じる体験を繰り返し得ようとしている、と私たちには思われる。しかしながら子どもの性的活動は、他の機能と足並みそろえて発達するのではないようで、短い開花期（「三歳から五歳まで」と一九一五年には書き足したが、一九二〇年には「二歳から五歳で」と修正されている）の後……」「……二歳から五歳での短い開花期を経た後、いわゆる潜伏期に入っていく。この時期、性的な興奮の生成は全く停止することなく継続されるが、多くのエネルギーは性的なもの以外のために費やされるべく、蓄え続けられ生成される。つまり一方では、性的な構成要素は社会的な感覚に寄与し、他方では（抑圧や反動形成を通して）性愛に対抗するための後の障壁を形成する」[1]と述べている。

ここでフロイトの見解を一旦中断する。それは、性**欲動**の発達が、エディプス期と思春期に頂点を迎える二相性であると彼が主張しているとよく言われているが、明らかにそうでは**なく**、彼は性的**活動**が二相性であると主張していることを指摘するためである。内分泌研究が決定しうる限りでは、二相性の生物学的発達の証拠は**一切**得られて**いない**。フロイトの引用に戻ろう。「……この観点から見れば、性欲動の進路を保持するよう定められた力は、おもに倒錯的な性衝動を犠牲にしながら、また教育の助けを借りながら、幼少期に形成される。乳幼児の性衝動のある割合は、このように使用されることをまぬかれて、そのまま性的活動として現われることに成功するようである。そう考えていくと、子どもの性的な興奮は多様な力から生じているということがわかる。何よりもまず満足は、私たちが性愛部位（性感帯）と呼ぶ箇所での然るべき感覚興奮から生じてくる。おそらく皮膚のあらゆる部分やあらゆる感覚器が（「おそらく、**あらゆる**器官でも」という言葉が、内的プロセスに関連した身体内のスキーマ感覚に含めて、一九一五年に付け加えられた）性愛部位として機能できるのであるが、ある特定の際立った性愛部位があって、その興奮は一定の器官装置に最初から確保されているようである。さらに、性的興奮は、ある一定の強度、とりわけかなり強力な情緒がそこに達するや否や、たとえそれが苦痛を与えるものであったとしても、生物体内に生じるたくさんのプロセスのいわば副産物である」。

フロイトはすでにここで論文「マゾヒズムの経済的問題」(1924)(「性欲論三篇」から一九年後)でようやく定式化されたマゾヒズムの概念に到達している。彼はこう続けている。「これらすべての源泉からくる諸興奮はいまだ結合されるに至っていない。そうではなく、それぞれがある種の快感を単に得るにすぎない独自の目標[aim]を追い求めている。それゆえ、幼少期における性欲動は対象[object]をもたない、つまり自体愛[auto-erotic]なのである」。一九二〇年に、これは次のように修正された。「それゆえ、幼少期において性欲動は**統合されず、さしあたっては**対象を**もたない**、つまり自体愛である」。この自体愛の持続期間に関する見解は示されていない。しかしフロイトは年月の経過とともに、子どもの性に関する見解を本質的に「自己愛的な」ものとしてではなく、より一層対象関係的なものとして認識していったということを読者は理解するであろう。これがその後の乳幼児発達理論において最も重要な出発点となるものであり、これからの章で詳しく述べられるところである。

彼はこう続けている。「幼少期においてさえも、性器という性愛部位が目に留まりはじめるようだが、それには二通りある。他のあらゆる性愛部位と同様に、そこへの適当な感覚的刺激に応じて満足をもたらすか、または、よくわからない方法で他の源泉から満足がもたらされるときに、性器部位と特別な関係をもつある性的興奮が同時にもたらされるかのどちらかである。ただ残念なことに、性的興奮と性的満足との関係、また性器部位の活動と性愛の他の源泉の活動との関係の説明が十分になされていないことを認めないわけにはいかない」。

一九〇五年にフロイトが立ち止まったのは、この地点である。一五年後の一九二〇年の改訂版によって初めて、精神分析理論の最新の発展を暗示する二段落を書き加えることができたのである。これが、その加えた箇所である。「私たちは、神経症的な障害の研究から、子どもの性生活のそのごく初期に、性欲動の諸要素にまつわる一つの組織［organisation］の初期段階を見出した。初めの最早期では、口唇エロティズムが前景に立つ。このような前性器的組織［pregenital organisations］の第二期は、サディズムと肛門エロティズムの優勢によって特徴づけられている。第三期になって初めて、性生活は本来の性器部位の役割によって規定されるようになる……」。四年後の一九二四年、彼はこの文章を次の節で締めくくっている。「そして子どもの場合、この最終期は男根が首位の座を占めるところまでしか発達しない」。つまり彼は、男性の性愛と女性の性愛が未だ区別されず、すべてがペニスへの独占的関心に包含されるものと捉えていた。彼は膣マスターベーションや赤ん坊をもちたいという願望を前思春期的発達と捉えたが、それは新たに出てきた知見と大きく相違した。

一九〇五年に到達し、一九一五年、一九二〇年、一九二四年に修正が加えられたフロイトの見解がここに現われている。エディプス・コンプレックスと、良心の機関ないしは超自我の確立とのその関係に関するフロイトの一九二四年の見解、そして一九三一年の論文にまとめられた女性の性愛についてのフロイトの最終見解をより詳しく見ていく前に、これらの発見を議論するためにしばらく立ち止まりたい。

フロイトは苦難の末に次のような見解に辿り着いた。すなわち、身体の内部と外部の性愛部位に配分されてはいるが、主に両親という外的対象との現実および空想上の関係の主導部位へと徐々に集約される性愛は、彼が「リビドーの組織」と呼ぶものを子どもの発達の異なる時期に形づくっていくという見解である。対象のない自体愛という概念はナルシシズムの概念によって一九一四年に修正されたが、そこでは乳幼児と子どもは自分自身の身体に、性衝動の対象として関わっていると見られた。次章でも見るように、フロイトは後にこれを一次ナルシシズムと二次ナルシシズムに分けた。前者は、最早期の乳児における未だ対象のない発達段階という衰退しつつある概念であり、その妥当性は以来ずっと疑問視されている。二次ナルシシズムは身体の各部分、あるいは後にはパーソナリティの一部への性愛的愛着として見られるが、これは（たとえば、分離の間においての）剥奪や不安への防衛として企てられた、対象との同一化ないしは対象の代用なのである。

フロイトは、これら早期の性愛と対象関係の組織を、部位の優位性［primacy］に従って、口唇期、肛門期、男根期と名づけたのであるが、単に主導部位に関してだけではなく、さまざまな点からそれぞれが明瞭に区別されるものとして認識していた。口唇的組織［oral organisation］は、口と、その愛着の対象である実際のもしくは空想された母親の乳房によって主導されているとされた。口唇的組織が専心するのは、取り入れ、すなわち栄養と心的にはそれと等価の愛情を内に収めることであった。肛門期は、サディズムによって支配され、離乳後の高まった葛藤が付随しているとされた。肛門期もまたその対象として、一人のよりまとまった人間としての母親をもつと考えられており、投影、すなわち身体や精神の不必要な内容物を外的対象のなかへと押し入れる心的過程の担い手として、排泄物とりわけ大便をもっていると考えられた。男根期は、男児と女児でそれほど異なっては見られないが、父親のペニスへの羨望と、母親を「所有」していると見られている父親の性的関係への嫉妬が優勢である。男根期には、最大のアンビバレンス［ambivalence］に瀕して、エディプス・コンプレックスの頂点に到達するとフロイトは考えた。

早期の心的発達に関するこれらの見解を私は強調しておく。というのも次の二つの章は、アブラハムによる肛門期の解明と、メラニー・クラインが小さな子どもに精神分析を直接適用して得た前離乳期の対象関係発達についての発見の詳細に、主に費やされているからである。

フロイトが一九二四年の論文「エディプス・コンプレックスの消滅」で定式化した、エディプス葛藤のより詳しい描写に戻ることにする。「エディプス・コンプレックスは早期幼少期の性愛期における中心的現象としてその重要性を、かつてなかったほどに露わに見せてくる。それから続いて、その解消が起こってくる。すなわち、それは抑圧と私たちが呼ぶものに屈服し、潜伏期へと引き継がれる。しかしながら、何がその破壊をもたらすのかについてはまだ明らかになっていない。分析はそれが痛みを伴う失意の体験であることを示してくれているようである。幼い女の子は、父親が自分のことを他の誰よりも愛していると見なしたがる。しかし彼女は父親からの無常な罰に耐えなければならず、何も知らない束の間の幸福が奪われるときがやがて訪れる。男の子は母親を自分の所有物と見なしている。しかし彼はいつか、母親がその愛情と懸念を新しく生まれてきた者に移すことに気づくのである。内省することによって、これらの影響の重要性についての私たちの感覚は深められるに違いない。というのは、このコンプレックスの内容に対抗して作用するこの苦痛な体験は避けられないという事実を、それが強調してくれるだろうからである。私たちが例に挙げたような特別な出来事が起きなくても、望んでいる満足感の欠如、赤ん坊を望むことが否認されつづけることは、結局小さい恋人に報われない願いから背を向けさせるに違いない。このようにしてエディプス・コンプレックスは成功の欠如や内的不可能性という作用によって、やがて破壊の一途を辿っていく」[2]。

系統発生的な影響に関するいくつかの考えを著わした後、フロイトはこう続けている。「私たちは最近、子どもの性的発達は性器がすっかり主導している時期に進むことを以前にも増してよりはっきり認識させられることになった。だがその性器とは、男性の性器だけである。より明確に言えば、ペニスである。すなわち、女性の性器は未知のままなのである」。

それから彼は、エディプス・コンプレックスの正常な、また病理的な破壊における去勢不安の役割についての理論を著わした。フロイトは次のように述べている。「しかし、去勢の脅威が生じているとき、これらの経験が何らかの効力をもつことを示す証拠はどこにもない。一つの**なまなましい**体験が起きて初めて、子どもは気乗りせず渋々、自分自身が観察したものの重要性を軽視しようと努力しながらも、自分が去勢されるかもしれないということについて考えはじめる」。
「彼が信じないでいようとすることを最終的に打ちのめすのは、女性性器の光景を目の当たりにすることである」。

フロイトは、異性の親という原初的な性の対象を放棄する道を開くのは、男の子のなかにあるペニスを失う恐れ［fear］、それに相当する女の子のなかにあるペニスを失ったという確信などの不安であると結論づけた。けれども、子どもの両性性素質［bisexual disposition］がもたらす状況の複雑さに彼は気づいていないわけではなかった。前年の一九二三年、心的装置についての構造論的見解を打ち立てた重要な論文、「自我とエス」のなかですでにこの複雑さに言及している。「より緻密な研究はたいてい、より完全なエディプス・コンプレックスを露わにする。すなわちその二重性である。二重性とは、陽性のそれと陰性のそれを含み、子どもにもともと見られる両性性［bisexuality］によるものである。すなわち男の子は単に父親にアンビバレントな態度を向け、愛情を向ける対象として母親を選んでいるだけではなく、同時に彼は女の子のようにも振る舞うし、父親に対して愛情ある女性的な態度を示したり、それに応じて母親に嫉妬や敵意を向けたりもするのである」[▼3]。

フロイトはこの両性性葛藤の結果が、両方の対象選択の断念と、その代わりにこころの構造に新たな機関を設けることであると気づいた。「**それゆえ、エディプス・コンプレックスが優勢な性愛期の結末はおおむね、何らかの方法でそれぞれが結びついているこれら二つの同一化**[◁1]**からなる一つの沈殿物を、**

自我のなかに形成することに向かわせるだろう。自我のこの改変された部分は特別な地位を保つ。すなわち、理想もしくは超自我として自我の他の内容に立ち向かう」。

さてこれが、良心あるいは超自我の原初的な前駆体であるいわゆる「内的対象［internal objects］」についての、その後の四〇年間にわたるあらゆる探究への飛翔点となった有名な一節である。この内的対象の、早期発達における役割や無意識のより深いレベルにおける保続は、精神衛生［mental health］や疾病にとってとても重要であることがメラニー・クラインと共同研究者たちによって見出された。これらの発見とそれへのアブラハムの業績の貢献については、次からの二つの章で示す。それを成し遂げるために、少女の発達に関するフロイトの見解を、その最も進展した状態まで日付を繰り上げなければならない。このとき（一九二四年）までは、子どもは男の子、女の子のどちらも素質的に両性性的であり、生来の生物学的な力のバランスに関して量的に違いが見られるだけである、とされていた。幼い少女の膣は気づかれていないと考えられた。すなわちクリトリスが男根を意味するものとして、男の子への劣等感の源と見なされた。そしてとりわけ、女性性［femininity］は、エディプス・コンプレックスを放棄し解消するよう小さな男の子を駆り立てると考えられた去勢不安をまるで含まないものとされた。それゆえ、フロイトはこう書いている（S.E., Vol.19, p.178）。「少女ではこのように去勢への恐れは排除されているため、超自我の形成や幼児的性器的組織［genital organisation］を放棄するための強力な動機づけも欠いている。男の子よりもはるかに女の子のほうにとって、これらの変化は、愛情の喪失を盾に彼女を脅かす外界からの脅迫としつけによるものである」。

精神分析的手法への忠実さが、フロイトを、少女に関するあまり予期せぬ結論に導いたことがわかる。すなわちある意味、少女は自分が女性ということを知らず、良心をもたず、母親へのエディパルな競争心による罰の恐れよりもむしろ、愛情を求める願望によって動機づけられているということである。フロイト自身はこれらの見解が批判に耐えうるものではなく、証拠がさらに手に入るまで待たねばならないものであると知っていた。おそらくその証拠は、母親転移を十分に開花させ、女性の無意識により細やかに触れ合えるであろう女性の分析家によって集められるものであり、フロイトが自分自身の限界をよくわかっていた領域であっただろう。

幼い少女の発達に関する見解でフロイトが行なった最後の重要な修正は、一九三一年の論文「女性の性愛について」に現われている。最初に、幼い少女に起こる一連の出来事へのこれまでの見解を改訂し、原初的な状況での陰性の（あるいは逆転した）エディプス葛藤を次のように位置づけている。「……私たちは、両親との子どものあらゆる関係を含めてエディプス・コンプレックスの概念をかなり拡張することもできるし、また他方では新しい発見も考慮に入れて、女性が正常な陽性のエディプス状況に達するのは、陰性のコンプレックスに支配されている時期を克服してからであると言うこともできる。実際この時期には、幼い少女の父親への敵意は、男の子に特徴的な高さほどには決して達していないが、少女にとって父親は、厄介な競争相手にすぎないのである」[4]。

フロイトは、陽性のコンプレックスを好むことで陰性の前エディプス的愛着を放棄するとしたが、一方で失意によって、また他方ではペニス羨望によって突き動かされるという見解もまだ保持していた。「いずれ少女は、兄弟や他の男の子が周りにいたならもちろんより早くより容易に、女性器官の劣等性を発見するのである。この地点から分岐していく三つの方向について私たちはすでに注目した。すなわち、（a）性生活全般の停止という方向、（b）反抗的に男性性［masculinity］を過剰に強調していく方向、（c）堅実な女性性への第一歩、である」（p.232）。

しかし、すでにフロイトに疑念が生じている。ペニスをもっていないことに対する憤懣は、「ミルクを十分に与えなかった、授乳の時間を十分にとらなかった」母親に向けた辛辣さというかなり早期の源泉からその激しさを増している（p.235）。離乳期の乳房や母親との信頼できる良い関係を保持しようと必死にあがくこのテーマこそが、私が第4章でまとめた、メラニー・クラインによる子どもの発達についての再構成の骨組みを形作っているのである。

この領域におけるフロイトの業績を評価する際に、一つ重要な要因がこころに留められておくべきである。すなわちそれは、フロイトが一九世紀の科学的な伝統と、それによるその時代の機械学、化学、そして新しい考古学に相似の思想を背景にもっているということである。これから続く二つの章で、過去四〇年間に前進した子どもの発達の精神分析理論へと入っていくにつれて、相対性理論やコミュニケーションに応用されている熱力学第二法則、そして現代人類学に含まれている社会構造についてのより広範な見解といったインパクトを反映して、思考と表現の様式に変化が表われていることが微妙に見て取れる。一言で言えば、精神分析理論に含まれるこころの理論に、水圧システム（リビドー理論）からコミュニケーション・システムへの移行が見受けられよう。そしてコミュニケーション・システムでは、エネルギーよりもむしろ情報が動員され、平衡よりもむしろ秩序が組織における優先原則であり、緊張の最小化よりもむしろ発達への推進力が究極的な経済原則と見なされる。

原註

1 Freud, "Three Essays on Sexuality", In : S.E., Vol.7, p.232.
2 "The Dissolution of the Oedipus Complex" In : S.E., Vol.19, p.173.
3 "The Ego and the Id", In : S.E., Vol.19, p.33.
4 "Female Sexuality", In : S.E., Vol.21, p.226.

訳註

1 父親－同一化と母親－同一化のこと。

第3章　発達の時期と組織化の系列

第2章ではジークムント・フロイトの業績を主に取り扱った。そこでフロイトが、一九四五年を越える研究生活のすべてに及んで精神分析的な研究方法を苦心しながら遵守し、パーソナリティの発達に関わる概念を改訂しつづけてきたことを述べた。受けてきた訓練や、そのときの時代といった背景から、フロイトはエネルギー（欲動）とそれらのコントロール、あるいは修正（変遷）という点から考えるようになった。その一方で彼が患者とともに見出したことは、構造や組織についての証拠を突きつけた。精神分析は心理学における一つの理論的な支流として、一九二三年についに現在の形となった。「自我とエス」の刊行である。そこで彼は、精神分析を特別な専門分野とするために「メタサイコロジー［meta-psychology］」という用語に特に重要性をもたせた。それは四つの視点から人間のパーソナリティを検討するものである。すなわち、パーソナリティの発達（発生的な側面）、構造（より以前には局所的側面と呼ばれていたもの）、作用のメカニズム（力動的側面）、心的「エネルギー」の素質（経済的側面）である。

前章ではフロイトが死去する一九三九年までの、幼少期の性愛への見解を辿ってきたが、そのなかで、子どものパーソナリティ発達の構造的な側面に関する見解が進展したとして、一九一一年のあたりでいくらか立ち止まった。一九〇五年版の「性欲論三篇」においてさえ、彼は性愛－部位（性感帯）－優位の時期があることを認めており、それは、口、肛門、性器の時期である。しかしそれらは対象関係（対他愛）、もしくは自体愛的満足のための主要な部位であると見なされていた。つまり、彼の概念はこれらの部位、もしくはそれへの固着が、病理的な葛藤が結晶化するその中核として作用し、それが成人になって神経症や精神病の発症をもたらすというものであった。

フロイトは一九一三年に「強迫神経症の素因」のなかで、以下のように述べている。「最初に私が区別していたのは、主体の個々の部分欲動がそれぞれ独力で（すなわち、組織化を欠いた状態で）自分自身の身体において欲望の満足を求める自体愛の時期と、それから、生殖のために働く性器の優位性のもとですべての部分欲動が対象選択に向けて連合される時期という二つのものだけだった。周知のように、パラフレニー（パラノイアと統合失調症）の分析から、それらの中間にナルシシズムの段階を挿入する必要が出てきた。このナルシシズムの段階では、対象選択は開始されているが、その対象はなお主体の自我と同じである。さらに今日わかったのは、最終的な形態に到達する前に、挿入されるべきもう一つの段階が必要だということである。その段階とは、対象選択に向けて部分欲動がすでにまとめられており、対象は主体の自己にはすでに外的なものとして対置されているが、**性器部位の優位性はまだ確立さ**

れていない。性生活の**この前性器的組織**（この用語を用いるのはこれが初めてである）**を支配する部分欲動**は、肛門性愛的でサディスティックな欲動である」[1]。

ここにフロイトの重要な転回がある。つまり、子どものなかにある欲動とその作用様式への没頭から、心的装置の組織化へと主な関心が移ったのである。賢明なことに彼は、組織化の時期というような概念にはどんなものでも、前進と退行の両者への変化という概念も必要となるとはっきり気づいていた。進んでいない状態が存在しているからこそ、そこからより進んだ状態が可能になる。たとえばこの論文のなかで、後に最終的には両性性となっていく初期の構造を記している（S.E., Vol.13, p.322）。「男性と女性という対照をなすものは、生殖機能によって導入されるのであり、前性器的な対象選択の段階では、それはまだ存在していないことを忘れてはならない。その代わりに能動的目標を追う傾向と、受動的目標を追う傾向という対照がある……」。

一九一五年には「性欲論三篇」の改訂版を出したが、フロイトは自分の図式に、別の前性器的組織を加えた。それを性格形成における正常な同一化と病理的な同一化の過程を分析することを通して発見した。「これら（の時期）の最初は、口唇的、もしくは言ってみるならカニバリスティックな前性器的組織と名づけうるものである。ここでは、性的活動は食物を摂ることとまだ区別されておらず、また、その活動の逆向きのものとも分化されていない。この二つの活動の**対象**は同じものである。つまり性の**目標**は対象の体内化［incorporation］にあり、それは同一化という形態において、後にとても重要な心理的役割を演じる過程の原型となる」[2]。

フロイトが一九〇八年に論文「性格と肛門愛」(S.E., Vol.9) を記したことで、それまで伝統的に向けられてきた病的症状への関心に加えて、性格構造についての興味が刺激された。この論文では、肛門性格の有名な三つの特徴として几帳面、倹約、頑固を記した。第一次世界大戦後に多くの文献を残した研究者たちがいたが、とりわけフロイト、カール・アブラハム、アーネスト・ジョーンズ、サンドール・フェレンツィ (Sándor Ferenczi) は、人間の行為全体を詳しく検索した。啓蒙的で面白い臨床論文が続々と出され、社会行動、衣服、食習慣、労働 [work] 習慣、趣味、娯楽——これらは手短に言えば私たちの文化を形作る、人間の風変わりさを総ざらいしたようなものであるが——について、乳幼児的な起源や経済論的な重要性が詳細に検討された。この方法によって、人間のなかにある子どもが明らかになってきた。それは心理学的な研究方法としての精神分析の範囲だけでなく、治療としての精神分析においても変革をもたらした。加えて、教育や子どもの養育における精神分析の重要性が注目され、フォン・フーク＝ヘルムート (von Hug-Hellmuth)、アンナ・フロイト (Anna Freud)、メラニー・クラインが、初めて子どもに対して直接に精神分析を行なう基盤が築かれた。

性格における無意識の根源や発達基盤への関心がとても高かったこの時期から、「前性器的組織」という概念に生きた肉付けをしていく新たな発見が次々となされたという事実において、精神‐性発達に関して最も重要な進展を見出すことができる。フロイトがその外枠を築き、アブラハムが中身を細かく埋めていった。第一次世界大戦後、八年間という比較的短い期間ではあるが、アブラハムは一連の論文を四八歳という若さで死去するまで書いた。それは、有名な「リビドーの発達史試論」（1924）で頂点に達したが、そのなかで彼は躁うつ病や統合失調症の患者とのパイオニア的な仕事をなし、そこからの知見を体系化している。この業績にこそ、メラニー・クラインという彼の教え子の名とともに思い浮かべられる、全く新しい発展の起源がある。第4章がその検討に当てられる。

子どもの情緒生活や精神生活、そしてパーソナリティ発達の理解にカール・アブラハムがなした貢献の本質は、細かく推敲し、かつ新しく統合したことである。彼は、性格の精神‐性基盤は、**性愛部位優位の時期と対象関係組織の段階**の両方との関連で理解しなければならないと結論づけている。ゆえに、それ以前はエディプス・コンプレックスという危機に至る発達時期は三つに分かれるとされていたのを、六つの時期に分けた。（1）口で吸う時期、（2）口で噛む時期、すなわちカニバリスティック（食人）期、（3）早期の肛門期、すなわち肛門的に排出する時期、（4）後期の肛門期、すなわち肛門的に保持する時期、（5）早期の性器期、すなわち男根期、（6）その後の性器期。

それに加えて、フロイトが分けた対象関係の段階、すなわち自体愛、ナルシシズム、対他愛（もしくは対象愛）を、アンビバレンスの問題を説明するために拡大した。アンビバレンスとは、すなわち対象に対する愛と憎しみであり、子どもの体験や感情における、部分対象から全体対象への進展である。欲動の優位の時期と対象関係の段階の双方によって形作られたこの発達段階の概念は、今やとても複雑なものとなったことが認識できる。そしてそこには、以下に記すような多くの質問に対する明確な答えが含まれている。

(1)性愛部位優位とは何か(口唇、肛門、性器)
(2)この衝動の対象はいかなるものか(一人のまとまった人物、もしくは身体の一部分)
(3)この衝動の目標はどのようなことか(取り入れる、保持する、排出する、破壊する、一杯に満たす、空にするなど。これらの無数の目標はすべて二つ、つまり、取ることと与えることが変形したものと見なしていいだろう)
(4)その衝動の性質はどのようなものか(愛する、破壊する、もしくはアンビバレント)
(5)主体にとって予期される効果は何か(苦痛の除去、不安の軽減、願望充足、発達の促進など)
(6)その結果として対象にどのようなことが起こると感じるか
(7)主体が、その対象の行く末についてどの程度の関心を抱いているのか

この質問をできるだけ明らかにするために、また、次章に記す一九二四年からの発展がよりわかりやすく読めるように、アブラハムの図式を私自身の言葉で記述してみよう。というのは残念なことに、アブラハム自身はその図式の要約を残していないからである。この図式は彼のさまざまな論文から引用し

ているため、細部まで正確とはいえない。さまざまな時期の期間に関しては、私は彼の意見を推測するのみである。

I　早期口唇段階

誕生した瞬間、そしてそれからの数日ないし数週間は、赤ん坊は完全に自体愛的に存在している。赤ん坊は自己と対象の違いを何も認識しないまま、さまざまな身体〔訳者追加〕部位で苦痛もしくは満足を経験している。「満足」対「苦痛」の経験全体でのバランスが、後の人生における「楽観的」対「悲観的」という性格のバランスを決定するようである。口と吸うというその機能が、主要な部位であり活動の様式である。これがおそらく、カタトニー（緊張病）における退行の固着点と思われる。

II　後期口唇段階

乳房への愛と憎しみの混合に赤ん坊は支配されている。乳房はそれ自体が対象とははっきり認識されておらず、（空想のなかで）噛んで貪り食われ、破壊されるか、あるいは同一化によって自己の一部分であるとされるかである。愛と憎しみのバランスによって、それは決まる。身体の各部分が明確に区別されていないため、乳房、ペニス、尻、目、頬などは容易に取り替えられ混同される。ナルシシズムが完成し、そのため破壊性が強く対象への思いやり［concern］が全くない場合には、そこに統合失調症が発症する固着点が形作られる。カニバリズムにもっと愛情があり、体内化された対象に同一化した自己の部分をもっと懸念しつつ保持しているとき、うつ病（メランコリー）を形成する固着点が形成される。この危機は、おそらく離乳の時期に解消されるだろう。貪欲さ、野心、寛容、依存、羨望を含む性格のバランスの起源はここにあると思われる。

Ⅲ　早期肛門サディズム段階

赤ん坊の関心や主要な快感の部位は肛門に移ってくる。そこでは糞便は、一部は体内化された対象として扱われ、また一部は身体のこの部分の生産物として扱われる。糞便は大変な力をもち、かつ破壊的なものであると感じられている。ややもすると外的世界の対象はひどくアンビバレントかつ不安定に、理想化された糞便という報酬を与えられたり、万能的な糞便から破壊されたりする。その結果、悪い対象から肛門が攻撃されることがひどく怖れられる。糞便を食べ物として過大評価することが、うつ病の素因形成に寄与する。その一方で、肛門から対象を排除する力は、躁病の傾向を形成するのに寄与する。パラノイアは肛門から押し入ろうとする悪い対象から迫害される恐れとかなり密接につながっている。

したがって性格的なバランスとしての能動性－受動性は、これらの衝動と不安の相互作用によって決定されると思われる。同様に、労働、生産活動、試験、誠実さに対する態度はこれらの葛藤から生じており、それらは排便の訓練が早すぎることによってひどくなるだろうし、離乳の結果に多大な影響を受けているだろう。

Ⅳ 後期肛門サディズム段階

肛門が主要な性愛部位となっているうちは、直腸や腹のなかの自己や対象にこそ、幼児の関心は向いている。その関係はまだとてもアンビバレントなものであるが、糞便を自分が作り出してきたか対象から得てきて保持していると感じていた以前の頃よりは、糞便への関心は減っている。外的な対象のカニバリスティックな取り入れが減り、外的な対象が実体あるものを供給してくれるものとより感じられるので、自分のものにすることや溜めることへの関心が、行動や能力で対象に負けまいとする願望を凌ぐ。サディズムが重篤な場合は、その固着点が強迫神経症を形成する。この時期の葛藤は一般に二歳まで続くが、次のような成人の性格特性の中軸を成す。それは、物の所有、周りの人や対象をコントロールすること、「頑固さ」対「従順さ」である。

V 早期性器段階もしくは男根段階／VI 後期性器段階

第2章で著わしたように、アブラハムの見解は多かれ少なかれフロイトの定式を踏襲している。彼の強調点もまた、去勢コンプレックス、エディプス葛藤、および、その後の女性性の発達にある。これらの段階の理解へのアブラハムの特別な貢献は、もっぱら性器のみに関心を向けている状態ならびにやがてその解消に向かう著しいアンビバレンスの状態から、対象愛が進展することに強調点を置いたことである。それには、唯一無二の一人のまとまった人間という対象への愛が出現することが関係している。アブラハムはこの前進を、後の成人の精神-性的組織の本質であると感じている。

ここでは赤ん坊や子どもはどのような概念で思い描かれているのだろうか。進化論、考古学、もしくは新しい科学である人類学が発達についての無意識のモデルに貢献したと感じられもするだろう。その無意識のモデルは、複雑に混ざり合ってもいれば、層的な構造を成してもいる。それは、考古学者にとっての岩山のようでもあり、近年に文明化された原始的な種族の社会構造のようでもあり、また冷血な衝動が血の通った衝動へと変化する進化の小宇宙のようでもある。たしかに発達や退行という考えは、一つの段階をうまく通過することを暗に意味していたが、決してそれは消滅するものではなかった。むしろそれは、無意識のなかにいつも存在しつづけていると見ることができる。まるで予備軍のように、ストレスが過度になってきたらいつでも出動する準備ができている。一方で病的症状や性格特性は、アブラハムの図式では原始的な種族における抵抗勢力のようである。彼らは服を着なかったり、ひそかに異教の儀式を行なったりしているのである。この時点では、精神生活の明確な「地理［geography］」は定義されていないし、自己の乳幼児や子どもの部分および内的対象が棲んでいる「心的現実」も定式化されていない。フロイトはすでに良心を、両親の体内化に関連した心的「構造」として記述しており、アブラハムはうつ病での原始対象の体内化に基づく病理や、パラノイアにおける原始対象の侵略による病理をいくらか描いた。しかし正常な精神生活すべてに関しての外向きの方向づけは、たとえば心気症においてのように、内的過程への異常なとらわれと対照をなすものであるとして固持され、無意識はまだ理性を欠いた領域であった。しかしながらこの時点までは、発達に関する精神分析理論の構造全体が神経症や精神病の成人の研究から導き出されてきたものであり、体系的な手法で子どもを直接観察した結果は全く含まれていない。

次章では、子どもに対して精神分析の方法を直接用いた結果、これらの見解に変化がもたらされたことが明らかにされるだろう。一九二〇年代に精神分析が飛躍的に進歩したことにより、パーソナリティ発達についての首尾一貫した理論が作り出され、この若い科学が教育者や子どもの養育に関心を抱く人々の間に新たな関心をかきたてた。それより以前の聴衆がもっぱら医師であったのは、精神分析が病的な神経症状の起源のみを取り扱うもののように思われたからである。このように精神分析への関心は新たな広がりを見せたのだが、それは精神分析治療を成人と同様に子どもにも役立たせようと熱望する新しい研究者たちにとっても魅力あるものだった。

しかしながら、アブラハムの「試論」(1924)までに発展してきた子どもの発達の概念に関して惜しまれるのは、日常生活の子どもやその発達を、全くではないとしてもほとんど扱っていなかったように思われることである。その理論からは子どもが見えない、と言ってもよい。それは実際に、一九二〇年代の中頃までの精神分析という分野の実態を正しく表わしていると思う。これらの精神分析のパイオニアたちが、神経症や精神病の成人患者を対象に苦心しつつ熱心かつ詳細な研究を行なったことで、大変抽象的で図式的な「子ども」を構築していくことができた。それは精神分析的な子どもであり、それと真の人間の子どもとの類似性は、たとえば斧や陶器のかけらや儀式用の小立像の世界が、実際の新石器時代の村のにぎやかな生活に対してもつ類似性に等しい。これらの初期の研究者に想像力が欠けていたと考えるわけではない。むしろ反対に、フロイトが絶えず弟子に説いていた精神分析の方法によって得られる科学的な証拠に厳しくこだわっていたため、ほとばしる想像力に手綱をつけて鎮める必要があった。いや、そもそも精神分析の方法自体の特性が、幼少期の組織の無意識的遺跡を明らかにするのであり、子ども自体を明らかにするのではない。それはちょうど、考古学者の手に入るのが比較的壊れない文化的な骨董品に限られるようなものである。

この実態が三人の女性、フォン・フーク＝ヘルムート、アンナ・フロイト、メラニー・クラインによって飛躍的に変化した。彼女たちは精神分析の方法を子どもに適用した。しかしこの場面でさえも同じ疑念は続く。というのは、二歳半以降の幼児に関しては、子どもの発達についての説得力のある包括的な見解が見受けられるようだが、生後一年間については、その大部分はまだ再構成であり図式的なものである。今では精神分析家が乳幼児を直接観察することが、その赤ん坊に生命をもたらしはじめている。次章では子どもとの治療作業が、なかでもメラニー・クラインの発見が、いかにして以下の点をより完全な形で提示したかを述べよう。それは、子どもの内的世界と外的な関係、情緒と知性の発達、力強さと脆弱さ、良さと悪さ、無垢さと汚さについてである。しかし、ここでも注意を促そう。この子どもは、分析的なプレイルームのなかの**完璧な子ども**である。たとえば、教室や家のなかの完璧な子どもを理解するために、この精神分析の知見を利用できるようになるまでには、置換という膨大な作業が必要である。

原註

1　Freud, "The Disposition to Obsessional Neurosis", In : S.E., Vol.12, p.317.

2　Freud, "Three Essays on Sexuality", In : S.E., Vol.7, p.198.

第4章

「苦痛–と–怖れ」から「愛–と–苦痛」へ

これまでの三章では、第1章で精神分析の方法の長所と短所を述べた。続く第2章では、乳幼児の性愛に関するフロイトの早期の発見と子どもの発達の理論を、後の成人生活での病的症状の背景を形成するものに特に限定して、その足跡を辿ってみた。第3章では、第一次世界大戦後に主にフロイトとアブラハムの業績によってもたらされた、突然の予期しない展開を概説した。これは、神経疾患を詳しく調べ治療するための方法であった精神分析を、心理学の特別な部門、すなわち**メタサイコロジー**へと変容させた。パーソナリティ発達についての多次元的でまとまりのある新しい概念が、発達の時期と組織化の系列という観点からまとめられた。

しかし、生硬な理論のなかには見出せないような生きた子どもについては、半ば言い訳めいた記述で私は筆を擱いた。ただ、子どもとの直接の分析作業、とりわけメラニー・クラインがとても小さな子どもを分析したことから生じた、一九二六年から一九四六年にかけての発展を描くことによって、この欠点を補うことを約束した。

子どもに直接アプローチしようとする流れは、一九〇九年に報告された「ハンス坊や」の症例として分析家の間で知られている、フロイト自身のいささか変わった作業によって大いに刺激された（S.E., Vol.10）。この五歳の少年は馬恐怖症に悩まされていたが、おおむね健康で知的な普通の子どもだった。そしてフロイト自身ではなく、少年の父親によって治療された。父親は精神分析の知見に精通しており、フロイトの綿密なスーパーヴィジョンを受けていた。臨床結果は大いに満足できるものだったが、フロイトは、このような治療を多くの親や分析家自身ができるかどうか、きわめて懐疑的だった。すでに私が述べた三人の女性による修正技法の発展、いわゆる「プレイ・テクニック」によってようやく、精神分析の方法を厳格に適用して子どもを直接治療することが可能となった。メラニー・クラインがより細部にわたって転移を扱っていたのに比べ、アンナ・フロイトは当初、分析の方法を一部に限るよう主張していた。しかしこの三〇年以上を経て、こうした技法上の違いは大部分消失した。理論の進展は、成人の治療からもたらされた発見に加え、部分的にはこれら子どもの治療から得られた。そしてこの理論の進展は今や、精神分析の方法が、二歳以降の子どものあらゆるパーソナリティ障害に一定の効果をもたらすことを可能にしている。

フロイトとその仲間たちは、ハンス坊やの症例によって、大いに安心を得た。それは、エディプス期の再構成、後に成人の神経症になる前駆状態と仮説化されていた、いわゆる「乳幼児神経症」、すなわち、成人の障害の乳幼児版がたしかに存在するということだった。この症例は、両性性やアンビバレンスの理論が生き生きとしたものとなることに貢献した。というのは、母親と父親への愛と憎しみにもがき、そして自分自身の男性的・女性的な性器的欲望にもがく実在の小さな少年が、フロイトの見事な論文のなかで生き生きと描写されていたからである。この論文はおそらく、あらゆる精神分析の文献のなかでも最も楽しいものであろう。フロイトの著作は、彼の科学者としての力に豊かな文学的才能が加わったことで、ドイツ語のオリジナル版だけでなく、ジェイムズ・ストレイチー（James Strachey）とアリックス・ストレイチー（Alix Strachey）によって完璧な翻訳がなされた『標準版（Standard Edition）』も、真に偉大な世界文学の一部となっている。

メラニー・クラインには、このような文才はなかった。『児童の精神分析』（1932）における早期の知見の提示方法は、無遠慮に機関銃のようにたたみかけ、しかも過度に濃縮されたものであったため、彼女の考えに反論する者を鎮める力は全くなかった。フロイトの論文ではハンス坊やがまるで困った小さな王子様のように飛び跳ねていたのに、メラニー・クラインが引用した、かわいそうなリタ、トルード、エルナ、ピーターおよびその他の一八例は、はなはだ異常で不気味なほどにのめり込んでおり、ぞっとするほど暴力的なものとして登場した。もちろんこれは単に文体上の問題だけではなく、これらの子どもたちが重症で、大人になったら重症の神経症か精神病になるしかないような障害にすでに巻き込まれていたことにもよる。加えて、まさしく彼らの病気の性質そのものが、前性器的組織に関連する、より原始的で猛々しくアンビバレントな、しかも、より人間性に欠けた、部分対象関係レベルの精神生活を含んでいた。引用された症例について考えてみると、たとえば以下の通りである。「トルードは、三歳と九カ月であったが、彼女は分析のなかで、今は夜の時間で私たちは二人とも眠っているという「ごっこ」遊びを繰り返し行なった。そして彼女は、部屋の反対のコーナーから私のほうにそっとやってきて（その部屋は彼女自身の寝室と見なされていた）、私をさまざまなやり方で脅かした。たとえば、彼女が私の喉を突き刺すとか、窓から放り出すとか、私を丸焼きにしてしまうとか、警察に連れて行くなどである。彼女は私の手と足を縛りたがったし、ソファの上の膝掛けを持ち上げて、彼女が「ポーｰカキーｰクキ［Po-Kaki-Kuki］」をしていると言った。これは、彼女が母親のお尻のなかの「カキス［Kakis］（大便）』を探したいということを意味していることがわかった。それは彼女には子どもを意味していた。他のときには、彼女は私のおなかを叩きたがった。そして彼女は私の「アｰアス［A-A's］（大便）」を取り出して、私を貧乏にしていると述べた。それから彼女はクッションをつかんだが、彼女は繰り返してそれを子どもたちと呼んだ。そしてソファの後にそれらと一緒に隠れた。そこで彼女はひどくおびえた表情で部屋の隅にしゃがみ込み、自分を覆い、指を吸ってお漏らしをした。彼女は、私を攻撃するときには、いつでもこの過程全体を繰り返した。それは彼女がまだ二歳になっていないときに、非常に激しい夜驚症を示し始めたときの、ベッドのなかでの振る舞い方と詳細にわたって一致していた。その時期には、彼女は自分が欲しているものが何であるかを言うことができずに、両親のベッドルームに何度も何度も駆け込んでいた。性交をしている両親に対する攻撃性を表わしている「おもらし」と、「およごし」をしてしまうことを分析することによって、これらの症状は取り除かれた。トルードは、妊娠している母親から子どもたちを略奪したかったし、彼女を殺し父親と性交をしている地位に取って代わりたかった」[1]。

　これは、どのような形にせよ私たちのなかに残っている、子どもを理想化し幼少期を汚れのない幸福なものと見なす傾向に反する、妥協のない提示である。ハンス坊やとは何と異なっているのだろう。大きくなって、大きな素晴らしいペニスを手に入れ、美しい母親と結婚したいという、父親を賞賛することから生じるハンス坊やの願望は、賛成の微笑みや勇気づけたくなる共感を私たちから引き出すものである。

　それにもかかわらず、トルードのような症例には、肛門的に保持する段階や、ひどくアンビバレントな前性器的組織における関係性の部分対象的な性質といった、強迫神経症の乳幼児期の起源についてのフロイトとアブラハムの理論に関する、豊かな確証が示されている。そして当然、小さな子どもについてのこれらの知見自体は、精神分析の世界で歓迎された。しかしこれらの知見は、単に大人との分析からもたらされた理論の確証以上のものを含んでいることが容易に見てとれる。そして、病気の子どもの苦痛を明らかにし、それに注意を払うよう私たちに要請する。この火急の要請は、ディケンズ派[Dickensian][2]による幼少期の理想化とは実際には共存しえなかった。というのも、彼らの視点では、孤児や病気や障害をもつ子どもたち、そして、ネグレクトされた子どもたちにとって、苦痛は外の世界だけからやってくるからであった。このような要請は、子どもたちは至福の繭から試練の学童期へと抜け出るのではなく、乳幼児期の不安という大混乱のなかへと生まれ出るのだ、という認識を要求した。その大混乱の渦中では、子どもたちにとって最愛の、あるいは少なくとも信頼された大人が肉体として存在することが、唯一のオアシスである。彼らの日常生活のあらゆる領域——食べること、眠ること、遊ぶこと、排尿すること、排便すること、学ぶこと、風呂に入れてもらうこと、服を着せてもらうこと、身体の病気に対処してもらうことなど——はそれぞれ、さまざまな不安によって妨げられるように見えた。それらの不安は、大人では最も重度の精神疾患においてしか見られないようなタイプのもの、つまり、迫害という「精神病性の不安」である。

フロイトは、彼が「超自我」と呼んだ良心の機関は「エディプス・コンプレックスの後継者」として発達するという、成人の分析からもたらされた見解をもっていた。すなわち、このような乳幼児期における愛と憎しみの葛藤の解消は、良心として機能する内的人物像としての両親、特に同性の親の確立という形を取るものであった。強迫神経症、躁うつ病、統合失調症などのような、ヒステリーよりも深刻な障害に関するフロイトの研究は、次のことを明らかにした。これらの疾患ではこの構造、つまり超自我にかなり重篤な障害があり、特にその形態はきわめて過酷であり、残虐で殺人的でさえあるということであった。しかし、強迫の症例では幼少期の後半、あるいは統合失調症の症例では思春期に至るまで疾患が顕在化しないために、超自我の変容はこのような後の時期に起こるのだと彼は結論づけた。そのためフロイトは、これらの疾患のいわゆる「固着点」は発達の前性器期（すなわち、一般には三歳以前）にあると認識していながらも、良心が発生する時期に関する持論を修正する論拠をもたなかった。

したがって、メラニー・クラインによる小さな子どもの分析がもたらした、早期幼少期における子ども像の二つ目の重要な修正は、以下の認識にあった。このような年頃の子どもの内的世界はすでに、あるいは幼い時期だからこそ**とりわけ**、ひどく複雑であり、意識的・無意識的空想のなかで、その子と絶え間なく葛藤を起こしたり同盟を結んだりするような、つねに定まることのない良い人物像や悪い人物像が住んでいるという認識である。こうした重要なやり方で父親や母親、そして両者の身体のさまざまな部分に連結されている多くの人物像を、まとめて「早期超自我」と呼ぶべきか、あるいは単に「超自我前駆体」と呼ぶべきかという問題は、今日ではそれほど重要なことではない。しかし、それにまつわる激しい論争がフロイト死後の歳月に繰り広げられた。子どもに関する私たちの見解の真に重要な修正は、「心的現実」という豊かな概念の成長であった。この「心的現実」は、子どもは空想を重んじるということを意味する単なる婉曲表現では決してない。それは厳密な科学的概念であり、子どものこころが、意識的無意識的空想における、絶えず行き来する過程によって発達することを認識しているものである。そしてその過程において、外界の人物像とともに行なわれる子どもの活動は内的人物像の特質［qualities］を修正する。遊び、夢、空想、マスターベーション、そして、その他のタイプの自体愛もまた、これら内的人物像に影響を与える。こうして、外界の価値と意味に関する子どもの視点は改変を蒙る。

しばらくの間、夜驚症を表わしているトルードのプレイに関する、メラニー・クラインの記述に戻ろう。この夜驚症がはっきりとした形を取るようになったのは、彼女が二歳で母親が妊娠していた頃であった。内的母親から糞便や赤ん坊、そして富を奪うというトルードのマスターベーション空想は、彼女の母親を恐ろしい迫害者へと変えた。この内的状況が、慰めようもない夜驚症を彼女に引き起こした。なぜなら、内的状況と混同された見方のために、外的母親への信頼が妨げられたからである。このことが彼女に尿や便の失禁をもたらし、そのため実際に、外界の母親との関係が彼女には難しくなった。そしてこれが次には、トルードの羨望、憤慨、そして、マスターベーションの傾向などを強めた。

精神分析の世界において、これら内的関係がいつ始まるか、すなわちこの「心的現実」の世界の形成の時期については、意見の不一致が未だある。というのは、またもやメラニー・クラインが、これらの過程はまさに出生直後から始まることを示す証拠があると断固主張したからである。時期を正確に特定することは、ここでの私たちの目的にとってさして重要ではない。重要なのは、子どもの心的・**肉体的**発達にとって、こころの内側の世界が途方もなく重要であることの認識である。その内側の世界には多数の良い対象や悪い対象が住んでおり、それらの対象はとてもゆっくり、かつ不完全に統合されて、フロイトの「超自我」という親像を形成するのである。

私は「良いと悪い［good and bad］」を強調したい。なぜならこれは、子どもの精神生活に関する私たちのイメージに、メラニー・クラインの業績から得られた、三つ目の重要な修正を施すからである。ある意味これは、ここでの私たちの視点から言うと、最も重要な修正で、理論のなかの子どもを生き返らせた。メラニー・クラインは、一九三五年から一九四六年までの第二次世界大戦をまたがる一一年間に書かれた四つの記念碑的な論文において、**妄想－分裂ポジション**［*paranoid-schizoid position*］と**抑うつポジション**［*depressive position*］として知られる対象関係の概念を定式化した。私にとってこれは、生の脈動、すなわち個々人にも社会にもある愛と憎しみ、善と悪［good and evil］、創造と破壊、成長と衰退、美と醜、正気と狂気のドラマとの最も親密な関係を、精神分析にもたらした。これらの概念の提示は歴史にまつわる章のフィナーレ、つまり終結部を形成し、その美を捉えるのに詩的な飛翔が求められる。

小さな子どもの、そして後には重症の大人の治療から、メラニー・クラインは次のように結論づけた。すなわち、愛と憎しみの戦い、そして善と悪の戦いは出生時または出生直後に始まっている。苦痛と怖れ、さらにそれらに伴う激怒が、乳幼児の生きる欲求を、実際、生き残る能力に対する深刻な脅威となるまで脅かす。乳幼児は、ほどほど健康に生き残りたければ、スプリッティングと呼ばれるメカニズムによってこのひどい状況に対処しなければならない。このメカニズムによって乳幼児は、自分自身と対象を、理想化された「良い」断片と迫害的な「悪い」断片にこの上もなく激しく分裂させる。理想化された自己の「良い」部分は、理想化された「良い」対象、すなわちまず栄養を与えてくれる母親の乳房ないしはその代理と同盟を結ぼうと試みる。これらは内的な過程である。理想化された母－子という基本的な同盟は、愛、信頼、感謝、さらには希望が発達するための原型を形成する。

しかし、理想化された関係であるこの同盟は、あらゆる方向から、すなわち内界からも外界からも脅かされる。あらゆる苦痛、失意、ショックは、対象のもつ良さや強さへの信頼を攻撃する。あらゆる分離は、孤独や、感謝を攻撃する嫉妬をもたらす。対象のもつ良さ、美、強さ、能力への羨望は愛に敵対して働く。疲労、弱さ、加齢などのあらゆる徴候は希望を蝕む。

私がこれまで描写してきたのは妄想－分裂ポジションであり、そこでは、迫害や苦痛や死に対抗する安全性はすべて、理想化された対象の強さや世話から生まれると感じられる。これらの理想化された対象とは、まず母親の乳房であり、次によりまとまった母親についての概念であり、それから後には父親という概念も加わる、といった具合である。しかし強調すべきは、**苦痛や危険から守られている**という点にある。パーソナリティのこのような組織において、良い対象は高く評価され、愛されたり崇拝されたりもする。しかしそれは、対象がしてくれる世話に向けられたものであり、いわば利己的なものである。このようなオリエンテーションではせいぜい、家来に対する慈悲深い独裁者の態度にも似た、賢明な利己主義を成し遂げるのが関の山である。それでは、**思いやり**を体験できない。

このような乳幼児自己や対象の原初的なスプリッティングと理想化が満足のいく形で起こっていたり、親の世話が程良く適切であったり、そして、嫉妬や羨望、および心身の苦痛に対する不耐性が過剰でなかったりする場合、奇跡のような美しいことが起こってくる。そしてそれは、無味乾燥な科学の用語では、「抑うつポジションの閾《いき》［threshold］の現象学」として知られている。日常生活の言葉で言うと、最愛の対象の幸福への優しい思いやりが、自己の快適さや安全性への利己的な気づかい［concern］に取って代わるようになる。そして、犠牲の能力が出現する。すなわち、赤ん坊は、金切り声で泣く代わりに哺乳されるのを待ち、乳房や哺乳瓶にまだお乳が残っていても吸うのを止め、母親に面倒をかけないように括約筋をコントロールし、そして気をもみながらも分離に耐える。服従から良さが、そして競争から働く能力が出現する。また、剥奪に耐えることから発達する誇りが出現する。

これらの概念の美しさは、子どもたちが自分たちの失敗や繰り返し挑戦する必要性を理解するのにいかに苦闘しているかを私たちが知る手助けをしてくれる。生のあらゆる重大局面で子どもは、古い世話を放棄して新しい技術を発展させるという二重の問題に出くわす。あらゆる重大局面で子どもは、前に進むか否かをそのたびに決めなければならない。そこで、前に進むならば、どのような理由で進むのか、すなわち賢明な利己主義、怖れ、競争のためなのか、それとも、良い対象への思いやりのためなのか。これらの概念が、フロイトとアブラハムによって発見された発達段階や組織化の時期という概念に取って代わるものでは**ない**ことに注意を払う必要がある。むしろこれらの概念は、ある時期から別の時期へと推移する方法を探求し、また、発達がなぜ時に失敗するのか、そして、いかに一つの失敗が次の失敗を引き起こしやすいのか、などを探求するものである。そのため、もはや「心的エネルギー」を物理的エネルギーの類似物とは考えないとはいえ、これらの概念は本来経済的な概念である。それらは、量的な狭い意味ではなく、政府が**経済政策**をもつというような意味で、「経済的」なのである。内的対象に関する自己の経済はこのように支配される。[2]

愛する内的対象と外的対象の両者との関係を維持しようとする子どもの苦闘は、勇気という属性が焦点となる問題に子どもを巻き込む。なぜなら子どもは抑うつポジションの水準を遵守することに何度も失敗し、そして罪悪感、悔恨、無価値、恥などの苦痛に繰り返し直面するからである。しばしばその子どもの愛は、対象と分離している間の強烈な心配、孤独、および嫉妬の増大を目覚めさせる。かわいい小さな子どもたちが自らの自制心の限界に直面したとき、いかに愛情関係の償いに苦しまなければならないかを私たちが理解するなら、私たちは忍耐強く、子どもたちが問題を解決できるよう支援し、不当な困難や誘惑から彼らを守ろうとするだろう。これらの概念は、成人の私たちが勇気、清廉さ、犠牲となる能力などの特質をもっているかどうかを行動で実証する必要があることを示している。[◁3] そして、これらの特質は同化されて、支援を求めて子どもたちが分離の間に依存しなければならない、そして最終的にはすっかり依存しなければならない、子どもの内的対象の良さを強化することができる。

　これまでの三つの発達、すなわち、早期の精神病性不安の露呈、「心的現実」の発達の圧倒的な重要性の確立、および妄想－分裂ポジションと抑うつポジションという経済的な概念の描写は、一九二一年から一九四六年にかけてのメラニー・クラインによる発見である。これらは、子どものこころについての私たちの理解に大いなる変化をもたらした。そしてそれによって、子どもの行動の意味に関する私たちの判断は根本的に変わったのである。

原註

1 Melanie Klein, 1932, The Psycho-analysis of Children, Hogarth Press, London, p.25.（衣笠隆幸＝訳 1997『児童の精神分析』誠信書房 pp.4-5）

2 紙幅が限られており、反復強迫、快感－苦痛－現実原則［pleasure-pain-reality principle］、および妄想－分裂－抑うつポジションなどのさまざまな経済原則の相互の関連について、十分な議論をすることはできない。

訳註

1 ここでは『児童の精神分析』の訳をおおよそ転記したが、これは The Psycho-analysis of Children の一九七五年版をもとに訳されており、原文において、メルツァーの引用とは多少の相違があることを断わっておきたい。

2 チャールズ・ディケンズ（Charles Dickens）（一八一二－一八七〇）は、英国で最も偉大な小説家の一人とされている。ヴィクトリア王朝時代の社会不正の批判を感傷とユーモアで描いた。『クリスマス・キャロル』『オリバー・ツイスト』などが有名。

3 原文の“if we can qualities courage…”はおそらく誤植であろう。そのためここでは、“if we have qualities like courage…”として訳している。

セクションB

性の精神病理に関するフロイトの理論*

*一九六八－六九年、ロンドンの精神分析インスティテュートで二年目の訓練生に講義された。

当然ながらフロイトの人生と、入手可能な情報源——既出版著作、手紙、伝記、協会の議事録、自伝と回想録——は切り離せないし、彼の臨床精神病理研究という特定の筋道を、参考文献に挙げた「臨床」に分類される論文から選り分けることもできない。だがこの分野はフロイトの科学的な業績のなかできわめて卓越したカテゴリーであり、共同研究者たちとの連携や相互作用が見られた領域である。たしかに私たちが取り上げている時期、それは第一次世界大戦後期および大戦の余波が残っていた時期にあたるが、この時期には、印刷物の形を何とか取りながら、協会組織の問題、科学分野としての精神分析、かつ（それが何を意味しようと）「運動」としての精神分析の発展と維持がフロイトの考えの多くの部分を占め、あるいはその考えに影を落としていた。殊にアドラー（Adler）との、また後のユング（Jung）との葛藤は「精神分析運動の歴史について」や「ウルフマン［Wolf-Man］」の病歴のような論文に大きく影響している。

フロイトが抱えるこの重荷を幾分かでも減らそうと、一九一二年に「委員会」が結成されたその状況をジョーンズは詳しく述べている。しかしフロイト自身の戦争勃発時の愛国主義的熱狂とそれが終結へ向かうときの失望は言うまでもないことだが、戦争中の通信機関遮断のために、保護を提供しようとするこの委員会の使命は実現しなかった。

一方、戦争中フロイトは患者不足に陥ったが、それが執筆のためのあり余るほどの時間を与えてくれた。そのおかげで「ウルフマン」の長い病歴、メタサイコロジーに関する論文や最初の「精神分析入門」が書かれた。さらに「ナルシシズム入門」を、「自我とエス」で頂点に達する祝砲の一斉打ち上げの開幕を告げるものとして捉えるなら、構造論（一九二〇－二六年）をもたらした巨大な生産性が、戦争時代という過去の知見の棚卸期間のおかげで可能となったと考えてよいだろう。

けれどもそれにもかかわらず、この期間は臨床的な発見の時期というより再評価の時期として考えられなければならない。おそらく、戦後になると今や有名人であり科学運動の先頭に立っている人物となったため、彼の時間は教え子たちにますます奪われることになり、フロイトの症例は以前より精神病理学的な関心を欠いたものになりがちだった。たとえば彼は、戦後の貧困のなかにあって「ウルフマン」を多少とも援助していたが、一九二六年にこの患者が妄想的な破綻を来たした際、ルース・マック・ブランズウィック（Ruth Mack Brunswick）にその後の治療を引き受けてくれるよう頼まなければならなかった。もちろんフロイトの臨床活動は戦前から継続されていた。戦後期に書かれた唯一の症例の記録は女性の同性愛症例であるが、それは一八歳の少女のもので、その治療は短期間かつ不首尾に終わった。症例に関しては別の諸論文で議論されていて、たとえば「子どもが叩かれる」のなかで六例、「嫉妬、パラノイア、同性愛」のなかで二例が取り上げられているが、精神分析家として働いているフロイトはそこには見出せない。このようなわけで同性愛の思春期少女の症例は特に興味深い。というのは、フロイトの「ドラ」分析とこの症例を対置させることができ、二〇年に及ぶ実践によって成し遂げられた技法の変化とそれに伴うデータの変化を評価するにあたって、大いに有利な立場をこの対置から得られるからである。

フロイトがナルシシズムの現象学に関心を向けたその筋道を追うとき、もう一つの歴史的な視点としてこころに留め置くほうがよいことがある。すなわち彼自身の人生における喪［mourning］の状況である。あの自己分析やドラとの作業は、フロイトの父親の死と密接に関わっているように思われる。この一九一四年から一九二三年までに、彼は異母兄弟のエマヌエル（Emmanuel）、娘のゾフィー（Sophie）（一九二〇年）そして孫のハインス（Heins）（一九二三年）を亡くした。母親は一九三〇年まで生きた。フロイトにとって喪の体験はひどく痛々しいものだったし、また失われた愛の対象に関係している「あらゆる記憶と期待のその一つひとつ」からリビドーは切り離されなければならない、と書いているが（S.E., Vol.14, p.244）、自分の直接の体験に基づいて語っていると考えてよい。姉が自殺した際、「ウルフマン」が今や相続人は自分一人になったことに満足しているという自覚のもとに事態に対応したその冷淡さに、フロイトはいささか衝撃を受けたことがわかる。ウルフマンが姉の死後プーシキン（Pushkin）

の墓に涙していたことを、姉の文才が成就されなかったという理由に基づく姉に対する悲しみの置き換えであるとフロイトは考えようとした。それより次のように考えるほうがずっとありえそうなことである。すなわちウルフマンはこの突発的な状況の最中に姉に対して自己愛的に同一化したのだと。そしてそれは病気の父親への気づかい――彼の潜伏期に呼吸強迫と年老いた障害のある男たちへの憐憫を生み出していた気づかい――と結びついていた。

しかし、もちろんこれは、再構成を強調することやユングやアドラーに反論するという目的をもった、その症例史への全体的なアプローチにおける偶然の一つだった。その当面の臨床状況では明らかにフロイトは、今では活気の萎えた世界に対する関心の喪失、断念することの苦痛、捨て去られたことへの憤慨との苦闘を伴う、真正な悲嘆に対してとても鋭いまなざしを向けていた。メランコリーについて彼は、患者が自分の罪深さや途方もなく価値がないこと、聖人のような自己卑下を自慢げに公然と主張するとき、患者には基本的に苦痛が欠けており、むしろその患者に関わったすべての人々のなかに苦痛を引き起こすと認識することができた(pp.246-48)。

「ナルシシズム入門」(p.89)においてフロイトは(自分が何者であるのか、何者であったのか、何者になりたいと思っているのか、あるいはかつて少しはそうであったのかという)、自己愛的なタイプなのか、もしくは(栄養を与えてくれる女性に対して、護ってくれる男性に対して)依託的なタイプであるのかによる対象選択の基本的な区別を行なったが、この時期の研究や活動での臨床精神病理学の進歩の鍵はまさにここにあると考えられる。彼は三つの異なる方面において臨床的な記述を詳細に成し遂げる位置にあった。すなわち、構造論の方面では「自我とエス」で、理想自我（「ナルシシズム入門」）から自我理想（「悲哀とメランコリー」）へ、さらに超自我（「自我とエス」）へという形で結実した。二番目は局所論的（後には構造論的）および力動的な領域である。ここでフロイトは神経症と精神病の違いを確定したようである。最後は性格の領域である。そこでは同一化と昇華の影響を記載した。

この一〇年以上に及ぶ期間にフロイトは、リビドー（対象リビドーと自己愛リビドー）の性質と、意識、前意識、無意識（「言語表象」対「事物表象」）についての局所論的な関心への没頭から、構造論的水準での定式化（葛藤の位置、すなわち神経症での自我－エス、精神病での自我－外界、いわゆる「自己愛精神神経症」での自我－超自我という葛藤）の問題に関心を移したのだが、今日私たちが臨床問題にアプローチする際にはおそらくそれほど重要なことではない。重要に思えることは、（器質疾患、心気症、性愛生活におけるリビドーの素質についての観察といったように）新しい観察が新しい概念（ナルシシズム）をもたらし、そうして新しい概念が（喪とメランコリーの識別という）新しい観察を導き、それが新しい概念（ついには、超自我）をもたらし、さらにその新しい概念が（同性愛、倒錯、フェティシズムについての）新しい観察をもたらす、その過程である。この点についてその時期の歴史は、フロイトが演繹的にも帰納的にも探究していたその有様を見事に例証している。

強調点がリビドー論から構造論へ変化するこの時期を経て、臨床との関連で、ある種の概念、特に固着、退行、アンビバレンスの概念がより強力なものになっていった。これら三つの概念は、「ウルフマン」の病歴では強調されている——たとえば、姉が誘惑したことによるこの男児の受動的な目標への固着（年齢は三歳半）、あるいは恐怖症とわがままを克服した強迫症の形成における肛門期への退行（年齢は四歳半）、もしくは父親を狼恐怖に隠されていた対象にした、男性性と女性性を巡る父親に対するアンビバレンス。これらすべてがリビドー論に基づいて見られている。

「嫉妬、パラノイア、同性愛」（1922）での臨床的な議論に目を移すなら、リビドー発達段階という観点よりむしろ、主に対象の観点から述べられる固着（たとえば、母親固着）、情緒の観点からのアンビバレンス（パラノイアにおける愛と憎しみの反転可能性）や同一化の観点からの退行（同性愛の男性が母親との同一化に退行すること）といった概念が見出される。ここに重要な教訓がもたらされる。その教訓とは、精神分析を教えるにあたってもっぱら歴史的にアプローチすることが正当であると認めるだけでなく、さらにはそれが、この精神分析という科学においてどのように歴史が形成されていくかを示す唯一の手段であると規定するということである。「確実な」概念、「正しい」理論、「現代的な」見解などの探求が叶える目的など一つもない。事の真実は——それほどはっきりしてはいないにしても、他の科学においても全く同じように真実なのだが——理論はすでに行なわれた観察を取り扱う（表記機能）ための、そして新たな検索を定式化する（仮説機能）ための道具にすぎない。

要約する。フロイトが辿った臨床的な足跡——愛情や親の立場についての一般的な観察から、メランコリー、同性愛、心気症のような特異な精神病理現象に至るまで――を提示しようと私は試みたのであり、そこで彼の検索道具であるナルシシズムという新しい概念を利用した。私はまた、その後に続いた理論の再組織化を明らかにしようと試みた。次の章で、この新しい理論がマゾヒズムという現象を際立たせるのにどう働き、さらには全領域に及ぶ倒錯の研究への扉をどう開いたかを示そう。ここに、アンビバレンス、固着、退行という古い概念が、同一化という新しい概念と（さらに自我のスプリッティングという萌芽的概念とさえ）つがいながら、フロイトの臨床活動を導きはじめた方向が理解されよう。ただ病気や高齢のために、彼はそれを完成できなかったのだが。

原註

1　これからの二つの章を完全に理解するためには、読者は参考文献に附されたフロイトの著作に精通している必要がある。そのリストは各章の最後に挙げている。

参考文献

"From the History of an Infantile Neurosis", In : S.E., Vol.17, 1917.（小此木啓吾＝訳 1983「ある幼児期神経症の病歴より」

『フロイト著作集9』人文書院）
"On Narcissism", In : S.E., Vol.14, 1914.（懸田克躬＝訳 1969「ナルシシズム入門」『フロイト著作集5』人文書院）
"Mourning and Melancholia", In : S.E., Vol.14, 1917.（井村恒郎＝訳 1970「悲哀とメランコリー」『フロイト著作集6』人文書院）
"Psychogenesis of a Case of Homosexuality in a Woman", In : S.E., Vol.18, 1920.（高橋義孝＝訳 1984「女性同性愛の一ケースの発生史について」『フロイト著作集11』人文書院）
"Some Neurotic Mechanisms in Jealousy, Paranoia and Homosexuality", In : S.E., Vol.18, 1922.（井村恒郎＝訳 1970「嫉妬、パラノイア、同性愛に関する二、三の神経症的機制について」『フロイト著作集6』人文書院）
"Neurosis and Psychosis", In : S.E., Vol.19, 1924.（加藤正明＝訳 1969「神経症と精神病」『フロイド選集10』日本教文社）

第6章 倒錯への臨床的アプローチ

前章では、(もちろん出版の日付で)一九一七年から一九二七年の一〇年間にフロイトが臨床精神病理の問題と格闘したなかでの進歩の一思潮を私は伝えたかった。この時期の初めの頃では、執筆と出版の間に相当なずれがあると一般に考えられている。たとえば「ウルフマン」の病歴は一九一四年に書かれたが、出版されたのは一九一八年であり、ゆえに「子どもが叩かれる」よりも「ナルシシズム入門」のほうが時期としては近い。またはっきりと述べられてはいないが、私が議論したいと思っている第一次世界大戦後の時期の論文は、かなりしばしば「ウルフマン」との臨床経験に立ち戻っているように思われる。いずれにしても、この症例がフロイトにもたらした大きな印象については疑いようがない。というのも一九三七年に及んでも、彼はまだこの症例に言及していたからである。

「子どもが叩かれる」(1919)から、「マゾヒズムの経済的問題」(1924)を経て「呪物崇拝」(1927)に至る論文の展開全体が、「ウルフマン」との仕事によって触発されつづけていたように思われる。この患者が戦後ウィーンで生活し、一九二六年にそこで妄想性の破綻を来たしたことはきちんとこころに留めておくべきである。フロイトはマゾヒズムの概念をそれこそこの症例の臨床現象との関連でとてもしっかりと捉えていたのだが、リビドー論から構造論へと表記体系が移り変わる後年にはそれが失われていたことを示したいと思っている。

第4部の狼の夢でフロイトは、原光景理論を弁護しようと詳細に踏み込んでいるが、後に第8部（p.97）では、以下のように論点を巧みに避けようとしている。「われわれは、子どもが自分自身で経験をしていない場合にも、系統発生的な経験をもつものであるということを、神経症の原歴史に関して見出すのである」〔『フロイト著作集9』p.432〕――つまり、威嚇、誘惑、あるいは両親の性交場面に晒されることである。同時期に書かれた他の論文（"A Case of Paranoia Running Counter to the Theory of the Disease", In：S.E., Vol.14, 1915）では、フロイトは原光景理論をとても巧みに活用して、恋人との関係が盗み聞きされたり、写真にさえ撮られているという女性患者の妄想を説明している。「その患者の恋人は依然として父親であったのだが、彼女自身が母親の位置を占めていた。それで盗聴者の部分は、第三者に割り当てられなければならなかった」。

私が提示したい症例の核心として、この二つの箇所を私は引用している。つまり、「ウルフマン」の夢に展開されたような原光景状況は、あらゆる種類の性的逸脱の素材での鍵となる重要な空想（あるいは生活史的事実）だった。この点に関して、フロイトは「性欲論三篇」に際立った補遺を加えているが、それらは「続精神分析入門」においてすら取りまとめられなかった。

さらに探求を進めよう。フロイトは自らが「原初期［primal period］」と呼ぶものから、次の出来事を見出している。すなわち、原光景（赤ん坊はその間に大便をすることで両親の性交を妨害した）、死の危険を暗示されることで終息した初期の摂食の障害、初期の「グルーシア」（ロシア語で「西洋梨」を意味する）との光景およびそれと結びつけられた夜尿、火事の夢、蝶恐怖、そして後の小間使いの娘たちとの恋愛である。これらが、口唇サディズム（カニバリズム）に退行する傾向と同様に、「ウルフマン」の能動的な渇望、そして後の男性的な渇望の背景を形作っている。それに対してフロイトは、一方では「ウルフマン」の受動性とその女性性への波及という主題、もう一方では原光景での赤ん坊の排便や母親の婦人科的な問題と関連した彼の後の腸障害といったマゾヒズムの主題を見出している。このようにして、浣腸によってしか和らげられない、現実感が損なわれているという訴えは、「羊膜を被って生まれる」[▽1]、（淋病によって撃ち砕かれた）永遠の良き未来という自己愛的な予想や、母親のなかの赤ん坊を表象する小動物に小さな少年が向ける残酷さという主題に遡られる。

この後者の潜在的な肛門的（膣的）女性性という受動的な傾向は、姉による誘惑や姉のナーニャに関する話によって、受動的男性性（男根的）へと変換されたのである。

この原光景およびその興奮の二つの主要な潮流の再構成と追跡から、フロイトは二つの驚くべき結論を引き出している。

（p.101）「……彼は、ただ単に生まれ直したいと思ったからではなく、そこで父親から性交されたいがために、子宮のなかに戻りたいと願っている……」〔『フロイト著作集9』p.436〕

（p.102）「自分が母親の性器のなかにいた状況を再現したいという願望が存在する。そして、男性は自分自身を自分のペニスと同一化させるのである……」〔『フロイト著作集9』p.436〕

これら二つの叙述を結びつけさえすれば、そこに含まれた第三の含意を手に入れることができる。すなわち性交において男性はあたかも母親の性器のなかにいて、そこで父親から性交される子どもであるかのように自分自身のペニスと同一化するのであろう。

さてここで、ペニスを叩かれたいという小さな少年のマゾヒスティックな願望という主題に移り、それを「子どもが叩かれる」での定式と較べてみよう。「今や、この叩かれるということは罪悪感と性愛が収斂したものである。それは禁じられた性器的関係に対する処罰というだけでなく、そのような関係の退行的な代用でもある」（p.189）。

このようにして、小さなウルフマンの「ペニスを叩かれる王位継承者」という空想は、能動的な男性的エディプス闘争に対する罪悪感と、抑圧された受動的で女性的なエディプス渇望の秘められた満足の双方を表わし、医師に対して「もう生きてはいられない」と語った母親のような、月経痛を患っていた母親との自己愛的な同一化へと彼を引き込んだ。

不幸なことに、男性的かつ女性的な空想にあった「子宮のなか」という局面は、一九一四年から一九一九年の間に失われてしまったように見える。しかし、一九二四年にフロイトが「マゾヒズムの経済的問題」で再びこの主題に戻ったとき、彼はこの問題を「快感原則の彼岸」で提示された欲動二元論に関連づけようと試みている。サディズムとして外へと向けられることのない死の欲動の部分は、一次性愛マゾヒズムとして保持されると見なされた。そしてここからは、女性的マゾヒズムと道徳的マゾヒズムという二つの発展形が展開する。一方、投影された破壊性の「再取り入れ」は、二次マゾヒズムを生み出す。後者はあらゆる「発達上の偽装」やそれと関連した不安――たとえそれが食べられ、叩かれ、去勢され、性交されるという恐れであっても――にマゾヒスティックな解決をもたらす。この結論からは、性格に関する初期の論文（「精神分析的研究から見た二、三の性格類型」(S.E., Vol.14, 1916) とのつながりが認められよう。そこではフロイトは「成功したときに挫折する人」「罪悪感から犯罪を行なう者」「例外人」について叙述しており、これら三つの側面はすべて「ウルフマン」の性格のなかに認められる。

けれどもここでの私たちの考察にとってより重要なのは、「女性的マゾヒズム」というカテゴリーである。フロイトはそれによって、女性における性愛に対する「正常な」女性的態度、あるいは奇妙なことだが、縛られ、打たれ、汚され、虐待されることを空想したり実際に手配したりする男性におけるマゾヒズムという倒錯を示そうとしている。「明らかで容易に下せる解釈は、マゾヒストは小さな頼りない子どものように取り扱われるのを好むのだが、とりわけ聞き分けのない悪い子のように取り扱われるのを欲しているということである」(p.162)(『フロイト著作集6』p.302/訳者一部改変)。しかし精神分析的研究は、その根底に横たわっている「去勢され、性交されること、あるいは子どもを産むこと」という女性的な願望を露わにする。

このように生と死の欲動という新たな「表記」はフロイトに、マゾヒズムの現象を「女性的」なものと「道徳的な」ものとに分ける筋道を提供した。こうして罪悪感に関連する(道徳的な)要因、両性性に関連した要因(男性と女性における、女性的な性愛的マゾヒズム)、さらに防衛過程の結果であるマゾヒズムの発達的形態が区別されることになった。

ここで再び強調したいのは、フロイトの考えが展開するにつれて演繹的方法と帰納的方法の間に相互作用が生じたことである。再構成された「ウルフマン」の幼少期で付随的側面とされていたものは、欲動と精神構造に関する新たな表記法から再評価されうるだろうし、他の症例の類似する側面の探求に用いられ、それは倒錯の新しい理論を約束する。サディズムの投影と再取り入れ、変幻自在に移り変わるアイデンティティ、両性性の絶え間のない流動、後の発達段階での男性的-女性的な目標と能動的-受動的な目標の混乱といったすべての事柄は相互関連をもちはじめる。そこで重要な鍵となるのは、明らかに、原光景や原空想との関連での小さな子どもの状況である。

去勢不安の否認(女性が間違いなくペニスをもっているという空想)と、去勢願望の否認を結び合わせるフェティッシュの謎(呪物崇拝—— S.E., Vol.21, 1927)を解くには、もうあとわずかとなった。新たな構造的表記法のおかげでまたもやフロイトは、相矛盾する状況が「スプリット［split］」の作用によって無意識のなかで並存しうると述べることができた。この考えは、「プロジェクト」〔「科学的心理学草稿」（1895）を指す〕の頃からさまざまな箇所で触れられていたが、早くは一九二四年の論文「神経症と精神病」で初めて真の意味を与えられるようになり、後になって「防衛過程における自我の分裂」（1938）と「概説」（1938）で詳説された。一九二四年の論文でフロイトがそれについて述べているその筋道は、とりわけ「ウルフマン」の苦闘と密接に関連している。彼は言う。「神経症と精神病は、自我と自我を支配するさまざまな力の間の葛藤から生じる、つまり、自我に課されたすべてのさまざまな要求を、苦労して和解させるという自我機能の失敗を反映しているという主張がある。この主張は、さらに一つの点に関して補足される必要がある。自我は、どのような境遇において、どのような手段によって、絶えず存在するそのような葛藤を、病気になることなく切り抜けることができるのかを知りたいと思う。これは探求の新たな領域であり、この領域ではおそらくさまざまな要因を考慮に入れる必要があろう。それらのうち二つの契機がただちに浮かび上がる。第一に、すべてのこのような状況の成り行きは、経済状態、すなわち、互いに闘う力の相対的な大きさにかかっている。第二には、自我は、自らを変形させ、その統一への侵食を甘受し、そしておそらく自ら分割や分裂さえすることによって、何らかの点で破滅してしまうのを避けることができる。このようにしてみると、人の矛盾や奇妙さ、愚かさが、性倒錯［sexual perversion］に向けた同じ眼差しのもとに明らかになり、その性倒錯を受け入れることによって、抑圧をしないで済ませていることがわかる」(pp.152-153)〔「神経症と精神病」『フロイド選集10』pp.181-182／訳者一部改変〕。

このようにしてフロイトは、神経症は倒錯の陰画《ネガ》であるという安易な定式から、相当の距離を取るようになったのである。そして、倒錯の複雑さや倒錯と性格の関連が明らかにされたのだった。

訳註

1　当時の文化では、羊膜は幸福の頭巾、すなわち将来の幸運を保証するものとされていた。

参考文献

"A Child is Being Beaten", In : S.E., Vol.17, 1919.（高田淑＝訳 1984「子供が叩かれる」『フロイト著作集11』人文書院）

"Economic Problem of Masochism", In : S.E., Vol.19, 1924.（青木宏之＝訳 1970「マゾヒズムの経済的問題」『フロイト著作集6』人文書院）

"On Fetishism", In : S.E., Vol.21, 1927.（山本巌夫＝訳 1969「呪物崇拝」『フロイト著作集5』人文書院）

"From the History of an Infantile Neurosis", In : S.E., Vol.18, 1918.（小此木啓吾＝訳 1983「ある幼児期神経症の病歴より」

『フロイト著作集9』人文書院）; Brunswick, R.M., I. J. Psa., 9 ; 439, 1928. Gardiner, M., Publ. Phila. Psa., 2 ; 32, 1952.

第2部

性理論の構造的改訂

第2部にあたって

第1部は、精神分析史の一例ではなく、これから理解しようとしていくものの背景としての、この歴史にまつわる観点に関するパーソナルな陳述であった。第2部は、クライン派の発展に照らして見た、性理論の改訂へのオリジナルな貢献ですべて構成されており、そこに関連、含意されるものについての系統的なトレーシングである。読者には精神分析とその文献――とりわけ、メラニー・クライン、ウィルフレッド・ビオン、ハーバート・ローゼンフェルド、ハンナ・スィーガル（Hanna Segal）と著者の業績――に関する詳しい知識が求められる。

第2部のかなりの章は、提示された理論の広い臨床例を含んでおり、十分な理解には私の著書『精神分析過程』（Heinemann, 1967）からの知識が不可欠だろう。

以前に別々に発表された各章、すなわち第7・9・14・15・20章は、オリジナルの体裁のままである。

セクションA

精神－性発達

第7章 青年期の同一化と社会化 ◂1

精神分析の面接室は、乳幼児的な親密さの熱気のなかにあり、青年の社会的行動を研究する場ではない。そう言われるのはたしかで、またそれは正しい。しかし精神分析的面接は、青年の内的なプロセス——動機づけ、期待、同一化や異質化——を明らかにする。したがってそれを通じて青年の社会的過程に、他の学問とは異なる特別な光を当てられるだろう。それにより、社会学者、教育者、精神科医、その他、青年期の世界［adolescent world］の境界を守り、この世界の奔流のなかにいる者の成長と発達を育もうとする成人社会の人々全員にとって精神分析は助けになるであろう。

私たちの時代においては、かつての時代に比べ「青年期の世界」が社会構造として実在する、という真実がより明確になっている。この青年期世界の住人は、潜伏期の「安定を失っていく」時期と、成人生活へと「安定していく」時期の間にはまりこんでいる、幸と不幸を混然一体に体験している群集である。記述的観点からは、この成人生活との境界線は、連れ添う配偶者を獲得し、子どもの養育体制が確立する時点として定義されるが、これは理に適っているだろう。しかし精神分析的メタサイコロジーの観点からは、青年期はそれ自体としてありのままに見られ、社会的、道徳的評価は取り除かれる。こうしてこの潜伏期から成人期への移行期間は、構造的用語できわめて有効に記述することができよう。この章では、その社会的な意義を示そう。

人はこの青年期の世界を発達しつつ通過する。この通過の道筋を辿りながら内的世界において自己のスプリッティングが統合される。この統合は対象群と関連して生じ、また対象群も統合されることにより、多数の部分対象群が全体対象のまとまりへと変容する。この構図に基づいて、青年の外的な関係が調整されるに**違いない**。自己や対象のスプリッティングが、なお高い水準に留まるかぎり、自己の体験は非常に動揺しやすいものとなろう。これは、アイデンティティ［identity］の心的な体験の三タイプのどれかが優位になっていることによる（これについては以下に述べる）。ある意味では、アイデンティティ体験の**重心**［*centre of gravity*］は移動するのであり、特に青年期においては、広範かつ持続的に移動すると言うことができるかもしれない。

この現象、すなわちアイデンティティ感覚の重心が絶えず移動するという現象により、青年期に特徴的に見られる情緒的な不安定が生じるのである。この現象の基盤にスプリッティングの過程があるため、青年の変化しつづけるこころのそれぞれの状態は互いにほとんど接触がない。このため青年には、他者に対して責任のある関わり合いを果たすこと、自分自身で決めたことをやり通すこと、成人としての責任［responsibility］を委ねてもらえないのはなぜなのかを理解すること、といったことが全くできない。

青年には、他者との関わり合いにおける責任を果たせない人間とその責任を果たそうとする人間が、同一の人物すなわち自分自身であるということを十分に体験できない。したがって、青年はつねに「弟の番人」[1]としての憤懣をもちつづけるのである。

この恐ろしい状態に対する青年の解決方法は、集団生活への逃避である。青年は自己自身のさまざまな部分を、「非行仲間［gang］」のさまざまなメンバーのなかに外在化させる。そして自己自身の役割は、完全にではないまでも大いに単純化される。完全ではないのは、その集団における自己の地位や機能はある程度流動的だからである。この集団－への－逃避現象は、一見非行仲間のメンバーでない青年にも、精神力動的には等しく明瞭である。というのは、彼が「パーリア賤民」[2]として存在することで、非行仲間の形成に必要な役割を果たしているからである。その役割とは、パーソナリティの完全に疎外された精神病部分を担う役割であり、非行仲間内に統合されたメンバー役割に対比される役割である。そして次には、その孤立している者は、集団に自分のより健康なパーソナリティ部分を投影するのである。

なおこれは、ある年代グループの記述的定義ではなく、この年代グループに典型的なパーソナリティ組織［personality organisation］の、メタサイコロジー的な記述であることを銘記しておいてほしい。というのも構造的には、五〇歳の者において「潜伏期」に出会うこともあれば、九歳児に「青年期」を見るかもしれないからである。以下の議論において念頭に置くべき最も重要な事実は、パーソナリティの母体において、スプリッティングが過剰で硬直した潜伏期の状態から、青年期の流動的状態へと推移し、成人のパーソナリティ組織に達して、より秩序だって弾力性のあるスプリッティングと分化が形成されなければならないということである。これが、硬直化していないアイデンティティ感覚が確立されるために必要なのである。

アイデンティティ体験は構造的には複雑であり、質的には多様性に富んでいる。その無意識的基盤を、私たちは一方では「同一化」の概念によって、他方では「自己」体験の概念によって表現している。アイデンティティ体験は、性格的側面と、身体イメージ的側面の双方を含んでいる。そして全体として、こころの瞬間瞬間の状態の総和として、あるいはある個人から別の個人へ、ある瞬間から次の瞬間へと高度に変化を遂げる統合を抽象したものとして捉えられなければならない。**アイデンティティ体験**はまた、単独で存在しているのではなく、内的対象と外的対象の世界や心的現実と外的現実の法則に関わる前景としてのみ存在するのである。

アイデンティティ感を担う体験には、三つのタイプが存在する。それは、自己部分の体験、取り入れによる対象との同一化の体験、投影による対象との同一化の体験である。三つはそれぞれ特異な性質をもっている。自己部分の体験は、自己の限界という感情を伴い、孤独感に彩られた卑小さの感覚に近い。取り入れ同一化は、熱望という要素を含み、不安と自己疑惑の色合いをもっている。しかし、投影同一化によって達成されるこころの状態は、その完全性と独自性の特質たるやきわめて妄想的である。それに付随する不安は、きわめて閉所恐怖的、迫害的であり、しかもこころのなかでは、アイデンティティ体験から全く切り離されて体験される。

私はここで、より中心的な問題、すなわち底流にはあらゆるレベルで深刻な混乱［severe confusion at all levels］があり、青年はこの混乱と格闘しているという問題に戻りたい。すでに述べたように、潜伏期構造に特徴的な強迫的で硬直している過大なスプリッティングが崩れるに伴い、前エディプス期の発達に特徴的であった不確実さ、すなわち内界と外界、成人と乳幼児、良いと悪い、男性と女性の分化に関する不確実さが再び出現する。それに加え、性愛部位（性感帯）の混乱と、[◁3]性愛とサディズムの混乱がからみあい、種々の倒錯的な傾向が活動しはじめる。これはすべていわば「整然と」起こるのである。ここで集団生活が、成人世界に対抗すると同時に、子どもの世界とは別の、感情の調節のために整えられた環境を提供する。この集団生活が、青年を激しく逆巻く怒濤の状態から、より結晶化した状態へと徐々に導くのである。ただしこれは、大規模な投影同一化を利用する、より精神病的なタイプのアイデンティティの混乱が担う役割が大きすぎない場合である。このことを説明するために、症例を二つ簡潔に述べておく。

しかし、その前に概念を明確化しておこう。マスターベーションが再び出現するようになると、乳幼児的口唇的羨望に駆り立てられ、青年は自己を放棄し、対象に侵入することで対象のアイデンティティを奪おうとする傾向を強烈にもつようになる。その結果、ある種の混乱を伴う不安を体験する段階が始まり、この不安をすべての青年がある程度体験することになる。この混乱は身体に集中し、恥毛の初めての発育、乳房の最初の膨らみ、初めての射精などに伴って現われる。これは誰の身体なのか。言葉を変えると、青年は、自らの青年期の状態と、マスターベーションとそれに伴う内的対象への投影同一化によって誘発された乳幼児期の「成人である」という妄想とを確かには区別できない。このことを背景に置いて、青年は衣服、化粧、ヘアスタイルなどについて模倣的な関心をもつのであり、これは女児に比べ、男児も全く劣るところはないのである。

このメカニズムがきわめて強く作動している場合、特にそれが社会的に「成功」する場合、ウィニコットが述べた「偽りの自己［false self］」が形成される。

臨床素材

ロドニーは一八歳、大学一年のとき、極度な学業不振のため精神分析を受けることとなった。二年後彼は再び学籍を得て、学業を続けることができた。しかしながら、学業上の困難は、彼の困難のなかでは最小のものであることが分析においてすぐに明らかになった。彼の潜伏期は家族に適応するための重度のスプリットの上に成り立っていた。彼は、粗暴な他の子どもたちのなかで、献身的で限りなく助けになる、とても礼儀正しい息子でありつづけていた。彼の目から見ると、実際自分は決して子どもでなく、性愛以外のすべての事柄において父親の代理であった。これを補うために彼は、絶対的なプライバシーと自己充足的状態を当然の見返りとして得ていた。そして、思春期の始まりとともに、彼は派手で非行的な両性性的生活を送るようになり、秘密主義［secrecy］と自己充足状態はその絶対的なベールとなった。しかし他方、家族に対する行動は変化することがなく、かつての「男らしいかわいいやつ」に代わり、今や彼は「男らしいやつ」になっていたのである。

自己自身を非行仲間のなかに分割していくとき、彼が「自分」として保持したのは、最悪の、最も羨望に満ちた、冷笑的な自己部分であった。結果として、彼の他者との関わりは、強引なものであるとともに堕落したものとなる傾向があった。自己自身の最も良い部分は、年下の同胞に投影されたままとなることが多くなり、その同胞とは防衛的な距離を厳格に維持していたのである。

アイデンティティのより妄想的な状態は、比較的稀に特殊な状況で起こった。それは自分が母親の車を運転するとか、勉強部屋として与えられていた離れ屋で友人をもてなすときなどであった。これらの状態は、実際、身体的にも道徳的にも危険なものとなりかねなかったが、分析においてまもなく認識され、避けることができた。分析家および内的対象との治療同盟が成立し、彼は自己の良い部分との接触を再び形成できた。進展は着実で実り多いものであった。

他方、ポールは前思春期に分析を受けることになった。強迫症状、就眠儀式、明らかな優柔不断などを伴う重篤な性格の制縛状態が理由で、すべての症状は年来にわたって存在していたが、両親の結婚の破綻により悪化したのであった。他の分析家によるプレイ・テクニックを活用した分析の最初の時期は、ほとんど非言語的なものであった。これらのセッションにおいて彼は、描画と美術にもっぱら関心を向け、内容的には分析可能な絵を二、三描いてはいるが、もっぱら色を混ぜるとか、カラーチャートをつくるといった「絵を描く準備」をいつまでも続けていた。つまり具体的に父親の芸術家－ペニスとなって、来たるべき性交のため、精液を準備していたのであった。彼の症状が軽快し、学校での適応や作業能力が改善したところで彼は分析を中断したが、わずか三年後に分析に戻ってきた。これは、彼がOレベル試験[4]に合格し、努力して学校の副級長の座を得ようとしていたときにAレベル試験[5]を受けることになり、全く準備ができていないことに直面したからであった。

　治療の中断期に生じたのは、彼が、運動選手－芸術家－副級長としての学校－自己をつくりあげようとして、これが全くの時間の消耗となってしまったという事態であった。そこで彼は思考や正確な知識を必要とするすべての学術科目を徐々に切り詰めはじめ、彼が才能を要すると感じる科目や、曖昧な評価基準に基づいていると感じる科目に時間を費やすという形で、この事態は埋め合わされなければならなかった。ポールは勉強ができなくなり、家や学校で、準備のための「忙しそうな作業」を行なうか、あるいは作業に没頭しているポーズを取ることに自分の時間を使い果たすようになった。彼の妄想症は、特に笑いに関係していたが、隠されなければならなかった。そして彼自身の嘲笑は、声色としては非難するほどのものではなく穏やかなものであったが、実は恥辱の感情を他者のなかに一貫して投影しつづけていた。

分析作業において、彼自身の乳幼児部分を転移のなかに集め、[6]「成人である」という妄想と真の成人のパーソナリティを区別していくことが、うんざりするほど骨の折れる作業であった。分離が生じると必ず、投影同一化による新たな逃避が生じた。この投影同一化による逃避は、庭に入り込む、家のなかに捩じり入る、幹線道路から外れて道のない湿地に入り込む、といった夢に現われていた。たとえば木曜日のセッションでは、分析の機会を提供してくれたことについて、彼は母親に再び感謝できるようになった。この感情は、彼が執拗にスクーターの購入を要求したことへの罪悪感や、分析の時間をキャンセルしたり無駄にしたりしたことへの罪悪感を伴っていた。これは夢の分析への彼にはめずらしく強い反応であった。夢には、彼の乳幼児部分の大部分がマスターベーションでなく分析を求めていることが明らかに示されていた。この夢では、学校のダンスパーティに集まる人たちは、ダンス場に行って「ツイストを踊る」より、テーブルに座って食べ物を要求していた。しかしながら、金曜日までに彼は、再び分析を傲慢に侮蔑する状態に自らを駆り立てることができていた。ポールが今や「学生」というさなぎ状態から脱しつつあることを分析家が認めないから、というのがその理由であった。その反対に美術教師は、彼の新しい絵は他の人の模倣ではなく自分自身のスタイルを初めて示していると言ってくれた、というのである。こうして彼は週末を、ただただ絵の具を混ぜることに費やしたのであった。

　ポールが学校の級長という社会的に統合されているかのような仮面をかぶっている一方、ロドニーは非行に走り、道徳観念が低下し社会から孤立していた。しかし、実はより詳しく探求すると、ロドニーには自分のアイデンティティを分散してまき散らす非行仲間がいて、そこから自己自身を取り戻すことができた。一方ポールは、副級長、後には級長となったのであるが、無理強いされた同級生の「友達」しかいなかった。実は、彼は孤立していたのである。アーサー・ミラー（Arthur Miller）の『セールスマンの死』のウィリー・ロマン（Willy Loman）▽7の不滅の名句を使って言うなら、彼は、「誰からも好かれる［well-liked］」〔と自分で思い込んでいる〕人間なのである。

これら二つの症例を、青年期の社会パターンとして、集団が重要な役割をもつことを示すために提示した。すなわち、成人の世界に対立していかに逸脱的で反社会的であるように見えても、集団はスプリッティングの過程と関連して、スプリットされた部分を保持する場所なのである。そして自己の各部分を、集団のメンバーにまき散らすという手段を通じて、マスターベーション的な衝迫は改善し、社会的過程の連鎖が始まる。そしてこの社会的過程の始動により、徐々にスプリッティングが減少し、万能感が軽減し、現実世界で達成が得られ、迫害不安が軽快していくのである。

しかしながら、このまき散らし行為の基礎を理解するために、青年期過程の他方の極における分析的経験にここで立ち戻らなければならない。精神分析のなかで潜伏期の子どもを抱えながら思春期に至る経験は、このことを鮮明に映し出す。これを第三の症例で述べようと思う。

ジュリエットは七歳のときに、重度のスキゾイド的性格による困難のため分析にやってきていた。彼女はこの困難のために、外見と態度は人形のようであり、たしかに素晴らしいが高度に理想化された両親に対して全く従順だった。この見せかけの態度には、二つの領域で裂け目があった。それは、稀に糞便をなすりつける行動を爆発させることと、妹と年少の友人を魔女のように権力的に支配することであった。

六年間の最も困難な分析作業により彼女は画期的に回復し、初潮を迎える頃までには真の女性性、芸術的才能、豊かな想像力が発揮できるようになった。しかしまた、彼女の男性性が仲間との社会適応の基礎を形成していて、それは少女五人で非行仲間を形成したことに示されていた。彼女たちは皆知能が高く、魅力的で、運動能力が高く、女子校の「トラブルメーカーたち」となっていた。この時期の内界をきわめてよく表わす夢の一般的なパターンが、その後何度も何度も繰り返された。夢においては、自分は五人の男性囚人の一人で、高い木のてっぺんにある薄い板［*slats*］▽8でできた、壊れやすい構造物のなかに閉じこめられている。しかし、毎晩自分たちは逃げ出し、村をうろつき夜明け前に戻り、自分たちをとらえた者たちには知られないでいる。

この夢はマスターベーションの習癖に関する早期の素材に関連づけることができよう。この習癖において彼女の指は、夜の就寝中、彼女の身体の表面や開口部を探索し、しばしば意識的な冒険的空想を伴っていた。

二年後、彼女の女性性が社会的領域においても確立されたとき、彼女は付き添いなしにパーティに出席した。男の子たちは少し年長であった。酒を飲み、性的行動はむしろオープンであった。彼女は、自分でも驚くくらいクールで挑発的に振る舞った。そしてスカートの下を触ろうとして彼女にうまく撃退された男の子に、「不感症の売女」と悪口でやじられたのであった。

この日の夜、彼女は夢を見た。五人の囚人が木の小屋に閉じ込められている。彼らは、村の果物店の女性から果物を盗み、その盗んだものを悪い田舎紳士に渡すという条件で、その男によりそこから解放された。

ここで、マスターベーション行為を行なう男性的な指という彼女の非行組織は、彼女の「不感症の売女」行動を介してパーティの男の子に投影されていることが認められる。アクティング・アウトされた空想が乳幼児の前性器（口唇および肛門）的なものであるということは、食物をお尻から盗む、というテーマから明らかに示される。このテーマはそれまでの年月になされた分析作業においてよく知られていたのである。

このマスターベーションのテーマ、すなわち指の人格化［personification of the fingers］は私たちの分析作業に異常なほどの頻度で現われるようであり、青年期の世界に典型的な「非行仲間」は、無意識的な選択によって、五人のメンバーか、その倍数のメンバーで構成される傾向があるのではないかという予感を私たちに抱かせる。別の言葉で言えば、青年の非行仲間のゲシュタルトは、五人のメンバーで「閉じる」きわめて強い傾向があると言えるかもしれない。

この簡単な説明により、幼少期から思春期まで、および青年期から成人期の生活まで続けられた最近の分析経験から得た知識を提示した。この分析作業は、メラニー・クラインの名に関わる精神分析における発展の延長線上にある理論と技法の枠内で行なわれた。この作業は、前性器期のエディプス葛藤、発達におけるスプリッティング過程の役割、そして力動的メカニズムとしての投影同一化の現象学についてのメラニー・クラインの記述に多くを負っており、彼女の業績全体を理解していなければ簡単には理解できないだろう。その明快な記述はハンナ・スィーガルの本に見出される。

私はここまで以下のことを論じてきた。乳幼児期と早期幼少期に特徴的な重篤なスプリッティング過程が、青年期に回帰する。これにより青年期の不安定さがもたらされるが、この過程は集団生活に外在化される必要がある。それは、思春期におけるマスターベーションの回帰により誘発された万能や混乱状態がワーク・スルーされるためである。社会慣習としての「青年期の世界」を社会学的に理解するうえでの意義は明らかである。

(1)個人精神療法の作業は、孤立した個人に対してその個人の葛藤の社会化を促進する方向に向けられなければならない。
(2)青年の「非行仲間」の形成は、その反社会的側面がコンテインされる必要があるが、成人の指導に侵入されてはならない。
(3)個人が青年期から成人生活へと浮上［emergence］するのを助けるためには、相手をもつことへの性的熱望とそれ以外の領域に対する野心との間の葛藤を軽減させる手段が必要である。

原註

1 Contemporary Psychoanalysis, 3 : 96, 1967 に掲載。

訳註

1 旧約聖書におけるカインの言葉「私は弟の番人でしょうか」を踏まえている。ここでは「弟」が、自己の無責任な部分や、その他スプリッティングのため接触のない自己部分を表わす。

2 インドの賤民階層。ここでは集団からの追放者、のけものを意味する。

3 口唇、肛門、性器の性愛部位とその機能の混乱。たとえば、自らの臀部と母親の乳房を混同して肛門マスターベーションにふけり、乳房には排泄を受け取る機能だけを見る。そして、分離した対象から良いものを受け取っていることを否認して「偽成熟」を達成する一方で、その乳房に対して羨望、嫉妬などのサディスティックな攻撃を行なう、など。メルツァーの著書『精神分析過程』、論文「肛門マスターベーションの投影同一化との関係」などにおいて展開されている。

4 英国のかつての一般教育証明試験（GCE：General Certificate of Education）の第一段階で、通常レベル（ordinary level）の略。Aレベルの下位。Oレベルは現在GCSE（General Certificate of Secondary Education）に一本化され廃止されている。

5 advanced levelの略。上級資格の全国試験。大学進学に必須。

6 著書『精神分析過程』においてメルツァーが記述する精神分析の第一段階。精神分析のセッティングに置かれた子どもは、設定によって生じる不安に対して、過剰な投影同一化で対処し、治療者を自分のよく見知った対象と同一化し、自己と治療者との分離は否認される。この時点で、治療者はこの同一化や、特に休暇についてなどで不可避的に認識せざるをえない分離などに関して探索的な解釈を行ない、深い不安を顕在化させ、分析のセッティングと転移のなかに、不安が集まるように作業する。

7 『セールスマンの死』の主人公、ウィリー・ロマンは、高齢の行商セールスマンで、かつては敏腕であったが、いまや落ち目で職を失い、家族も崩壊の危機に瀕している。にもかかわらず、彼は自分が外見と能力から「有名」で「誰からも好かれる」人間である、という虚像の自己イメージにしがみついている。また「誰からも好かれる」ことで業績をあげ、賞賛と成功を得ることのみが人生の価値だと思い込み、その価値観を息子に押しつけようとし、拒否されても修正できない。こうして周囲や家族ともうまく付き合えず、自尊心から友人の援助も十分受け入れることができないまま、すでに誰からも忘れ去られ、悲劇が重なり、死に至ってしまう。したがって、この「誰からも好かれる」という言葉には、ウィリーの人格とその背景にあるアメリカン・ドリームに対する皮肉と風刺と悲哀が痛烈にこめられている。

8 俗語として、尻や外陰唇の意味もある。

第8章　青年期からの浮上

明らかに精神分析家は「青年期」という用語を、他の専門用語と同じように、メタサイコロジー的な意味合いで用いている。それは特に、パーソナリティの全体的な状態を表わすのに使用される。青年期という言葉を一般に用いるとき、それは統計的には思春期に引き続く時期のことを指している。けれども実際にその用語を用いるにあたっては、その使用をある特定の年代に限定するべきではない。むしろ、その他の発達組織がそうであるように、青年期も、前進的発達もしくは退行によって放棄されるまでは、年齢に関係なく存続するものなのである。退行が早期発達の過剰に病理的な組織に至っている場合、これら二つの転帰を判別することは非常に容易であろう。しかし退行が、以前の状態のような、かなりよく組織された潜伏期への回帰の場合、前進と退行の区別は、直接の観察では困難となり、分析作業の過程でようやく明らかにされうるものとなる。そして、職業的な動機から精神分析を訪れる人のほとんどはこのタイプにあたる。ただ、彼らのそのような動機を合理化であると言い切ってしまうのは浅はかすぎるし、敬意を欠いた行為でもある。というのは、職業的な諸側面、科学の一分野としての精神分析への賞賛、そして精神分析によって得られる知見を利用したい、もしくはその発展に貢献をしたいという彼らの思いは、多くの場合きわめて純粋なものである。これは、以前に別のところ（1966, 1967）[▽1]で私が述べた、偽成熟［pseudo-maturity］という障害を患った人の場合の精神分析へのアプローチとは区別されなければならない。偽成熟においては、成人世界に対する偽りの、もしくは詐欺的でさえあるアプローチの結果として、青年期の発達に重篤な障害が生じている。したがって成人組織［adult organisation］へ前進するのではなく潜伏期に退行してしまう人々について言及する場合、もしくは、このような後退の隠された性質について述べる場合、私は決して詐欺的な動機のことを意味しているわけではない。そうではなくて、過去にエディプス葛藤に直面した際に、こころの平穏を保つために獲得したメカニズムへの退却のことを言いたいのである。そしてそれは、性愛の領域の新たな問題に直面した際に再び現われてくるものである。

　第7章でも触れたように、青年期に問題となる中心的な混乱は、自己の重篤なスプリッティングが再び生じることによるアイデンティティの混乱［confused identity］である。それは乳幼児期や早期幼少期に見られる、前エディプス期や前性器期にきわめて特徴的なものである。このメカニズムは思春期に見られる性器的欲求の高まりに対処するために展開される。その性器的欲求はすべて乳幼児的に多形的で倒錯的なものであるが、それは、成人の自己および取り入れ同一化による修正をまだほとんど受けていないからである。思春期の同性愛的な非行仲間の形成から、青年期の異性愛的なペア形成集団が生じてくる。このような集団形成を経て、男女のカップルは成人生活の表面に顔を出す。それゆえ発達における男女のカップル形成が果たす機能を強調しておく必要がある。なぜなら、恋愛関係を始めるにあたり、その後結婚して家庭をもつのに充分なほどに性的な親密度が安定していなければ、カップルは互いに、パーソナリティのそれ以上の発達がひどく阻害されることになるからである。しかし、その準備が充分に整っていれば、**両方の**パーソナリティの発達が進んでいくこととなる。

というのは、パーソナリティの発達は、外的な治療機関による援助を受けない場合、男女のペアの状態で青年期を越えて進むか、全く進まないかのどちらかになりがちだからである。それは、大洪水から逃れるためにペアたちがノアの箱舟に乗り込んだのに似ている。潜伏期の構造を打ち破る、同じ性愛の潮流はまた、思春期や青年期の対象への渇望を刺激するので、一〇代後半から二〇代前半にかけてのこの時期は、つがいになろうとする欲求が切迫する時期とされる。私たちは面接室で再三再四、次のような人たちに出くわす。すなわち、三〇代になったが、船に乗り遅れて対象への渇望も失ってしまい、孤独や剥奪、排斥に対する嫌悪など、より負の動機に頼らなければならなくなってしまっている人たちである。彼らは、理想対象の夢とともに前に歩みを早めるよりも、自らを卑屈に駆り立てなければならない。多くの場合、便宜上なされた遅ればせの結婚は、彼らが治療に訪れる頃には混乱に陥っており、分析は最もストレスの多い状況のなかで進行することが常である。すなわち彼らは、偽りの－性的能力［pseudo-potency］のさまざまな工夫によって、見せかけの性的な親密度を保持してきているのが関の山なので、次の手がかりを確立する前に今の手がかりを手放さざるをえない。その課題は、彼らが勇気をもって挑むには耐えられないものであることが多い。

ある有能な音楽家の男性が三〇代になって精神分析を求めてきた。彼のそれまでの輝かしいキャリアは、閉所恐怖症状と心気状態によって脅かされつつあった。彼の成功は一〇代の早くから始まっており、演奏家としての才能のおかげで彼は学業を免除され、多額の収入を得た。お金に貪欲であることは、彼のなかでは愛する母親を支えていくために必要なことであると合理化されていた。彼の故国の東欧では政変が起こり、リベラルな政治家だった父親もその波に飲み込まれていたが、母親は彼をそこから連れ出してくれたのだった。それ以前にも父親は政治犯として長期間服役して不在であったため、母親との関係は大いに理想化され、ロマンティックで独占欲に満ちたものであった。

新たな国で母親の美貌が思いを寄せる男たちを惹きつけはじめると、この青年は母親から離れて、誰とでも性的な関係を結ぶ生活を送るようになった。その生活は多形的で強迫的なものであり、堕落はしていたものの本質的には倒錯的ではなかった。それにもかかわらず彼は、女性の性的な要求に強迫的に応えているうちに倒錯に引き込まれた。それは肛門サディズムの要素をもち、彼のこころを次第に崩壊させていった。

しかし、それ以上に二〇代後半での崩壊に関してははるかに重要であった要素は、彼が再び人を愛する活力を取り戻したことであった。それは、母親との関係が再び親密なものとなったこと、また、そのパーソナリティも容姿もあらゆる点で明らかに母親とは正反対の、ある女性と愛に満ちた関係を継続していたことに現われた。そして、そのような暖かで親密な生活を送るうちに、自分の仕事の単に商業主義的で娯楽的な性質への嫌悪感が芽生え、それに伴い、興味の範囲が広がり創作意欲が増すようになった。

ますますひどくなる症状のために、以前の仕事ができなくなり、新たな仕事を展開させることもできなかった絶望の底から、しかし勇気を振り絞って、彼は精神分析に辿り着いたのであった。初期の治療では、彼が速やかに分析家に身を任せたことにより素早い改善がもたらされた。しかし、閉所恐怖と心気症が軽くなるにつれて、潜伏期の強迫的で不毛な堅苦しさが戻ってくる傾向にあった。彼の一連の夢から、母親と妻はお互いに全体対象に対する部分対象であることが明らかになった。妻は、乳房、時には性器や尻を表象しており、同時にまた投影同一化での彼自身の小さな女の子の部分も含むことが多かった。

この時期の分析で、彼は多形的で倒錯的な乳幼児的性愛を放棄したものの、まだ大人の性的能力は十分に発達させていなかった。最終的には分析全体のランドマークとなり、「家族公園」の夢と呼ばれることとなる夢により完璧に例証されるような、彼のある心的構造を見ることができた。その夢とは次のようなものであった。有刺鉄線に囲まれたなかで、男女のカップルたちが薬物や性のエクスタシーに溺れてのたうっていた。彼もそのなかの一人であったが、他の大勢とは違い、マシンガンを持った黒人たちが近づいてくるのに気がついたため、大虐殺が始まる前にその有刺鉄線のなかから飛び出すことができた。そして、彼は気がつくと、有刺鉄線と家族公園のフェンスの間の散歩道にいた。彼は家族公園のチケットを持たなかったのでなかには入れなかったが、そのなかの家族連れを見ることができた。

その後に続く一六カ月の分析では、分析の外での生活にとても大きな変化が見られた。第一子が生まれ、新しい仕事においても大きな進展があった。しかし、性的な領域における男らしさには進展が見られなかった。彼は性的に不能なことが多く、性的な想像力も乏しく、妻の友人に対しても、それが男性であろうと女性であろうと嫉妬するようになったため、現われつつあった家族間の喜びはひどく損なわれた。一連の夢によって、自分の子どもとの彼の投影同一化、母親に対する独占欲、そして父親への貶め［denigration］が明らかになっていった。実際、父親や夫としての彼の行動は、小さな男の子の部分の要求に大幅に支配されていた。つまり、彼はまるで下働きの子のように振る舞い、妻とベッドを共にすることを拒むことすらあった。

転移においては、父親をもつことへの彼の抵抗は次のような形で表わされた。すなわち、理屈っぽさ、新たな秘密主義、とても安い分析料金を彼の収入の増加に見合うよう調整し直すことを頑として受けつけないこと、そして、分析に対する疑惑の態度であった。彼は、分析とは本当は新しい「宗教」ではないかと疑っていたし、分析家が自分に絶対的な信頼と無条件の依存を要求しているように感じることが多かった。

この一六カ月のうちの最後の四カ月間は、分析の進め方に対する彼の積もり積もった憤りが夢のなかでも相次いで観察された。夢のなかで彼は、権威のある男性を、相手が彼にいかなる善意を示そうとも拒否した。しかし最終的には、彼は父親の夢までも見たのである。これは彼の記憶では初めてのことだったが、実際には以前にも父親の夢を見ていたはずであった。その夢のなかで、父親は自己紹介したが、患者は親子の関係を偽りだと拒絶した。すると父親は自分が彼の父親であることを証明できると言い、彼に一足の靴を差し出し、履いてみるようにと促した。その靴は患者の足にぴったりであったため、彼は最初驚いたが、それでは何の証明にもならないと頑なに言い張った。

分析に対する彼の最後の抵抗は三週間続いた。彼は毎日、飲んだくれては厚かましく辛辣な苦情を言い、さらに分析をやめてやると脅かした。そのような行為が見られなかったのはクリスマス休暇の前日だけであった。それも、その日夢に出てきた母親が胸に手を当てて、「あなたのそのような身勝手な行為にはもう耐えられない」とこぼしたからなのであった。

こうして母親に対する抑うつ的な気づかいに直面して、彼の乳幼児的な万能感が瓦解したことにより、ようやく彼の男性性の領域に成人と乳幼児の分化が充分に生じることになったのである。彼のそれまでの神童ぶりは影を潜め、分析での共同作業においても仕事や家庭においても、大人の彼が見られるようになった。つまり退行と前進の微妙なバランスが決定的に崩れたのである。後になって父親の死によって強化された、早期幼少期のエディパルな勝利の延長としての青年期の心性を、彼は必死になって手放すのを拒んでいた。しかし、とうとう彼も、対象——そして、外的世界では分析家——が負わされている痛みを抑うつ的に実感できるようになったのであった。実際には、母親は孫の面倒を見るのを大いに楽しみ、明らかに息子も孫も溺愛する一方、自分の多難だった結婚の記憶はこころのなかで次第にぼやけていった。しかし、父親は患者の内界に戻ってきたのであった。

この素材は、(潜伏期における父親の喪失という) 外傷的な要素と (母親の男の子に対する受動性という) 病因的な影響による誇張はあるが、青年期の混乱、および、成人組織への前進と潜伏期の硬直性もしくはより病理的な組織への退行との間のバランスの取れた青年期の立場の基本を浮き彫りにして例証している。思春期以前に彼は、ひどく独占的で支配的かつ性愛化された関係を母親と有していたが、その結果、重度の不安と性的な制止、および若者が精神病質者風に歪んだ生活を送ってしまう、思春期における女性の理想化に悩まされることとなった。職業上の日和見主義と無節操で略奪的な性行動が彼の青年期的適応の基礎を形作っており、そのような生活は二〇代後半に至るまで続いた。彼のそのような自己愛的共謀の基礎は、リバーシブルのコート [reversible overcoat] や違ったブックカバーで偽装された本に関する夢を通じて分析の初期に明らかにされた。この「裏切り者 [turncoat]」の狡猾さによって、良い母親対象に対する忠誠と非行仲間のメンバーであることとの間の不安定なバランスが保たれた。日和見主義や性的乱交がアクティング・アウトされることや、それらが分析料金に対する不誠実さや分析素材の出し渋りを通して、転移のなかでアクティング・インされることに対抗する態度を彼が取るや否や、後に「カミソリ・ギャング」と呼ばれるようになる非行集団が夢に現われ、彼を脅かしはじめた。

この青年組織［adolescent organisation］の基礎は、部位の混乱［zonal confusions］[▽2]と対をなす、成人の性愛と乳幼児性愛との分化を拒絶することにその端を発している。そこでは父親の必要性はこれらの手段によって無きものとされていたので、愛する我が子に栄養を与えることは、内的母親にとって、性器と乳房の双方の部位において充分な満足をもたらすものであると見なされていた。このことは次のような夢で明らかにされた。ある若い女性が朝食のテーブルの上に全裸で横たわり、濡れそぼった性器を差し出していた。彼は、自分が潜伏期に控えめな子どもあったことに対して母親が反論したことを、傲慢な態度で回想した。母親は「夫はもともと他人にすぎないけれど、子どもは私自身の血と肉なのよ」と言ったのであった。

万能感は多くの面でこの不安定なバランスを安定化させる力となっていた。それによって彼は、夢のなかでもアクティング・アウトという形においても、良い対象をさまざまな形で支配し誘惑し、満足させる一方、非行仲間の迫害者を欺き、なだめ、搾取していたのである。安定した取り入れ同一化が存在しない状態では、投影同一化がアイデンティティのために活用されることが時々あった。しかし、もっとしばしば企てられたのは、避難もしくは母親を操作するための、母親の身体内への侵入であった。彼のアイデンティティは、彼のパーソナリティの優れた才能を有し、策略的で性愛的で貪欲な小さな男の子部分のもとに形成されていた。しかし、彼が将来の妻に対する愛情を育むとともに、彼自身の誰とでも性的な関係を結ぶ節操のない生活への嫌悪感が優勢になるにつれて、このようなアイデンティティは崩れはじめ、不安や閉所恐怖、そして、心気症状が出現してきた。それらは、直腸内に閉じ込められた瀕死の状態の〈内的対象としての〉父親や彼の胸のなかにいる略奪され衰弱させられた母親と関連していた。このような母親は彼に、心臓に関する急性の不安発作を引き起こしたが、その原因は、胸に手を当てて彼の身勝手さを嘆いた母親についての夢にあるのは明らかであった。また、父親に関する状況も時折、直腸や骨盤腔内深部の急性の疼痛発作を引き起こした。

まとめてみよう。この臨床素材は青年期の本質を例証するために引用したものである。それは、思春期の疑似異性愛的な非行仲間形成に引き続いて、潜伏期組織［latency organisation］によって強いられた性愛の制限を打破し、取り入れ同一化に頼ることなく異性愛の能力を獲得する試みがどのようにしてなされるかということにある。青年は、全幅の性的能力を備えた内的対象を確立するための前提条件である、抑うつ不安のワーク・スルーを迂回しようとする。そのための転換点を分析素材のなかで識別することは困難ではない。むしろそれほど透徹した精査の技法でなくても、親になりたいという衝迫、すなわち「家族公園」的性愛が、多くの面において、潜伏期の硬直性への退行と結合対象との取り入れ同一化に見られる成人の性的能力に向かう前進との間のバランスを崩すことを、明らかにできるだろう。

訳註

1　論文「肛門マスターベーションの投影同一化との関係」（1966）と著書『精神分析過程』（1967）を指す。

2　メルツァーの著書『精神分析過程』で記述された精神分析の第三段階において、前性器的エディプス空想の現われとして起こる現象。すなわち、部分対象関係間の活発な投影同一化によって、乳首がペニスや舌と混同されたり、口が膣や肛門と混同されたり、糞便がペニスや赤ん坊と混同されたりする。前性器的エディプス空想では、両親間に起こるこのようなさまざまな部分対象同士の結合が思い描かれる。

第9章

成人の性愛での多形傾向の取り入れ基盤[1]

この章では、成人の多形性愛傾向の基盤になるものと、成人の性生活に否応なく入り込んできてそれを汚染してしまう病理的に重要なものとを区別することを通して、性理論の分野をさらに整理してみたい。それらは二つとも、多形的で倒錯的な乳幼児の性愛領域に由来するものなのだが、面接室のなかで妥当とただちに認められるやり方で両者を区別できるようにするために、技法上の問題と理論上の問題を別々に議論し、後に結びつけることにする。

技法上の問題

性行動は教わる必要がなく、その行動の形態は同一化の過程によって修正された本能欲動に由来しているということは、精神分析のパーソナリティ発達論から演繹されそうなことである。それゆえ精神分析技法において性教育は適当ではなく、精神分析の目的は、経験から学べるように、心的構造に統合と分化をもたらすことである。年齢に関係なくあらゆる患者の臨床素材が、心的生活レベルの区別を手助けするという任務を私たちに提示してくる。私たち分析家の仕事は、より高等でかなり成熟している精神構造と手を組んで、乳幼児的な転移を分析することなのである。

性愛の領域では、思春期が始まり、転移のなかで感じられるようになる性器的な欲望が切迫すると、このことがただちに差し迫った問題となる。分析で潜伏期の子どもを思春期へと進めていく経験では、レベルや部位のひどい混乱、さらには思春期のプロセスが産み出すさまざまな同一化のひどい混乱が際立っている。しかし大人の患者では、たとえその性器的な生活がマスターベーションにとどまっている人であっても、あるいは異性のパートナーとの安定した性生活を営んでいる人であっても、成人の性生活とそこに侵入してくる乳幼児的な下部構造を分析的に区別するという課題は続けられねばならない。それは、たとえ私たち分析家にとって、成人としての行動の内容自体は精神分析的に探究するようなことではないと片付けていいようなことであっても、同じことである。これはある意味、プライバシーへの気づかいと尊重に関わる素朴な機能だとも言える。幸いなことに、私たちにはこれを区別するための完璧な方法、すなわち基本規則［primary rule］というものがある。その基本規則は、患者に選択の作業を強いることなく、面接室で患者が観察する自分のこころに進行しているあらゆるものが現われてくるという仮説に基づいている。なぜなら、たとえわずかで曖昧であっても、乳幼児的な転移にどこか関係しているところがあるからである。もしこのことを患者が十分に理解しているのなら、彼は分析の素材を出さないでおくときを知りうる立場にいる。一方分析家は、これを**知る**ことはできない。分析家はそれを患者の行動や情報のギャップから演繹したり、夢にある手がかりから推測したりすることしかできないのである。

この基本規則がこのように明らかにしてくれることから、ただ患者の素材を、成人の部分と乳幼児の部分に区別することだけが分析家の仕事になる。またそれは、患者が暗黙に承認している何が成人でありプライベートなのかということは、分析的な関心事ではないということでもある。しかし、それらを区別していくプロセスは、ある理由から難しいように思われる。それがこの論文の主要な論点なのだが、すなわち分析理論が、豊かに多形的な成人の性愛とおびただしく多形的で倒錯的な乳幼児の性愛とをはっきりと区別できるような、成人の性愛に関する明確なパラメーターをまだ構築していないという理由である。

私は成人の性生活がプライベートなものだと述べたのだが、そこに葛藤がないという幻想［illusion］を抱いているわけではない。精神分析は人々を葛藤から自由にしたいのではなく、むしろ現在の葛藤を解決するよう準備させるものである。精神分析がこの準備を整えさせるのは、過去の葛藤を反復強迫してしまうこと（転移）から解放することによってである。そしてその結果、パーソナリティの構造が強化され、経験から学ぶこと（ビオン）ができるようになることによってである。このことを分析家が充分認識しておくことは、分析家が患者にとって外的な関係にある師や仲裁者や裁判官になるよう引きずり込まれないようにするためにも大変重要なことである。性生活と結びついている領域ほど、重圧が重くのしかかる領域は他にないのである。

理論上の問題

フロイトによる乳幼児性愛の源泉や目標や対象に関わる区別は、道徳家のものではないとしても、飾りのない露骨なもののように思われる。フロイトは異性との性器性愛を唯一無比の地位に高めており、まるでそれは成人の生活のなかにまで生き残った乳幼児性愛の唯一の側面であるかのようである。部分対象と全体対象の区別をアブラハムが明瞭にしたことで、性器性愛の概念は豊かなものになったが、それでそこに暗に含まれる量的で規範じみた考え方が変化したわけではなかった。アブラハムの区別は、成人の愛情関係に含まれているこころの状態を明確に定義する代わりに、前性器的な前戯の分野で激しい、性愛貴族の紋章のライオンのような、性器による性交という行為を賛美しがちであった。

けれども、心的構造の探究がまだ始められる以前から、さらには心的な出来事を探究するための精神分析的方法がまだ信頼できる手段として発達する前から、この考えが生まれていたことは覚えておく必要がある。「性欲論三篇」で用いられている手法の多くは、メタサイコロジーの手法よりも記述的である。今日「自我とエス」が刊行されて四〇年ほどが経ち、心的構造や、内的・外的対象関係の性質についての私たちの知識はめざましく進歩したので、性理論の分野に新たに挑むにはたしかに事足りている。まず、スプリッティング過程〔splitting processes〕に関する知識によって、自己愛組織〔narcissistic organisation〕と対象関係とを記述的にではなく構造的に区分できるようになった。さらに「水平〔horizonal〕」スプリッティングと「垂直〔vertical〕」スプリッティングとを区別したことで、より明確な意義が心的生活の異なるレベルについての地理的な観点に与えられた一方で、両性性の概念が構造的に強固なものとなった。もちろん、発達における口唇期と肛門期は性的な分化への前ぶれにすぎないというフロイトの主張に、私たちが賛同していることに何ら変わりはない。ただ、取り入れ同一化や投影同一化の理解によって、乳幼児的な自己のある部分にある程度関係したものとして、男性性や女性性という学術用語に実体が与えられた。それはエスの構成要素であるという単なる言及程度ではなしえなかったことである。このことからエディプス・コンプレックスは、四歳時に全体対象や両性性的に分化していくドラマに向けて盛り上がって強まるものとして捉えられるかもしれないが、乳幼児期におけるその重要性は疑う余地がない。また精神分析の用語を、記述的な精神医学的基盤から進歩させることすらできる。もし望むならば、「同性愛的〔homosexual〕」といった用語に——多くはゴミ箱的な用語として放り込むために語られているが、私が成し遂げたいと願っている精神分析理論で**多形的**と**倒錯的**という用語をもっと正確に説明するために——乳幼児的な両性性の表出と区別して、明確なメタサイコロジー的意義を与えることもできる。

このように多くの公式が改訂できる可能性があるのは、今や私たちがより明確な視点をもつことができているからである。それは、破壊力の作用、なかでも特に羨望――それは特に良いものと悪いものの区別に関わっていて、混乱状態を築くものなのだが――との関連した作用に関して、取り入れ同一化と峻別された投影同一化の概念のおかげで、解明がもたらされたからなのである。精神生活のあらゆるレベル〔原書のevelはlevelの誤植〕において、この区別を性生活での内的と外的、自己愛的と対象関係的、部分対象と全体対象に正しく当てはめることによって、**多形的**と**倒錯的**という用語を、それぞれ良い性愛と悪い性愛に明瞭に関連づけて構築することができる。この意味において、それらはリビドー欲動と破壊欲動に関係しているだけでなく、自己や対象の良い部分と悪い部分が無意識的空想のなかで形成され、そして区別されるというスプリッティング過程（スプリッティング－と－理想化〔splitting-and-idealisation〕）にも関連している。

リビドー衝動と破壊衝動、成人の性愛と乳幼児の性愛、自己と対象の良い部分と悪い部分という、これら三つの次元での区別によって、分析の外ではほとんど明確にならない思春期に噴出してくる壮烈な混乱の解決方法が分析作業のなかでより明晰になる。この論文の目的は、分析の実践で出会う性生活の障害を分類することではない。しかしながら、私は指針として、臨床用語についての理論的見解を以下に再び記す。

倒錯

（a）自己愛組織の表現（サドーマゾヒスティック）

（b）抑うつ不安に対する防衛（倒錯的な対象選択と部位の混乱）

多形

制止

（a）迫害不安が過剰であるため、たいていは何らかの形態の自己愛的でマスターベーション的な倒錯と結びついている。

（b）抑うつ不安が過剰であるため、両性性の強力なスプリッティングと普通は関係している（強迫的）。

未成熟［Immaturities］

（a）成人の多形傾向と乳幼児の多形傾向との区別が不十分である。

（b）乳幼児的な部位の混乱があるため、多形傾向が強まっている。

（c）欠陥のある取り入れ同一化（欠陥のある対象との同一化――それは強迫的なタイプの制止に密接に関連している）により、不適切な性器的対応がなされる。

特筆すべきことは、この上記の分類記述のどれをとっても、それが「同性愛的」という記述用語が当てはまる性愛パターンを引き起こすことである。このことはもはや「同性愛的」という用語が、精神分析的な疾病分類［nosology］では実質的な意味をもっていないことを示している。

この点によって私たちは本論文の核心部分にいざなわれる。それは成人の性愛における多形傾向での取り入れ同一化の無意識的な基盤を記述することである。私がここでそれを具体的な形で記述しなくても、この概念はすぐに読者自身の臨床素材と結びつくだろう。この概念は、私自身が成人や子どもの症例に、そして神経症や精神病の症例に、さらには他の分析家や分析訓練生へのスーパーヴィジョンに長年携わってきたなかで構築されてきたものなのである。

成熟した人物の性生活の無意識の基礎となるものは、内的な両親の実に複雑な性関係であり、そこからその人物は男性的役割と女性的役割の両方を豊富に取り入れ同一化することができる。よく統合された両性性は性的パートナーとの親密さを倍増させるが、それは取り入れと、支配的でも圧倒するものでもない、パートナーのこころのあり方のなかに見出されるほどよい投影同一化によるものである。これはビオン（1963）[▽1]が記述しているコミュニケーションの原初様式としての、投影同一化の正常な使用と似ている。ゆえにそれは、思春期や青年期でとてもよく見られる「のぼせあがり」であるような、乳幼児的な両性性での猛々しいスプリッティングや投影同一化とはかけ離れたものなのである。

したがって、成人の性生活を形作っている情動や衝動、さらに空想や不安の複雑な構造を理解するためには、内的な両親の性交関係の性質に目を向けなければならない。それは精神分析的なデータによって構成されうる。最初に理解しなければならない原則は、内的対象の性交関係は、心的構造のあらゆる安定や健康の基礎になる、内的な母親における自己の乳幼児部分の依存を圧倒してしまうということである。ここで理解すべき依存には二種類ある。一つ目は、身体の中身のなかでも特に糞や尿によって迫害されていると体験されている、乳幼児的な状態でのこころと身体の苦痛の投影を受け入れる母親の能力への依存である。心的現実においては、乳幼児の身体の外からやってくる迫害のすべてが、これらの中身を排除したことに続いて、二次的な迫害として経験される。赤ん坊は、自己のその部分を自分のなかに取り戻すにあたって、母親の能力に依存している。つまり、授乳によってすべての迫害的な性質のものが取り去られるのである。これら二つの内的母親の原初機能に関連して、今度はその内的母親が内的な父親やそのペニスや二つの睾丸に依存しているという関係が、内的母親が生き延びるために、そして内的－母親の－内部の－赤ん坊が生き延びるために必要不可欠なものとして経験される。そして内的母親の幸福は、母親に寛大さや慈悲深さの気持ちが生まれるために必要な条件として感じられるのである。しかしながらより早期の形態、つまり、部分対象レベルでは、乳房はトイレの機能と栄養を与える機能の両方をもつものと感じられているが、全体対象レベルで母親の身体を上と下に分割することは、母親の内部において排泄物を乳房やミルクからはっきりと切り離しておけると乳児が確信することの必要性を表わしている。それゆえ無意識的空想において、母親の身体空間［spaces］は上、前面の下、背面の下の三つに境界が引かれるようになり、それは乳房、性器、そして直腸に当てはまるのである。

さらには父親との性交によって、母親の身体の内部はペニスのような構造を手に入れると感じられる。そしてそれは、後に母親自身の備品の一部を形成し、これら三つの領域でさまざまな機能を果たす。これらの機能には、秩序維持と保護という二つのタイプがある。それゆえ、ミルクの流れは乳首-ペニスによって調節されているのだと感じられる。これら三つの空間が区分されつづけるのは、内部の-ペニス［inside-penises］の警護機能による。侵入者の排除は、閉所恐怖の不安において見られる、これらの防御機能の広く知られたサブ・タイプである。口、膣口、肛門という各領域の括約筋は、母親内部の-ペニスとして体験される。

これら睾丸のない内部の-ペニスとは対照的に、二つの睾丸をもった父親のペニスは、精液を不可欠の要素としていて、償いをなす役割をもつと感じられる。さらにこれら三つの空間領域は、膣口、肛門、口という母親の身体の三つの開口部［orifices］を通して、そのそれぞれが父親の（性器的な）ペニス-と-睾丸に独自の関係をもっていると感じられている。ゆえに精液は、性器のなかで赤ん坊に栄養を与えると感じられたり、直腸を洗い流してきれいにしたり、ミルクを作るための原料を与えると感じられる。

分析過程において乳房との関係がより強固にできてくると、さまざまなレベルでのエディプス・コンプレックスに向けた作業がなされ、解決されていくと同時に、内的な両親間のこの関係も詳細に調べられる。分析的にワーク・スルーが進むなかで、乳幼児的な攻撃や侵入の形態は、対象の幸福に抑うつ的な関心を向けるという重圧の下で次々と放棄されていく。しかし、上述のすべての面が適切な領域を見つけられたとしても〔原書のalowはallowの誤植〕、その有益さのただなかで羨望や嫉妬は陣地を固め、快感が花開くことに逆らって必死にあがくのである。というのも、乳幼児レベルの苦痛や快感は、労働や遊びそれぞれに当てはまるものとして、執拗に保たれつづけるからである。[2]

臨床素材

この男性は知的で、自分の学問分野でかなり優秀であり、既婚で三人の子どもがいる。急性発症の心気的な訴えから彼は分析を求めてきた。彼は三人同胞で唯一の男子であり末っ子だった。思春期に父親を亡くし、青年期へと成長していくにつれて、母親との関係に距離ができ、管理的で財産受託者的な関係になっていった。性格は小さい頃から「偽成熟」構造であった。[3]彼は上品気取りのお高くとまった俗人で好事家であり、ディナー席での会話程度なら既婚女性を大いに魅惑したが、根本的にはインポテンツだった。男性に対する冷酷なパラノイア的態度と同性愛的な誘惑への恐怖は、社交上では相手を懐柔する物腰によって和らぐのだった。しかし男性性への根深い軽蔑は、二人の警察官がパトカーのなかで互いの性器を触ったり吸ったりしているのを見つけるという、慢性的なマスターベーション空想を強化していた。私たちは分析がわずか三年目のときに次のことがわかった。それは、警察官－乳首が夢に現われたとき、この根強い窃視者空想が、乳首がブラジャーのなかでお互いに栄養を与えたり喜び合ったりしていることを表わしているということである。この理解は、潜伏期からいろいろな形で彼につきまとっていた倒錯傾向を和らげた。

しかしながら、彼のインポテンツは軽減されなかった。そのインポテンツは三番目の子どもができて妻が欲望を失ったことで、妻の要求から彼が解放されたことで明白なものとなってきたのだが、その要求へは、性交中にひそかに倒錯的な空想に浸ることによる偽りの－性的能力（ポテンツ）という仕掛けによってでしか応じることができなかったのである。

分析の初期から、内的な母親の身体はいつも家、教会、庭として現われていた。そして、彼はそれらのものに対して所有者、経営者、監督者の関係にあった。分析作業の最初の二年で、このリストに精神分析の現場が加えられ、また外的な関係で心理療法的な振る舞いをするというアクティング・アウトも起こった。また分析家－おとうちゃんへの転移のなかでジョンソン（Johnson）に対するボズウェル（Boswell）のような関係▽2も起こった。その一方で、夢で父親の墓が母親の家から数マイル隔てられていることが繰り返し現われるようになった。彼が父親のペニスに投影同一化している状態で機能しているのは明らかだった。そしてそのペニスは生きてはいるものの、部分対象として、死んだ父親の残りの部分とは切り離されていた。

投影同一化とそれに伴う偽成熟が、それを強化している数多い肛門マスターベーションの習慣の分析によってその力を失うにつれて、トイレ－乳房レベルでの依存的関係は強まり、部位の混乱が起こっている多くの範囲について実りの多い検討がなされた。母親がいつも夢に現われはじめたが、たいてい年老いていて病気であった。一方、妻は夢やアクティング・アウトにおいて、彼の乳幼児的な両性性の小さい女の子の側面をいつも表わすようになった。父親が稀に夢のなかに現われはじめ、彼はそのことでとても安心し喜んだ。父親の死にまつわる苦痛は、思春期のときにその知らせを聞いて一時間ほど泣いた後はかなりそっけなく取り払われていたのだが、その痛みが時折激しい苦痛――それは分析家が死ぬという恐れと関連したものだった――とともに、少しずつ受け入れられてきたのだった。

けれども、彼の対象はゆるぎない強迫的コントロール下にあって、内的には完全に分離されたままだった。それゆえに、彼を分析へと導いた心気的な危機とは異なる、心気的にあれこれ反芻して考えることは根強い特徴になっていた。この頃に窃視者空想やマスターベーション行為がしばしば転移での分離に際して再発しがちになり、そのもとにある自己愛組織が調べられるようになってきたのである。

自己愛組織が防衛的なポジションであるとして放棄され、内的世界との関係での償いの対象としての分析的な乳房に依存することに取って代わられるとすぐに、この論文の主題をなすプロセスが進んでいった。ナルシシズムのこの領域や、それに付随して、部分対象としての分裂・排除された父親のペニスへの万能的な（躁的な）償いとしての投影同一化を手放すにしたがい、内的な父親や転移での分析的な父親は、性器的な性的能力の特質を帯びるようになってきた。それはこの患者の人生で四歳以降初めてのことであり、これは取り入れ同一化による刺激を、性器的な異性愛にもたらした。幼少期には比較的活発だったエディプス期は、母親が病気で長きにわたって離れていたために外傷的に壊され、適切に築かれていなかった性器的発達に過度な負荷を与えた。なぜなら、授乳の難しさ、かんしゃく、汚れることへの耐えられなさによって表に出ていたように、口や肛門の前性器発達が健全でなかったからである。

分析の五年目は、一連の夢が特に際立った。その夢では父親の性的能力を表わす人物がおびただしい数の償いをなし、調整的で活力を与える役割として現われたのである。一方で母親は夢のなかで着実に病気でなくなり、若くなり、より美しく暖かみのある人になっていった。それと時を同じくして、彼の成人の性格に変化が見られるようになった。上流気取りの様子が謙虚になり、仕事への強い嫌悪と軽蔑は勤勉さに取って代わられ、管理的な関係だった母親に対しては、暖かい思いやりを向けるようになった。また人形の家のような結婚が、妻に対して男性的で情緒的な関係を見出そうと努力するものに変わったし、子どもから理想化されたいという欲求は、親密で父親的に子どもの情緒に関わることへと変わった。

本論文に密接に関係する、父親的な性器やペニスや睾丸の多様な機能の夢表象についての大事な意味が生じるまでには、このように長い前置きが必要だったが、それとともにこれらは徐々に心的現実のなかに定着できるようになっていった。

夢――未婚の女性分析家が催した夕食パーティに、独身の聖職者が姿を現わす。患者が彼のために椅子を取りに行く途中で、彼は「ポテンティラ」〔バラ科キジムシロ属の草花〕をめでるためにちょっと立ち止まる。しかし、その花のいくつかをうっかり払い落としてしまう。

夢――五〇歳くらいのオーストラリア人男性が、患者がとあるティールームの真ん中でトイレに排便している間、背後に立ってそれを見ると言ってきかないことに、彼は憤慨している。

夢――彼は外輪船の客室に母親と一緒にいる。母親は若くて元気そうである。彼は嵐で船が停泊所から引きはがされたように感じ、また船長がいないと感じる。けれども、彼がデッキに駆け出してみると、嵐はおさまっている。船はまだしっかりと埠頭につながれたままである。

夢――BBC放送の女性が、セネガルではあらゆるものが *Senegal* と *Senegal* と *Senegum* の三つにある、と伝える〔連想――「すべてのガリアは三つの部分に分けられる」[3]、子どものときに読んだ小さな蒸気機関車の童話で、その小さな蒸気機関車はいつもポッポッと煙を吐いて、「きっとできるさ。できるはず」と言いながら、必死に頑張っていた〕

夢――分析家の大工が、患者の家のフレンチ・ドア〔観音開きのガラスドア〕につける格子を作っている。しかしその大工は、スポンジ・ケーキの一部分に、どのようにしてジャムの三層ができるのかを示すのである。患者はそれをどのように置くのかなと思っている。

夢―彼は妻にアイルランドの地図で、彼の母親が若いときに女友達と訪れた島を示したがっている。しかし、その部分は抜け落ちている。彼はその地図のなかに、*"Bisto"*という村がある半島しか見つけられない。

長年の分析からのこれらの例は多重で複雑なものかもしれないが、大事なポイントは十分に描写していると思う。ポテンティラのペニスと、花の睾丸のついた聖職者－おとうちゃんたち。彼がトイレ－おかあちゃんとの"down-under"[4]関係を監視する、五〇歳くらいのオーストラリア人－おとうちゃんたち。船－おかあちゃんたちを、しっかりと現実につなぎとめたままにしている船長－おとうちゃんたち。コミュニケートしている分析家－BBC放送－おかあちゃんたちで、彼女たちは、小さな少年がペニスと二つの睾丸というすべての三つの部分でもって女性の身体の三つの開口部のすべてに対して、適切にあるカエサル－おとうちゃんたちに成長していくように励ましている。おかあちゃんのフレンチ・ドア－膣をいかにして守るかを知っていて、おかあちゃんのスポンジ－乳房を、ジャム－精液でまだいっぱいにしている大工－おとうちゃんたち。おかあちゃんの二つの島－乳房は、お互いでは長い休暇に行かないが、おとうちゃんのBisto－ペニス〔Bistoは手術用のメスbistouryを連想させる〕となら行くことを示している分析の地図、などである。

臨床的言及

内的対象の性交関係の複雑さという心的現実の側面が明確に提示されたことで、今や成人の性愛の多形性を理解できる立場に、さらに患者の素材での乳幼児的な要素と倒錯的な要素を識別できる立場に私たちはいる。内的な両親との同一化は激しいフェラチオ衝動を生じさせるが、それは乳幼児的な「口唇的な対象としてのペニスに向かうこと」や、乳首とペニスの混同とは区別される必要がある。父親のころと舌、言語、ペニス、精液に密接なつながりをもつことは、言語や舌に強力な性愛的意味を与えるが、それは乳幼児が口唇的な満足の道具として舌とペニスを混同することとは区別されなければならない。背向位性交のように身体を並べるのは、母親の直腸をきれいにしている内的な父親に同一化していることに由来しているが、それは糞便－ペニス［faecal-penis］や肛門への強姦を生み出す、肛門－サディズム的な倒錯衝動とは区別されなければならない。睾丸や射精の重要性は、同一化の視点から理解できる。その結果それは乳房やミルクを貶めることを伴う精液への乳幼児的なこだわりとは、よりはっきりと区別できるのである。成人の性愛では二つの睾丸の位置はより理解されるが、それは乳幼児レベルでのより男根的なこだわりとは区別される。サド－マゾ的な興奮を含めた月経に対する動揺した態度は、汚れた失意の内的母親への同一化に基づいているが、その期間に性的欲望がいくぶん増すことと並べて見てみると、全く明らかなものとなる。成人の性交を活性化する力は、性行為の間に乳幼児的なマスターベーション空想をアクティング・アウトした結果として起こる不可避なこころの劣悪化という状態とは、はっきり区別されうる。健康な人がその境遇ゆえに愛するパートナーを奪われたとき、両性性がマスターベーション的な圧迫を生み出すが、それは夢や空想において乳幼児的な自体愛とはたやすく区別できる。

最後になるが、道徳と区別するために、心的現実に関するこのような発見に含まれる意味について述べよう。結合対象との取り入れ同一化は、相互の関係を結束させ、子どもに対する責任を共有し、一夫一婦制に好ましい性質をもつきずなをもたらすのである。

要約

この章では、成人の性愛の多形的側面の取り入れ基盤の一貫した像を築くために、内的な父親と母親の相互関係に関する、蓄積された最近の知識をまとめてみた。たとえばそれは、うまくいっている分析のより後期における抑うつポジションでの統合過程において現われる。そのような図式によって、子どももも含めたあらゆる患者の性の障害の領域を分析することを、より確実で巧みな［tactful］ものにすることこそが本章のテーマであった。これによって私たちは、神経精神科学から受け継いだ記述的な疾病分類に取って代わる、性病理に関する真のメタサイコロジー的な疾病分類を構築することができるであろう。

原註

1　英国精神分析協会にて発表し、Scientific Bulletin, No.10, 1967 にて出版。

2　このテーマのさらなる詳細は、第17章を参照。

3　肛門マスターベーションに関する拙著論文（1966）を参照。

訳註

1　ビオン（1962）の誤りであろう。なぜなら、投影同一化の正常な使用については、著書『経験から学ぶこと』（1962）や論文「考えることについての理論」（1962）ですでに論じられているからである。特に前者は本書の第1章（pp.031-032）で一部が紹介されている。

2　ジェイムズ・ボズウェル（James Boswell）はイギリスの文豪サミュエル・ジョンソン（Samuel Johnson）と親交を深め、後にその言行を細かく記した伝記『サミュエル・ジョンソン伝』を記した。

3　カエサルの著書『ガリア戦記』での言葉。言語や習慣の異なるベルガエ族とアクィタニ族とゴール族は、ガリアのなかで居住する場所が区別されるというもの。

4　英国から見て地球の反対側という意味で、オーストラリアを指す。

第10章

超－自我－理想の起源

章題にある超－自我と自我－理想における音節の省略を説明することは措くとして、それよりも、結果的にその重要性がより一層明確になるように、ここではその実体に迫ってみよう。

フロイトは、精神構造に関する進化論的な見解を打ち立てたが、その時代以降、彼の命題に不利に働く科学的発見は得られていない。自我は、機能の特化によってエスから進化したものであり、超－自我－理想は、同様に自我から進化したものである。この見解に異論を唱える者はいない。だが、それに**対する**証拠は何であろうか。その答えはたしかに「精神分析過程という総体！」にある。それが私たちの学問の特にすぐれた現象である。けれども、私たちの手法それ自体が、転移の進展における妨害に関する研究を通じて精神病理学と特に関わっているため、精神の健康と成長に関しては目の前にある豊かな証拠を私たちは見逃しがちなのである。たしかに事実として、転移の妨害に関わることに方法論的に専心しているとき、成長への妨害物を取り除き、発達を拡散させる道を遮断することで、生命過程を独力で前進させることができるという仮説を私たちは働かせている。これは理論的にはなるほどと思わせるものだが、実際にはなかなか起こらない。フロイトの言う「精神的無活力［psychic inertia］」のようなものが成長を強く拒むため、分析的な決意という形で活力をワーク・スルーの時期に注入する必要がある。

臨床素材

ある男性患者の分析の最初三年間は、投影同一化の問題を解消していった点でとても実り豊かなものだった。この投影同一化は、早期幼少期から彼に偽成熟という性格を強い、気取った態度や尊大さ、心気、関心や想像力の貧困さなどに現われていた。強迫による困難さと多彩な軽度の恐怖症も、部位の混乱の分析や強力な受動的肛門傾向の分析によって放棄された。しかし無活力が遷延した時期に、抑うつポジションへのアプローチは難航していた。その様子は、次のような夢の内容によく現われている。夢のなかで、あるリゾート地のホテルの客室で、チェック・アウトの時間がもう過ぎていると十分知りながら、彼はベッドに横たわっていた。女性の支配人が入ってきて、出て行くよう頼んだのだが、彼は何もしなかった。太陽は昇っていたか、あるいは沈んでいた。

この頃、父親対象は未だとても貶められているようだった。くたびれた服と活気のなさが特徴的な「くそったれジャケットのおやじ」の夢は数え切れないほど見られていたが、優しく助けになってくれる特質も連想されていた。父親が事実上経済的に成功していなかったことや二度の戦争での兵役免除は、未だなお過酷なまでに父親を貶しめていたが、それがなければ患者は父親には何の欠点も見出せなかったし、明らかに女性的な愛情を感じていた。

私のカウチの上で彼の取る休日——すなわち無活力——との戦いは、二年ほど続いたが、夢や転移のなかに現われる父親像や、実際の父親への態度、分析状況外での彼の性格のゆっくりとした変化のなかに前進が現われてきた。それでもまだ、分析での振る舞いには無活力が残っていた。彼は自由連想で湧き上がってくる素材は進んで何でも持ち込んだし、そうすることで分析家にあらゆる解釈作業とあらゆる心配をさせており、その間果てしなく続くように見えるその過程を彼はとても楽しんでいた。

しかし、劣等感がゆっくりと現われはじめ、それとともに世界への関心や気づかいが増えはじめた。恐怖症は消えうせ、彼は、人間関係に広く及んでいる臆病さや広汎な葛藤のごまかし、他者の攻撃性を懐柔すること、自分自身の見解や確信へのなさに、以前よりも気がついていった。

一二カ月間隔てて見た二つの夢は、引き続いて起きたゆっくりとした変化を描写していた。最初の夢では、（若い医者であり、当時は実際に分析の訓練を申し込むことを考えていた）患者は、暴風雨帽をかぶった背の高い男性の後を追って、海のなかへと入っていっているのだった。海面の向こうには牛乳ビンがあるようで、浮いているか、部分的に沈んでいるかしていた。海水が深くなるにつれ、患者は今にも足が底につかなくなり、海流に押し流されてしまうのではないかとパニックになった。

その一年後、彼は次のような夢を見た。彼とは別の部署の新しい教授らしきポール博士が、思いがけず非公式に患者の病棟に現われた。彼はとても喜んだが少し神経質になった。というのは、彼はポール博士の患者への献身と臨床的な経験に関して、専門領域は違うけれども、その誠実さを大変高く評価していたからである。二人の看護師は、少々いらだっていたが、敬意をもってポール博士に挨拶をした。その看護師たちは中年で、性的な魅力はないが、有能で愛想が良かった。

さて、私たちは二つのイメージをもつ。つまり、（1）患者、暴風雨帽をかぶった男性、牛乳ビン、そして（2）患者、ポール博士、二人の看護師である。一方はパニックで、もう片方は、神経質さが混ざった喜びである。

最初の夢を見たときは六年間の分析の後で、彼の病はその大部分が過去のものとなっていた。彼は抑うつポジションへと着実に足を踏み入れており、心的現実の認識も十分だった。彼の直接のおよび逆のエディプス・コンプレックスの解消にはかなりの時間を要した。分析に終結をもたらす過程に加え、残されていることは、わずかな少年っぽさや、他者の意見や考えに頼ることと、それゆえ責任を取るのが遅いこととして顕在化している未熟性のなごりだった。事実、彼は自分にのしかかっていた重たいものによく持ちこたえ、それを推し進めていた。彼を分析に向かわせていた倦怠と向かうべき方向性の欠落は、仕事や家庭生活への豊かな関与や幅広い知的な関心、仕事や遊びにおいて喜びを達成しうる豊かな能力に取って代わられた。彼は尊敬され、好かれて愛されてさえいたし、良い友人でも倫理上の敵でもあった。しかし何かが欠けていて、それが彼の安定を密かに傷つけ、創造的想像力を未然に阻んでいた。

もちろん、乳幼児レベルでの成長と統合をなす余地はまだたくさん残っているという見方もできるだろう。彼の女性性はまだ十分には統合されておらず、未だ容易に切り離され、投影されていた。破壊的な部分は、外に向けて投影されることは滅多になかったが、乳房の領域外で未統合な状態にひそかに保たれていた。けれどもこれらの問題は、分析家によって抱えられてきた重荷をしっかり引き受けるのに、彼の成人組織の特質がふさわしいものであるなら、時間と自己分析によって改善されるだろうと期待することは理に適っていよう。

実際はそこに問題があり、それを最初の夢ははっきり示していた。夢のなかで、彼は良い父親対象との関係で**おやじのしている通りにしていた**［*following-in-daddy's-footsteps*］のであって、**ゴール**——牛乳ビン——までそうしていた。私たちは、暴風雨帽をかぶったこの人物像についてすでによく知っていたし、その起源は彼が少年の頃見た「我は海の子（Captains Courageous）」という映画にあることも知っていた。▽1 また「底／お尻［bottom］」に触れること」が肛門マスターベーションを意味していて、投影同一化に避難所を求めていることも知っていた。私たちはまた、牛乳ビンが、**ゴールとしての**離乳の受け入れを表わしていることも知っていた。しかしながら、彼の「押し流される」恐れとは、**自分自身**の熱烈な関心という潮流、すなわち**目標**によって押し流されることであったことを明らかにするのには、数セッションもの連想と転移の素材を必要とした。

要約してみよう。彼が父親のしている通りにしていて、ゴールに到達することを気にしている限り、そこには彼自身の関心や願望の追求にまつわる臆病さだけでなく、負荷がかかったときに内的対象との投影同一化の放棄に真正面から取り組めないという問題が残されていた。人生における彼のゴールは、「おやじのような本物の男」になることだった。暴風雨帽をかぶった人物像に含意された男性性の男根的な特質は、連想のたくさんの要素から明らかだった。そこでは、危険に直面した際の勇気が最も重要な特質だった。

ここでその一年後の夢に目を向けてみると、やや異なる情景が見えてくる。ポール博士は彼の職業生活周辺に実在する人物であり、尊敬されていて、最近教授になったということなども また事実だった。それらの事実が睾丸と関連があるという認識は斥けられるべきではない。患者のこの性器的な父親との関係は今やより成人のものとなった。それは、**父の後援を受けて**［*under his aegis*］いるもので、**父のしている通りにする**ものではなかった。患者の女性性――二人の中年の看護師――がより統合されたものになっているという証拠を忘れてはならない。内的対象――ポール博士と彼の教授の椅子という今や結合対象――の信念に鼓舞されて興味関心を追求し仕事をなすことにおいて、夢のなかにゴールを示唆するものはなく、目標だけがあった。

フロイトは一九二四年、「マゾヒズムの経済的問題」にこう記している。「子どもの発達の進路は、次第に両親から子どもが離れていくようにするし、超自我にとってのそれぞれの両親の重要性は次第に背景に退いていってしまう。残された両親のイメージに、やがて教師とか権威者、そして、自分で選択した人物とか世間でもてはやされているヒーローなどの影響が結びつくが、これらの人物像は、自我がすでにある程度抵抗力を身につけているので、もはや自我に取り入れられる必要はない。両親に始まった一連の人物像の最後のものは、人間のなかのごく少数の人々だけが偏りなく見ることができる運命の陰鬱な力（すなわち――死）である」。

新たな特質が両親のイマーゴと結びつくようになるが、より新しく影響する人物像は取り入れられる必要がないという論旨は、超自我の修正、さらにはそれらが本来の対象［original objects］への愛情と両立しうる理由を理解するうえで大変に重要である。この方法によってこそ、個人の内的対象は特質においてだけでなく、その活動野においても改善できるのだが、個人の内界において内的対象が育む後援は、外的な両親や指導者との関係では容易に起こるように、自我の関心や願望と共存可能でなくてはならない。

この素材のポイントは、超－自我－理想の変容の一側面を描写することにある。別のところで私は、[1]乳幼児的な構造を取り扱うための「装置」と私が呼んだもの――正しい分化を保持し、自己愛組織へ退行しやすい傾向を制御する手段――の超自我への同化について例証した。この素材は、「くそったれジャケット」を着た性的に不能な内的な「おやじ」から、男根的で勇敢な「暴風雨帽をかぶったおやじ」へ、それからさらには、教授職との結合対象としての、睾丸－創造的な「ボール博士おやじ」への移行を描いている。この変容に作用している要因はいくつかある。肛門的に汚す貶め(「くそったれジャケットのおやじ」)によるエディプス的劣等意識への防衛は消え去った。新たに生まれる赤ん坊のためになされる離乳への、睾丸-創造的要素と男根的で勇敢な要素とのスプリッティングを用いて行なわれる防衛は、思いとどまられるようになった。しかしながら、歴史への新たな関心、とりわけ精神分析史への新たな関心に現われた取り入れ要素は、価値観の一つの変化をなしていた。かつてはコメディアンや政治家、軍人が彼の想像を刺激したが、今では、フロイトの性格や業績に集約される芸術家や科学者が彼を奮起させていた。分析技法によって課された相対的な隠れ身によって、自分の分析家でさえ尊敬に値する人かもしれないと今や彼は考えるようになった。自分自身が「偉大」であるという可能性をすっかり取り除くことさえできないと気づいたのである。

フロイト自身が開発した偉大な研究方法への実り多き執着は、「不安の問題」に結実する心的苦痛の性質への探究に彼を誘った。エスの機能や反復強迫、エスや外界との関係における自我機能、快感-苦痛-現実原則［Pleasure-Pain-Reality Principle］における経済原則についての彼の記述は、価値基準の問題には及ばず、適応の問題に言及したにすぎなかった。妄想-分裂ポジションと抑うつポジションの定式化を最大の業績として行なったメラニー・クラインにとって、価値基盤としての自我と超-自我(-理想)の関係を調節する経済原則を発見することが残されたままだった。上述してきたようにこの素材は、防衛、とりわけスプリッティング過程の放棄を通した超-自我-理想の変容を描写している。共通感覚

〔common sense〕とは正反対のことだが、取り入れによる統合の受け入れや超‐自我‐理想への同化もパラドックスを明らかにする。そのパラドックスとは、個人のこころの最も進化している側面は、自己の経験を越えたところに存在し、対象として感知されるということである。あらゆる神学、哲学体系が把握すべく取り組んできた問題は、適切な判断の地点、すなわち心的現実をついに見出した。神の存在についての新しい証明は、同時に神というこの概念と個人のこころという概念を融合させる、本質的には偶像破壊的な方法で全く思いがけなく進展してきた。このようにして、個人の参加を越えた一つの社会施設としての宗教という可能性は、永遠に終止符を打たれた。神は、外界では死んだが、内界に生き返った。ただこれは、周知の通り、喪に服することを通してだけである。一人のユダヤ人がその再公式化を論理的に極限まで成し遂げたことが明らかだとするなら、かなり気の効いた歴史的なジョークだろう。

こころの最良の側面は自己を越えたところにあるが、自己は内的対象関係において、依存を経て、やがて機が熟して素直に従い、**鼓舞されながらの自立**〔*inspired independence*〕を受け入れて終わるという進展を遂げなければならない、というパラドックスは残されている。**内的対象の後援を受けて！** この論理が正しいのなら、自己と超‐自我‐理想との不調和が顕在化したことによる心的苦痛に対して自分を守るほどに人は愚かである、という結論から逃れることはできない。苦痛のスペクトラム、つまり抑うつポジションの苦痛は不調和を告げ、自己分析過程という談判交渉を必要とする。苦痛とは、私たちが良い対象を得るための代価である。そしてその貴重さを熟考するなら、その代価は滑稽なほど安い。しかし驚くことではない。なぜなら、乳房のもつ寛大さは、結合対象の真髄だからである。

私と私ではないこととの間にあるパラドックスは興味をそそるものではあるが、その生態においては、その体系の美しさがむしろ圧倒的に強力である。自然選択（淘汰）は外的に作用するが、超‐自我‐理想の成長と変化は個人の選択が支配している。フロイトが強調したように、内的対象の**像**は、外的な両親に最も依存している期間中、（もちろん、投影や投影同一化の寄与によって修正された）両親の原始的な取り入れに大きく由来している。けれども、それ以降の特質の取り入れは、賞賛［admiration］の影響下に進行する。もちろん文化的な影響はとても大きいのだが、賞賛に値する対象の探求を導く興味関心の要因は、体質や気性［temperament］という側面に強く影響されているに違いない。これらの側面は私たちがまだほとんど探究できていないもので、才能や天賦の才、性向や衝動のように曖昧にしか名づけられないものである。構造的に言うなら、私たちはそれらを、遺伝的なもの、発生的に規定されているもの、エスに帰属するものとして考えようとし、またビオンの表記では、概念を産み出すために現実化とつがうのをただ待ち望んでいる前概念に近いものとしておそらく考えるだろう。すなわち私たちは、可能性を秘めたこれらの心的潜在物がエスのなかに棲んでいて、ある特定の名前——運動的、音楽的、知的、機械的など——を付けられるようになる自我側面をやがて生じさせる経験を待ち望んでいる、と考える。可能性を秘めた潜在物というこの高度に個体化されたパターンこそが、取り入れのための対象の探求のときに、関心を方向づけ、賞賛に影響を及ぼすに違いない。私たちはそれらを嗜好［tastes］と呼ぶ。

嗜好の進展［evolution］は、臨床素材のなかでいくらか言及された。資産家やコメディアン、政治家、軍幹部が賞賛の的であったのだが、今では取り入れは、芸術家や科学者に向けられるようになった。臨床過程において、これらの変化がまず起こっていたが、超－自我－理想の変化や賞賛への改まった傾向は全く明瞭だった。一連の過程は次の通りだった。すなわち、自己愛的な無活力が母親への抑うつ的な思いやりに取って代わるにつれ、母親のニーズは、エディプス的な苦痛よりもずっと大事にされるようになった。そこで母親のニーズは、分裂・排除されていた父親（ボール博士）の睾丸－創造的要素の統合［integration］を要求した。内的な父親に創造性がひとたび確立されると、対象は、外的世界でさまざまに患者の賞賛を惹きつける創造的なものとして認識された。もちろん最初は、今は亡き伝説上の人物たち、後には生存する年輩の人たち、それから徐々に現在生きている仲間たち、おそらくは彼の分析家さえも加わった。こうしてこれらの個人的な特質が、夢に見られるようになった。夢ではその特質は、全体対象としての内的父親に生じていたし、内的母親との性器的な部分対象関係、すなわち離乳のときに患者の場を奪う赤ん坊を母親に孕ませることにおいてすでに確立されている、一般的な創造性の特例としての内的父親に生じていた。そして最終的に、患者の関心は広がりはじめ、羨望に拘束されなくなり、豊かな想像力に支えられ、投影同一化という狭いこころや強迫的な反芻の狭小さ、あるいは臆病ゆえのためらいからも解放された。
しかしながら、最後の現実化が、分析の構造的な進歩についてのこの描写によって曖昧にされてはならない。正式な分析において「最終的に」そして「最後に」達成されるものとは、無限の可能性をもった発達のほんの始まりにすぎない。超－自我－理想は、ひるがえっては自我がそれを獲得するよう手助けしうる、素晴らしい特質を無限に同化する力をもっているだけでなく、またこうして強さと豊かさにおいて、構造的に改善されもする。というのは、原初的なスプリッティング－と－理想化の再統合は決して成し遂げられることがないからである。

原註

1　The Psycho-analytical Process, Heinemann, 1967（松木邦裕＝監訳 2010『精神分析過程』金剛出版）

訳註

1　一九三七年に制作されたヴィクター・フレミング監督による映画。わがままの限りを尽くす放蕩息子が、一人の漁師と出会ったことから人間的に成長していく姿を描いている。

セクションB

性の臨床的精神病理

第11章

成人の多形性愛

この章において私たちがなすべきことの多くは、第9章ですでに検討され、あるいはその輪郭が提示された。だが、そこでの含意を探る仕事はまだ相当残されている。とりわけ興味深いのは、精神分析家が患者の成人としての性関係を多く耳にすることが滅多にないことである。なぜそうなのかというと、患者の性生活を現在汚染している、主に性的な行動や空想の乳幼児的で倒錯的な側面に関する連想を、転移状況が引きつけていくからである。このような理由から、基本規則に固執することが、患者の成人としての愛情生活のプライバシーを、したがって患者のパートナーのプライバシーも巧みに確実に保護する。

この事実を認めるとき、分析家は侵入や干渉というある種の逆転移的な不安による重圧の一部分から解放される。その一方で分析家はまた、患者が性活動を忠実に報告することが、転移におけるアクティング・インとおそらくはアクティング・アウトも含めて、ほとんど確実に基本規則を破ることになると認識する立場に置かれる。そこでは、乳幼児的な自己の排除した部分を性的パートナーが表象するように仕向けられている。患者が自分の性行動についての報告を差し控えているその情報内容について、分析家は思い煩う必要は全くない。なぜなら、報告を差し控えているそのときに、内容はもはや核心ではなくなっているからである。すなわち、差し控えているという行為それ自体が、探究されるべき焦点になる必要がある。

したがって、成人のこころの性愛状態という概念は、患者と精神分析家の作業にほとんど入ってこないが、（かつての患者としての分析家も含めて）どのような患者であれ、自己分析での作業に必ず入り込んでくる。十分な分析には、眠っているにしろ目覚めているにしろ、生き方として自己を吟味する能力を確立するだけでなく、自己を吟味したいという欲望を植えつけることが期待されている。その結果、自己観察や評価の習慣が、自発的に応答する能力を、行動面だけでなく情緒面でも妨げることは全くなくなる。これに似た強迫的な模倣は分析の初期にしばしば見られるが、その特徴は、両親対象への依存に抵抗する防衛構造の一部であり、反対に、行動での自発性や情緒での誠実さが失われているところにもある。偽りのまじめさか偽りの陽気さが表出されている情緒であるとしても、偽成熟の潜伏期の子どもとの類似は見過ごされようがない。

こころの性愛状態の、乳幼児傾向もしくは倒錯傾向による汚染の第一の手がかりは、もちろん、今ここでの関係に空想が侵入していることにある。特に自分自身あるいは相手のアイデンティティが明らかに不当に加工されている場合がそうである。懐古趣味でしかなくノスタルジーを誘うものであるなら、性活動の場面設定が変更されていることも疑われる。私たちの研究の観点からすると、「性欲論三篇」で使われている記述的な用語としての「前戯［foreplay］」の領域にはきわめて複雑な重要性がある。その生まれつきの性向は先験的なものなので、関係性の過去の様式を執り行なうという意味において、儀式的である。したがって成人の性愛のこの領域は、空想ばかりでなくその実際の中身においても、求愛行動を反復しがちである。この領域は、またそれゆえに、結びつきが親密さや中身の成熟を深めていく過程で取り組み続ける必要があった、乳幼児的で倒錯的なあらゆる性関係の様式に最も影響を受けやすいものである。

だが性交という決定的な行為は、軽い意味ではなく、求愛行動儀式の三つの要素から遠いという点で深刻である。それは遊びではなく労働であるし、その日、その週、その時代のストレスと生々しく直結した感覚を帯びている。というのも、取り入れ同一化がきわめて莫大な範囲に至るまで心-身をつかむからである。

その関係性の三重構造はすでに第9章で定義されている。その最も深く、最も基本的で原初的な意味において、女性は苦悩と窮乏と危険にさらされている。男性は女性の召使いであり、保護者であり、救出者である。女性は、内的赤ん坊たち［internal babies］の苦境に苦悩し、外的赤ん坊たちにミルクを作るための供給を必要としており、子どもたちが彼女に投影した迫害者たちからの危険にさらされている。彼女は良いペニスと良い精液を必要としており、悪い排泄物すべてから救い出されなければならない。

彼女はやがて満たされ、満ち足り、安らぐだろう。一方、男性は賞賛され、消耗し、陽気になり——勝ち誇るだろう。

幸運にもこのドラマは、芸術家や科学者の限りなき創造性が宣言しているように、限りなく変化しうる。というのは、働く能力の基盤はそれだからである。フロイトの昇華の概念をここで引き合いに出そうとしているのではない。昇華の概念は、リビドー理論に実に付属していた。[1] 加えて彼の論理の方向性は、論文「文化への不満」にその頂点を見るものだが、不安によって封じ込められている攻撃性が「労働」という形で折り合いをつけているということをあまりにも強調しすぎている。逆に労働、もっと正確には労働への衝動は、成人の性愛の派生物であり、その中核は子どもたち－の－保存［preservation］である。「種の保存」では大切なポイントを逃してしまう。そのポイントとは、はるかに個人的なものであり、母親との取り入れ同一化や子どもたちへの母親の愛情（ミルク）という宝に由来するものである。母親の寛容さと並行して、内なる父親は、もっぱら母親にだけ関心を向け、賞賛され勝ち誇る喜びに自己中心的に浸っている、想像力の乏しい人物として現われがちである。大地としての母親と、太陽神としての父親である。

しかし、「子どもたち－の－保存」という問題に戻らなければならない。そこにはきわめて重要な探索領域が開かれている。もし大地としての母親と太陽神としての父親に同一化することを話題にしているのであれば、なぜ「保存」であって「創造」ではないのか。この成人の性愛が、力の感覚や誇示への願望にではなく、謙虚、謙遜、プライバシーによって特徴づけられるということはどのようにして起こっているのだろうか。実際のところ、乳幼児的な性愛こそが、誇示や力の感覚を生み出す倒錯を渇望する。なぜ真の芸術家は制作に勤しむばかりで、創造性について気楽におしゃべりしようとしないのか。あるいはもっとはっきり言うなら、真の芸術家は自分の作品の公開に関わるとき、なぜ仕事に制止がかかるようになるのか。

その答は、「創造性」が内的な両親の機能、あるいは昔の用語を使えば神々の機能だからである。人間にはただ「発見」だけが授けられている。これは、取り入れ同一化の性質そのものに属しており、すなわち超－自我－理想からの賞賛に導かれて、その鼓舞／霊感［inspiration］▽1に値するように**いたずらに**努力することである。投影同一化の妄想的な特性やそれに伴う尊大さとは何とかけ離れていることか！　この熱望［aspiration］▽1という特質がもたらすこととして、決して満たされなくても、不抜の謙虚さが生まれる。そこでは、必ずしも**生きている**人物に対して劣等感を抱いてしまうというのではなく、過去の偉大な人物に対してしばしばそうなのである。親は、芸術家と同様に、自分の子どもを「創った」のではなく「見出した」と感じる。「それ」が文を書き、絵を描き、曲を作る――分析をする、まさにそのように、「それ」が子どもを創る。「それ」すなわち超－自我－理想は、もともとは乳房－と－乳首である原初的な結合対象として、「自己」の経験の外側に位置する。

原註

1　このテーマの発展は、第18章を参照のこと。

訳註

1　inspiration と aspiration は双方とも「吸気」という意味があり、取り入れ同一化に関連して使われている言葉であろう。

第12章

乳幼児の多形性愛

私たちは、構造論的観点から、性愛の全領域に取り組もうとしている。そして、構造論が探究の道具として、精神分析の研究方法により密接に関係する、識別を促進するとも主張する。（空想上の）原光景というフロイトの考えを、基本的な性愛状況ないしは基本形と見なしているが、その考えは、母親の身体内部に関する空想、あるいは心的現実でのその**事実**の重大さへのメラニー・クラインの洞察によって拡大した。私たちは、この原初的状況への自己の関与に即して、性活動に関連するこころの諸状態を分類している。

ここで持ち出さなければならない最初の問題は、成人の性愛の章では生じなかったのであるが、アイデンティティの問題、あるいはむしろアイデンティティの感覚である。成人のアイデンティティ感覚は、両親像との取り入れ同一化に由来するものであり、たとえ両性性を経験したり認めたりできるところまでには個人の統合が進んでいなかったとしても、基本的に両性的であるのは明らかである。

第7章で記述したように、潜伏期においてもパーソナリティの成人部分はほとんどの時間、アイデンティティの感覚を保持するために存在する。しかし一方で、その同一化の諸対象は相当に切り離され、脱性愛化され、創造的な活力はしぼんでいる。さらに成人の状態は投影同一化によって生み出された偽成熟状態とさかんに入れ替わるため、成人のこころの性愛状態はまずもって生じない。この点からは、乳幼児の状態と倒錯の状態に関する検討が完了するまでは、青年のこころの状態の諸々を記述しても仕方がない。それでも青年においてこそ、アイデンティティの問題が最も目につくのである。私たちの理論を当てはめていくときの困難の一つは、成人のこころの性愛状態は、おそらく大部分の人々では人生の比較的短期間しか優勢でないということである。それは、彼らが実際に子どもをもうけ育てていると
き、つまり、潜伏期のパターンに戻って落ち着く前か、あるいは再始動した青年の状態に溶け込む前のことである。

しかしながら、アイデンティティの現象、すなわちアイデンティティの感覚は、一瞬一瞬のものである。かなり純粋に時間の横断面的な方法で、こころの状態を私たちは記述している。その結果、それぞれ能動的ないし受動的に関与しているまさにそのときの「私が」あるいは「私を」というアイデンティティ感覚をその瞬間に捉えた、その自己の部分によって経験されるような状況を私たちは取り扱っている。

精神科医が使う縦断的観点からこれらこころの諸状態をまとめてみると、健康、未成熟、病気という選定がなされるだろう。精神科医の病歴聴取法は、機能の硬直という領域において、精神分析的精神科

医の観察と置き換えることができる。したがって、ここで私たちが乳幼児の多形性愛について語るとき、それを精神医学的カテゴリーでの「未成熟」と同義だと捉えてはならない。実際、未成熟な人たちは、まさに今ある環境にきわめて流動的に反応して、あらゆる種類の性愛状態を経験していることがわかる。それに反し、すべての精神疾患においては硬直や狭窄がその特徴である。したがって、そこにはほとんど間違いなく強迫の要素があるが、必ずしも嗜癖［addiction］の要素はない。

ここで私たちの基本形、すなわち原光景［primal scene］とその関与者に戻ろう。フロイトに従って私たちは、五人の家族メンバー［five members］を記述できる（倒錯について考える場合は、六人目［sixth］を追加する必要があるだろう）。すなわち両親、男の子、女の子、そして母親－内部の－赤ん坊である。乳幼児のこころの多形状態は、嫉妬と競争心を伴ったエディプス・コンプレックスに支配されており、対象の放棄や満足［gratification］の引き伸ばしを含まない解決を探し求めている。こうして、両親が性交しているのが感覚的にはっきりとわかることによって生じる興奮という圧力のもとで、「壁のほうを向いていなさい、いい子だから」[1]という言葉に従うことも眠ることもできず、男の子－と－女の子の－部分は自分たちの幼い結婚を成就しようとするか、あるいは、内部の赤ん坊に変装して両親の性交に侵入しようとする。これら乳幼児の状態を倒錯状態から識別する重要なポイントは動機であり、それは基本的に良いものである。その動機には、欲望が満たされない状況への解決策を見つけだそうとするものがある程度はあるが、主には、良い両親に向ける愛に満ちた寛大な態度を瞬時に窮地に陥れる怖れのある、エディプス的嫉妬や、とりわけ憎しみの状況への解決策を探るものである。男の子や女の子が「壁のほうを向いておく」ことを妨げる重要な要因の一つは、内部の赤ん坊はそうすることを要求されておらず、男性的な方法――おとうちゃんのペニスに乗る、車を運転する、馬に乗る、銃を撃つなど――と女性的な方法――車に乗せてもらう、馬に乗る、悪い糞便モンスターから守られる、郵便屋さんから小包を受け取る、牛乳屋さんから牛乳を受け取るなど――の両方で、親の性交に関与する「特権を与えられている」という確信である。

欲求や欲望よりも興奮や不安に駆られているという事実に加えて、乳幼児のこころの状態に特徴的な別の要素は、部位の混乱である。成人の性愛は、ペニスや精液を必要とし、そして、迫害者を排出することを必要とする内的母親との取り入れ同一化で、女性の開口部という点において多形である。これに対して、乳幼児の多形性愛は、本能欲動や決定的な同一化が欠けているために、実験を通して生じる傾向がある。後者の同一化の代わりに、嫉妬から生まれた模倣、あるいは当然ながら、入り込まれた対象のこころよりはむしろ、侵入者のこころの特質が空想を支配する投影同一化によって、乳幼児の性愛は形成される。

いずれにせよ、空想における母親の身体の内部か外部かを問わず、部位の混乱と実験的な創意工夫は、さまざまな性愛部位（性感帯）が提供できるすべての順列組み合わせを通して、性的行為の増殖を引き起こす。そのとき、新しい赤ん坊を養育ないし「作る」こと、小さな女の子の平らな胸を膨らませること、あるいは、悪い糞便のなかの強盗や人殺し、悪い動物などからこの子を守って、「良い」糞便が成熟して赤ん坊になることはできないとは今はまだ結論づけられておらず、これらすべてが目指されることになる。しかし、それは遊びであって労働ではない。というのもその目標は、エディプス・コンプレックスの苦悩に関連した、全く自己中心的なものだからである。性的満足は、一次的な目標ではなく、創造を目指した目標が果たされず、快感のために最後に放棄されるとき、その埋め合わせに二次的に生じる。まさにこの点において、子どものこころのなかに次のような理論が生まれる。すなわち、子どもは成人より美しい、性器が無毛なのは利点である、胸ではなくおしりは女性の魅力の源である、小さなペニスは宝石のようであり、男の子の熱狂的な活力は男性的な性的能力の本質である、といったさまざまな理論である。これらの否認と断定は、私たちが見てきたように、青年期の大人になる過程において、思春期や青年期の子どもの性行動を形成するうえでとても大きな役割を担う。

この官能的な快感が創造を目指す目標に取って代わるとき、乳幼児の貪欲さはもちろん強力に選び取られ、乳幼児の多形的な増殖の全体色調はより口唇的に、またその意味で退行的になる。快感に対するこの貪欲さは、実際のところ、大人と子ども双方に同等に備わっている快感をまんまと独占してしまう態度であり、青年期の絶え間ない性的変化を特徴づけ、自分の性行動を誇示したくなる欲求の多くを説明してくれる。青年期心性における考えである、労働と快楽の相容れない並置もまた、その年齢においてはまだとても活発な、乳幼児の多形傾向のこの退行的な性質に由来する。

乳幼児の多形性愛の自己中心的な性質のために、二つの行動傾向が加わる。第一はマスターベーションの傾向であり、第二は、強迫的な乱交［promiscuity］とは区別される奔放な乱交の傾向である。両性性が極度に分裂していない場合、性器のマスターベーション的表出の傾向が特に際立つ。これは一般に次のことを意味する。すなわち、性器のマスターベーション的表出傾向は、同胞や他の子どもたちとの性的遊びと比べて、発達がより健康的でエディプス的な愛着が最も強い場合に、より頻繁である。両性性に部位の混乱が加わり、さらに投影同一化の空想を用いる傾向が加わると、マスターベーションが部位から部位へと渡り歩くようなやり方になり、両手を使って前と後ろ、あるいは上と下――ペニスと肛門、クリトリスと膣、口と肛門など――を触るタイプの遊びに落ち着く傾向を示す。それは実験的に目標に迫るもので、子どもはマスターベーションによるオーガズムの後には抑うつ不安と迫害不安が続くことを経験的に知るので、オーガズムは注意深く回避される。またこの回避によって、小さな子どもたちはマスターベーション遊びを開放的に行ないさえするほどに、罪悪感はあらかじめ取り除かれる。

奔放な乱交も、その機能がエディプス・コンプレックスの解消を図るためのものである限り、罪悪感を比較的伴わない活動である。本来の対象に不実であるという罪悪感も、他者を自らの対象に背くよう誘うという罪悪感のいずれも、奔放な乱交を制止するには至らない。適切なパートナーを探し求め、成人の創造性（生殖性）という難問の答えを探し求める精神は、冒険を正当化するために採用され、迫りくる超自我の告発を緩和するための弁解を提供する。実際、小さな子どもの魅力や青年期の共同体が手に入れている放縦の多くは、こうして説明される。

原註

1　よく知られた子どもの詩 "Four and Twenty Ponies" からのこの句は、この状況を表現するために九歳の子どもの患者によって実際用いられた。詩のなかでは、「牧師」すなわち密輸業者「のためのブランディーとタバコ」を持って「殿方たちが通り過ぎる間、壁のほうを向いていなさい、いい子だから」に従えば、小さな女の子はお人形さんがもらえると約束される。

第13章

乳幼児の倒錯的性愛

乳幼児の性愛について、「良い」ものと「いけない［naughty］」ものをこれまで見渡してきたので、今や精神分析が最も熟知している領域に到達したことになる。再び述べるが、転移はこの領域にこそ、絶えず苦悶しつつ深入りしていくのが自然だからである。すでに説明したように、成人の性愛は単に転移に含まれないために分析素材から自動的に除外されてしまう傾向がある。他方、成人患者において「良い」乳幼児的側面と「いけない」乳幼児的側面は、ほんの一瞬触れられるだけであって、罪悪感や障害をほとんど引き起こさない。したがって乳幼児の多形性愛についての情報が得られるのは、幼い子どもの分析からである。そして、それは主に分析の初期、すなわち分析家を誘惑しようとするあらゆる試みが急速に展開する時期であり、転移のリズムがすっかり落ち着いて分析作業が始まる前の一時期にすぎない。

ところが倒錯的性愛［perverse sexsuality］は精神病理のあらゆる側面に含まれるので、私たちの精神分析的探索網は、その倒錯的性愛との関連を永遠に追究しつづけることになる。再び私たちが思い起こさなければならないのは、私たちが探求し分類しているのはこころの状態であって行動ではないということである。さらに、私たちの照会の原点は、フロイトが記述しメラニー・クラインが拡大した「原光景」の概念にあるということである。今や新たな増補を私たちは追加しなければならない。すなわち、倒錯的性愛ではこの光景に六人目の人物が登場する。それは「部外者」、家族にとってのよそ者、両親の創造性や家族の調和の敵、愛の敵である。つまり、邪悪な［evil］人、冷笑家、破壊者、カイン[▽1]の刻印を帯びる者である。

パーソナリティ発達が歩みを進めるには、メラニー・クラインが記述した、原初的スプリッティング－と－理想化［splitting-and-idealisation］が、自己と対象において同様に達成されなければならない。これが達成できて初めて、良いと悪いという原初的なカテゴリーが形成できる。精神遅滞［amentia］に等しい最も極端な寄生状態に留まる場合を除けば、これなしでは乳幼児の生き残りは考えられない。しかし、この原初的スプリッティング－と－理想化の特質は、硬直性に対する流動性と呼ばれたり、スプリットの幅［width］や完成度、裂け目の鋭さなどと記述されたりするいろいろな属性に関して、明らかにかなり多様なものである。いずれにせよ、分析素材に現われるのは、自己の理想化された部分と理想化された対象からなる原初的な発達組織、すなわち「理想化された家族」に対して悪意を抱いている悪い対象部分と、さまざまな程度に融合している自己のある部分としての存在である。

しかし、この自己部分の属性は人によってきわめて異なる。さらにメラニー・クラインは『羨望と感謝』において、分析がこの部分の毒性を有意に緩和できることを示し、概して良い発達体験も同様であることを示唆している。だがひどく病的な患者の分析での深刻な困難の一つは、第一に、この自己部分が悪い対象と融合してサディスティックな超自我像を形成し、この超自我像が部分対象や傷ついた対象の苛酷な超自我の側面と臨床的に弁別できないことにある。そして、この超自我像のもつカルト集団を形成する傾向が、これから見ていくように、倒錯や嗜癖が結晶化していく過程できわめて大きな役割を演じている。

しかし、この融合についてはともかく、自己の悪い部分は一人一人でその属性が異なっている。この差異は生得的なものかもしれないが、多くは発達環境の影響であるように見える。これら差異のある属性のなかで最も重要なのは、知性であり、特に象徴操作の言語的側面である。[2] この印象は間違いないものと思われるが、パーソナリティの属性としての知性は分割され、しばしば大変不均等に自己の諸部分に配分され［distributed］うる。不均等というのは、量に関してのみならず、知性のさまざまな特質やタイプの点からでもある。このことはたとえば、早期に自閉的障害を呈していた子どもたちの一部に現われ、高度に専門化された達人技を見せることの多いサバン症候群［idiot savant］[3] において見られる。

他方、悪い部分は、非常に筋肉的または官能的であるかもしれないし、あるいは攻撃の主たる武器として身体美を利用しているかもしれない。けれども、確からしく思われるのは、これらの精神的な属性が将来、破壊的な目的のために利用されて発達させられる傾向にあることである。そしてそのことに対して、外的現実の両親はきわめて傷つきやすいか、きわめて盲目かであるが、それはたいてい同じことに帰着する。すなわち片親が重篤な障害をもち、相当程度の共謀がパーソナリティの悪い部分によって確立されうる場合、サディスティックな超自我を形成する融合状態が最も生じやすい。その臨床的な現われは親と子どもの**二人精神病**［*folie à deux*］であり、分析的治療がきわめて難しい。

一般に、悪い自己部分がパーソナリティ全体を支配できるのは特定の状況においてのみである。その最初の一つは、すでに述べたサディスティックな超自我の支配である。これは発達環境にきわめて大きく影響されるようである。二番目はその起源がより生得的なもののようであるが、もちろんこれは将来の研究によって変化していくに違いないカテゴリーである。この二番目の場合は、全く強力で破壊的な部分がパーソナリティを圧倒するようであり、これはしばしばパラノイド・パーソナリティやある種の精神病質者において感じとられるものである。しかし、これはかなり相対的な特質であり、そうなるかどうかは、この破壊的部分が相対的に弱い建設的な欲動と愛する能力に対して覇権を握るかどうかによるのである。そして建設的な欲動や愛する能力が、幼少期の疾患、分離、先天奇形のような偶発的な出来事によってとても容易に弱められることが知られている。

第三の状況は、大変異なった種類のもので、分析を求める人たちのなかで頻繁に出会う。すなわち、スプリッティングと投影同一化の結果として愛する能力を失ったために、破壊的な部分が支配的になっている。良い部分が投影されることが最も多いのは、年下の同胞である。最も重症で柔軟性に欠ける症例では、この状態は、新生児の生存能力についての抑うつ不安から生じる。しかし最も多いのは、抑うつ的な苦痛に対する防衛として投影が行なわれ、愛する能力は憧憬される同胞に委ねられることで枯渇する。おそらくこれは、『自我と防衛機制』にアンナ・フロイトが記述している、「愛他的譲渡［altruistic surrender］」に近いものであろう。その動機は本当には愛他的ではないにせよ、記述的にはこの観点から、このような同胞関係から生ずる行動が見られる場合が多い。

ある程度、このメカニズムは潜在期の確立に役割を果たしており、このタイプの組織の基本的な弱さ、特に誘惑や秘密の魅力に対する脆弱性の一因となる。これは女の子よりも男の子で目につく。それはおそらく、率直さや誠実さの喪失は両性とも同じように起こるが、「カエルにカタツムリ、それに小犬のしっぽ」でできている男の子の特質が「砂糖とスパイス」的な媚態を見せる小さな淑女より顕著にサディスティックに見える大人には、違うように判断されるためであろう。[4]

「倒錯」（それは「目的の倒錯性［perversity］」に特徴づけられる」）は、パーソナリティのこの破壊的な部分が、一時的であっても固定的であっても、主導することによって生ずる、こころの性愛状態を表わすのに大変適切な用語である。良い対象の良さ、寛大さ、創造性、調和、美、あるいは良い対象が生み出す関係性と「理想化された家族」に向けられた羨望の感情や態度に圧倒的に影響されながら、攻撃性は二つの形態を取る。最初の形態では、これらの良い対象の特質を破壊しようとする。しかしこれは、実際には多大でサディスティクな快感を満足させるには単純すぎる。より大きな満足は羨望に基づいた競争によってもたらされる。だが、ここでは競うより逸脱するのである。（知覚の特質としての否定［negation］とは区別される）衝動の特質としての拒絶症［negativism］は、ただ拒絶することでは満足しない。むしろ反対のことをなさねばならない。「邪悪よ、汝、われの善であれ」[5]こそがそのモットーであり、このモットーの後援を受けて、良い対象の領域に、あらゆるものが全く負［negative］である世界を創造しようとする。したがってこの衝動は根本的に反－自然であり、それが築こうとする世界は生命のない世界である。そこでは、生きることや時間の制約についての大きな不安は存在しえない。

したがって、こころのサディスティックで倒錯的な性愛状態の情緒の特質は、基本的に躁的である。そこで渇望されるのは官能性ではなく、抑うつ不安、さらには迫害不安をも勝利感を抱いて廃棄すること、とりわけ抑うつ不安の廃棄である。サディスティックな倒錯性という言葉を、アイデンティティの感覚が自己の破壊的部分に注ぎ込まれている（あるいは、捕らえられている）こころの状態として理解しなければならない。私たちは後に、神経症的な倒錯性におけるパーソナリティの良い乳幼児部分のマゾヒズムについて論じるのだが、この二つの状態間の往復運動[6]について、精神病的な倒錯や嗜癖におけるサド・マゾヒズムの固着状態と比較することになる。

フロイトが正しく予測したように、発達過程からの構造的帰結は大部分は経済論、特にスプリッティング過程の経済論、ないしはその量的な面によって決定される。この領域において決定的なことを述べるには、私たちの研究はまだあまりにも粗末であるが、もし私たちが無意識的空想の地理に精通するならば、おおまかな結論はある信頼性をもって述べることができよう。スプリッティング－と－理想化の「幅［width］」は二つの極の間にある。そのスペクトラムの一方では、悪い部分は母親の乳首のなかに住みついており、他方では、悪い部分は外の空間に投影されている。これらはどちらも発達上実現不可能なもので、もしその状態に留まろうと固執するならば、最も重篤な精神病性の障害に至ることになる。後者の極ではパラノイド・タイプとなり、前者では嗜癖となろう。これらの両極の中間で発達上不可能でないのは、悪い自己部分が、家族の「悪い」同胞、厄介者、放蕩息子、あるいは悪い子どもという位置に就くことである。こうしてこの悪い部分の影響は「良い子ども」によって阻止される一方で、悪い子どものしつけと教育は両親の忍耐、耐性、寛容に委ねられる。これが、破壊的な部分が最も適切に統合される状況であり、『羨望と感謝』にメラニー・クラインが記述していることである。

このような統合状況は分析を経ていない発達ではおそらくきわめて稀であろう。これに近いものとして、この悪い部分を現実の同胞に固定して投影するという形がある。その同胞はほぼつねに年長であるが、その位置が与える恐怖、憧憬、憎しみ、忠誠の混ざり合った感情を向けられるのに、その人物が本当にふさわしいことはほとんどない。それが実際に当てはまる場合には、より深刻な障害が発達に生ずる。そして、その障害の程度は、現実のこの人物の外的な両親との関係性からの距離に反比例し、子どもとその外的な人物との実年齢差に比例する。この経済論的な理由により、患者の夢の**登場人物**に現われる最も害をなす人物の一人は、「悪いおじ」あるいは「悪いおば」であり、年齢差が狭まり、両親との関係性からの距離が遠くなるにつれて、使用人、教師、友人へと次第に毒性は弱まっていく。

しかし、これらの親密で害毒をもつ幼少期の関係は、青年期になると有名な人物によって置き換わりうる。ここで両親との関係性の特質は、芸術、文学、政治、宗教、エンターテインメントの領域における名声の特質に置き換えられる。これらの外的な人物は、潜伏期が確立される過程の一部として放棄され、内在化された早期の関係が再投影される過程を通じて、有害なものとなる。この投影の対象となるのは、冷笑［cynicism］と破壊性、詐欺と汚職にまみれた公的人物のみならず、創造的な人物ではあるが、価値ある公的な仕事と混沌とした私的な関係との間に悲しいギャップのある人物も含まれる。青年のロマンティックな気性は、一方では葛藤との苦闘を乗り越えて生産的なものを得ているが、他方はこの苦闘を乗り越えそこない放棄するという二つの領域に、ある因果関係を熱心に主張するが、それらが共通の源に関係していることを理解できない。

発達の進展における経済的重要性は、相当に、心的苦痛に対する態度［attitude toward mental pain］次第である。そして実際、乳幼児構造の「良い」部分の脆弱性はここにあり、これが三つの主要な経済的要因の一つをなしている。あとの二つは、良い諸部分の統合の度合いと良い対象への信頼の水準である。しかしこれら三要因の互いのヒエラルキー的関係は逆の順、つまり時系列の順のようである。すなわち信頼が統合の度合いに影響し、これが次に、苦痛に対する態度に影響する。

良い対象、つまり基本的には母親の乳房に対する信頼［trust］は、メラニー・クラインがきわめて広範に研究し記述してきた領域なので、ここでは繰り返す必要はなかろう。クラインは、乳幼児による投影と取り入れの作用が、赤ん坊の世話をしている外的な母親の実際の特質により修正を受けながら、依存の中心と希望の中核としての内的な理想化された乳房を築き上げる様を繰り返し描き出してきた。ビオンとウィニコットはそれぞれのやり方で、適切なマザリングを助けるこころや行動の特質を記述した。

無意識の空想においては、信頼を生みだす内的対象の特質は、まず何より美であり、おそらく後の言語の発達を通じてやっと、美の基本的な側面である良さと強さに抽象化され分化されるのであろう。心的現実における原始的で前言語的な重要性をもつ美が、どのようにして、パーソナリティの破壊的な部分の誘惑行為のために、盗用され偽造されるかを後に私たちは見ていく。けれどもたとえ偶然であれ、本来心的現実に属する美、良さ、強さの統一体が外的現実に期待されると、多くの場合この外的現実は危険なほどに誤解を生じさせ、ある意味では幻滅を生むものとなる。これは本質的に偶然の経験領域を提供し、それには最も厳密な意味での「外傷的［traumatic］」という用語が当てはめられるかもしれない。いばらの棘、火傷、猫の引っかき傷は自我の発達を制限し、楽観主義を奪うことになりうるが、それはこの内的－外的混乱［internal-external confusion］に直接起因する。なぜならこれらの出来事は、かつて信頼していた対象による裏切りと区別できないものとして理解されてしまうからである。危険を強く押さえ込むこと、つまり「二度と嫌だ［never again］」という態度は、このような混乱の、性格形成上の特異な目印となる。

良い対象に対する信頼の機能の一つは、同胞に対する競争心とそこに基盤がある不安の洪水を修正することにあるように思われる。心的構造を理解する際につねに重要なのは、自己のさまざまな乳幼児部分が最高度の統合状態で、互いに同胞関係に位置しているということを念頭に置いておくことである。しかし、この良い対象を分かち合う能力は、良い対象のもつ、良さのサブ・カテゴリーとしての公明正大さを信頼することに絶対的に依存している。それは同胞間で共謀関係ぬきの親密さをもつための前提条件であり、このような親密さが良い対象と分離した状態での仲間付き合いを可能にする。そしてこの仲間付き合いは、分離状況に伴う心的苦痛に対する耐性を著しく高める。

乳幼児構造が統合されることにより可能となるこの仲間付き合いは、良い対象への信頼のもう一つの側面と重なり、ともに乳幼児レベルの、そして大部分は大人の無意識レベルでの心的苦痛に対する基本的な態度を決定するようである。この第二の要素は、良い対象が利用できる、すなわち助けを呼べば聞いて答えてくれるという信頼である。この要素は、分析家が最も深い乳幼児転移を抱えていくための分析セッティングで技法上必要なものにおいて多大な役割を果たすが、ここで扱うには複雑すぎる主題である。それは、乳幼児の信念、すなわち両親（あるいは分析家）によりそれが取り入れられ、保持されることと、犠牲をいとわないという意味での対象の良さに対する信頼、特に乳幼児のニーズのために自らの快楽を犠牲にするという信頼とが調合されていなければならない。信頼のこの側面についての発達の失敗は、非常に感覚的で抑うつ的な性向の乳幼児において大きな役割を果たしており、たとえば自閉的なメカニズムを作動させる。

　こころに留めておかなければならないのは、こころの性愛状態の実用的な分類を導き出すために、原光景の**登場人物**について私たちは図式的に語ってきたということである。したがって、これは決してパーソナリティ組織の変わらない静的な状態を映し出しているのではない。実際には、パーソナリティ組織はつねにある程度流動状態にある。スプリッティングと再統合の満ち引きがあり、これらはおそらくこころの異なったレベルで同時に起こっているのであろう。私たちが特定の分析セッションで検討する一つの夢や複数の夢が、覚醒時の記憶のなかに引っかかった夜の連続した夢の内のほんのわずかでしかないのとちょうど同じように、私たちの分析もまたそれらの夢の意味を解き明かすのは、まさにそのとき転移において特に活動しているレベルに限られる。私たちの分析の方法は、神経解剖学の研究に従事していた青年フロイトが特定のニューロンの枝分かれやつながりを辿ることができた選択的銀染色法のように、枝分かれやつながりを通して道筋を辿るのである。

　このことは心的構造を理解するのにきわめて重要である。それが特に言えるのは、病的な性愛状態の臨床的な現われにアプローチし、最も健康なこころにさえ、隔離された病理があることを私たちが見出す場合である。これらの隔離された病理空間の形成［loculation］は、スプリッティング過程と関連し、さらにまたパーソナリティの破壊的部分による分割や征服という技術によって断片化される、乳幼児組織［infantile organisation］の良い部分の脆弱性と関連している。しかしながら経験が示すのは、これらのスプリッティングの過程は破壊的部分との関係では作動しないということである。なぜなら、この破壊的部分は構造の統一性を保持しようとする傾向や、良い対象の領域に引き込まれることに対して頑強に防御していく傾向があるからである。時間に束縛されたり迫害不安や抑うつ不安に支配されたりしないように、破壊的部分は防衛機制と通常呼ばれているものとは異なった技術を用いる。これらの技術は精神病質者、すなわちうそつき、詐欺師、気取り屋、ペテン師、浮浪者、プロの賭博師、麻薬密売人、犯罪的倒錯者、狂信的アナーキストなどの対人関係（これは、その組織のされ方が高度に自己愛的なので、対象関係ではない）のトリックにおいて、比較的純粋培養された形で見出される。これらはすべて、理想化された家族の統合性に対して破壊的部分が用いる基本的な攻撃テクニックのいずれかとして表現される。

その基本的な攻撃テクニックとは、もちろん、混乱を創造すること［creation of confusion］であり、その基本目標は混沌状態を復元することにある。自己の良い部分はその混沌から自由になろうと切望するが、結局、現実世界、すなわち外的**および**心的現実さえ放棄され、妄想形成や統合失調症の「すばらしい新世界［brave new world］[▽7]」に至りさえする。この統合失調症の「すばらしい新世界」は、フロイトの語るこの深刻な疾患の「再構築期」にあたり、おそらくどのようなパーソナリティもこの時期を完全に免れはしないだろう。構造的な意味においても、リビドーの退行という初期の意味においても、退行は破壊的部分による混乱状態の創造、あるいは実は再創造によって導かれる。良い内的・外的対象が発達を導いていた時期にも、混乱状態は苦労しながら通過されてきていたのである。まず、嫉妬による抑うつ不安の悪化によって信頼感が薄らぎ、抑うつ不安は迫害感と区別がつかなくなる。次いで、官能性が部位の混乱［zonal confusion］によってもたらされ、乳幼児の多形性と倒錯性の区別がつかなくなる。第三に、投影同一化を通じて内部と外部が混同され、時間やアイデンティティのもつ制限からの退避が助長される。次いで心的現実が躁的に否認され、さらに第五の最終的な攻撃の段階が仕掛けられる。その攻撃は良いものと悪いものの区別に対してなされ、それによって「自由は隷属だ」「憎しみは愛だ」という言葉が、人々を「ビッグ・ブラザー［Big Brother］」▽8の世界へと誘なう。こうして退行の犠牲者は、葛藤することをやめて失望の享楽に溺れることに身を委ね、妄想の新世界を「感謝の涙」で迎えるだけでよいのである。

こうして自己の破壊的部分は、苦しんでいる良い自己部分に対して、初めは苦痛からの保護者として、次いで、官能とうぬぼれの下僕《しもべ》として姿を現わす。そして退行への抵抗に出会うときには、残忍な行為や拷問を行なう者としてひそかに現われる。だが破壊的部分が近づく場合は必ず暴力の気配が漂っており、放浪者が故郷を懐かしむように、これなしには退行は決してそれほど進行しない。

こころの倒錯的な性愛状態を、退行過程のこれらの五段階に即して区別することには大きな臨床的価値がある。乳幼児の多形性愛に留まるためには、抑うつ的な心的苦痛と迫害的な心的苦痛の区別が抑うつポジションの閾の段階で維持されなければならない。乳幼児の多形領域の内部において、部位の混乱は、無知と不適切な取り入れ同一化、すなわちこれらの同一化に対する不適切な関わりに基づいている。多形性愛における部位の混乱は部位についての仮説群なのであって、その仮説は同一化を通じて、ガイダンスの欠落を見つけ出すために検索されなければならない。しかし倒錯性における部位の混乱は、もはや仮説ではない。それは傲慢に主張される理論として行動に移されるのである。精神病への道を開く大規模な投影同一化を決定的に選択する点が、乳幼児の多形性愛における同一化の実験的な性格と異なる。同様に、神経症的な倒錯性がマゾヒスティックな形式とサディスティックな形式のいずれを取るかはほとんど偶然によるが、主に外的影響によっており、また外的な機会に応じて交替するかもしれない。しかし精神病的な倒錯性では、循環気質におけるように、心的現実を躁的に否認して投影的に同一化されている内的人物像と揺れ動く関係に入るか、あるいは心的現実を全く廃棄して狂気に至るかのどちらかである。こうして良いものと悪いものとが逆転することが、失望や妄想的な体系形成に至る最後のステップである。

こうして私たちは、こころの倒錯的な性愛状態のこのような見方の臨床的な意味合いと、精神障害の構造におけるその位置づけを考察しうる地点に導かれる。それは、邪悪［evil］の概念に明白に深く関わる見解である。そして、対象の分裂・排除された「悪い」部分と流動的に融合しているパーソナリティの悪い乳幼児部分を、天国で仕えるよりも地獄で支配することを選ぶ、ミルトンの「闇の王子（Prince of Darkness）」▽9の観点からの見解である。悪い乳幼児部分は、理想化された対象に対する羨望に満ちた競争心から、美、良さ、強さといった理想化対象の特質をまねて、良い乳幼児構造のもつ想像力を眩惑しようともくろむ。そして、マスターベーション活動を通して、内的対象との関係で、万能［omnipotence］状態を刺激することができる。内的現実と外的現実の混乱により、悪い乳幼児部分はこの万能を外的世界においても主張し、状況を注意深く選択することによって、万能の模倣状態をつくることさえできるのである。しかしおそらく、良い乳幼児部分に影響を与えうる最も強力な方法は、全知［omniscience］を主張することを通じてであろう。なぜなら、この乳幼児部分は実際無知に苦しんでいるからである。これは効果において、一方で想像力の貧困さにつけこみ、知ることが可能な事柄を限局し、他方で思考の緩慢さを利用して、論理的に誤った考えを助長する技術である。この二つの組み合わせにより、偏狭な常識論、つまり「火のないところに煙は立たない」式の心性が生じる。これがウィルフレッド・ビオンとロジャー・マニー＝カイルが私たちの治療的道具立てに著明な貢献をなした、理解することの領域である。

この知見の治療的な意味合いは、最も広く言えば、精神分析は救助作業であり、その安全性は保障されえないということである。最も極端なのは統合失調症の大混乱状態であり、おそらく私たちの誰もがあえてその渦中に入ろうとはしないだろう。救助法の逆転移上の落とし穴は複雑すぎてここでは立ち入らないが、その体系的な研究は、ハインリッヒ・ラッカー（Heinrik Racker）〈Heinrich Racker の誤植であろう〉によって始められてその早すぎる死により中断してしまったが、彼の著作『転移と逆転移』に見出すことができる。治療としての精神分析は、患者が無意識を探求することを援助する方法なのか、それとも、分析家が患者のパーソナリティの迷い子の部分を救い出す方法なのか、あるいは、異なる時期に双方ともが行われるのかという問題は、おそらく精神分析運動において分裂の生じる重要な論点であろう。

この章を終える前に、旧来の記述的な用語法について、一言述べておかなければならない。多くの用語が使われるなかで、「サディスティック」と「マゾヒスティック」という用語のみが、こころの状態の精神分析的な分類にその位置を得ている。同性愛、異性愛、服装倒錯、フェラチオ、フェティシズム、レズビアンなどのその他の用語は、性行為に関する純粋に記述的な用語に留めておくべきである。私たちのメタサイコロジー用語は、以下のものに制限されるだろう——能動的－受動的、男の－女の、部位の記述、良い－悪い、内部－外部、内的－外的、サディスティック－マゾヒスティック、神経症的－精神病的、成人の－乳幼児の。たとえば、男性における記述的には同性愛的な行為の基盤にあるこころの状態は、以下のように見出されるかもしれない——受動的－女性的－膣的－乳幼児的。それならこれは、たとえば、男性ばかりの環境での青年期早期のいわゆる同性愛のほとんどがたしかにそうであるのと同じように、未熟な乳幼児の多形的な行為であろう。

訳註

1　「創世記」第四章の登場人物。父に背いて同胞アベルを殺し、額に刻印をしるされエデンから追放された。伝説では、カインは呪われた不死の者となり、ヴァンパイアの始祖となった。彼とその末裔は額に刻印を帯びた異形の者として、人に悪を行なうと言われる。

2　エルンスト・カッシーラー（Ernst Cassirer）の『シンボル形式の哲学』を参照。

3　精神遅滞が認められるが、何らかの特殊な才能をもつ人たち。

4　『マザーグース』"What Are Little Boys Made of?" の一節。

5　ジョン・ミルトン（John Milton）『失楽園』第五章の一節。

6　サディスティックな倒錯性とマゾヒスティックな倒錯性の間の往復運動、動揺。

7　一九三二年にオールダス・ハクスリー（Aldous Huxley）（一八九四－一九六三）が発表した未来小説。総統と呼ばれる一〇人の統治者によって支配され、苦痛はすべて排除され、快楽と安定が人為的に供給される人工的な楽園が描かれている。

8　ジョージ・オーウェル（George Orwell）（一九〇三－一九五〇）の『一九八四年』で描かれた全体主義的管理社会の架空の独裁者。民衆の「愛と恐怖と畏敬の焦点」となり、「自由は隷属だ」などのスローガンが彼の名で繰り返される。社会は一部の特権階級、党内局、特にその党幹部によって支配され、民衆は享楽の提供と「消滅」の恐怖を背景に、思想から愛情に至るまで管理される。

9　ミルトン『失楽園』の堕天使ルシファー。大天使長として神に愛されながら、神の子キリストの生誕への羨望から神に対し反乱を起こし、地獄に追放されサタンとなる。

第14章 戦慄、迫害、恐怖[1]

この章では、メラニー・クラインにより定義された対象関係における妄想－分裂ポジションを探求していく。それは、精神構造形成でのスプリッティング過程の役割や、対象関係の力動での投影同一化のメカニズムに関するクラインの発見がもたらした、パーソナリティについてのより深い理解を用いた分析作業から得られている。

心的苦痛の一つのスペクトラムは、妄想性不安のカテゴリーに含まれるが、この研究は他の著者によって詳細に検討されてきている。たとえばローゼンフェルドによる混乱、スィーガルとビオンによる破局不安、そしてビオンによる名のない恐怖［nameless dread］である。十分に定義されていない用語、絶望［hopelessness］、失望［despair］、無力［helplessness］もまた扱わなければならないのだが、この論文では次の三つに限定している。すなわち、戦慄［terror］、迫害［persecution］、恐怖［dread］である。これらの用語をメタサイコロジー的に定義し、分析過程における位置づけと相互作用を示すつもりだが、これらが作動し相互関連していることを例示するため、一つの症例を示す。

症例素材

この洗練された知的な三〇代後半の男性が分析に入ったのは身体症状からだったが、すぐに広範な性格病理が露呈してきた。分析の初期には次の夢のように、自己愛組織がはっきり現われてきた。彼は、寂しい森の小道を登っていた。そして自分と同年くらいの男を前方に見た。非常にパラノイックな性質の、以前の商売上の顧客であった。小道が分かれたとき、右へ行こうと思っていたのだが、その男の後を追い、自分が生まれた村の一部であると思えた海辺へと降りていった（両親が移住したので、生後六カ月のとき、彼はその村を後にした）。海辺でその男が、自分の収入と重要性、休日といえども彼の助言なしには誰も何もできないので、休日でもつねにオフィスとの連絡を保っておかねばならないことを長々と弁じているのを、彼は感心して聞き入っていた。

彼の乳幼児構造のこの部分は、夢のなかに狐として何度となく現われたし、幼少期のある絵本にも触れられていたので、「狐のような＝狡猾な［foxy］」部分として識別されるようになり、精神内容と精神現象のいくつかのタイプの源泉と見なされるようになった。この部分は、（分析での解釈を含め）他人の言葉を絶えず駄洒落や風刺にしてしまっていた。すなわち、器用に隠されたポルノ的五行戯詩の絶えざる流れを精巧につくりあげ、冷笑的で俗物的な議論の冷酷な台詞で満たしていた。また、意識のほんの少し外側の彼を取り巻く環境に対して視覚的そして聴覚的監視を続けた。後者は、転移において一連の夢をつくりだし、それは分析家の生活の技術や仕方に対するひどく脅迫じみた監視を意味していた。たとえば、彼は分析の道すがらいつも運転してくる通りに、私の同僚が住んでいるのを知っていた。私がこの同僚から車を借りた夜に、その車を角を曲がったところに駐車するように用心していたにもかかわらず、この患者は私の同僚が家の前の通りに車のサイズくらいの穴を開けた夢を見た。しかしながら、この患者は意識的には、借りた車を見たり、私のいつもの車がないのに気づかず、同僚の家の前が空いているのにも気づかなかった。

しかし、この「狐のような」部分の、何でも知っているといった特質や他の乳幼児構造への絶え間ない脅かしは、分析的探求に少しも屈伏しなかった。むしろ二つの新しい発見の結果、逆説的にその影響力を強めたように思えた。この二つとも、患者が認めるより先に夢から再構成された。このうちの一番目は、秘密のサド・マゾ的マスターベーション倒錯であり、そして二番目は、火事への戦慄であった。これらの症状のこの逆説的増強はとりわけ挑戦的な特質を帯びていた。彼は倒錯が生活での唯一の楽しみであり、自殺しないよう彼を支えてくれていると言い張った。また、火事への戦慄は全く理に適ったものであり、さらには戦時中の外傷ゆえに正当であると主張した。彼はこの二つの言い分が矛盾するとは決して認めなかった。

探求に抵抗した精神病理上のもう一つの領域は、年老いた母親との彼の関係であり、母親の慢性病が悪化したすぐあとで、この患者に身体症状が起こり、そのために分析を求めることになった。彼の母親との関係は思春期後半から冷たくそして侮辱的でさえあったが、母親の病は彼にはひどく迫害的だった。彼は卑屈な管理人のように、母親の健康や経済問題や家事の管理を同胞に与えず独り占めにした。意識的にはずっと以前に死んだ父親への忠誠によって動機づけられていたが、あたかも彼だけが母親の介護を託されていたかのようだった。迫害的要素は倒錯と結びついており、秘密の悦びは、病気の母親が悦ぶ能力を欠いているゆえに彼に意地悪く課した剥奪という砂漠にあって、オアシスのように感じられていた。この状況は、年月の経過とともに母親が再婚しないであろうことが確かになったときに、ゆっくりと現われてきた。父親が他界した直後の数年間を特徴づける、母親に対する暴君的で嫉妬深く独占的な態度にそれが置き換えられたのだった。転機は母親の家が焼夷弾によって、修復できないほどではないまでもかなり損傷を被ったときに起こった。その時点では彼はその火事と勇敢に戦えたが、そのすぐあとから火事への戦慄が起こり、空襲のちょっとした兆しで、家の損害を受けていないところに母親を一人残し、近くの排水溝で寝るために家を飛び出したものだった。

その後数年間で倒錯は一定のパターンに結晶化した。運転手の制服を着て、ウイスキーの入ったグラスを片手に自動車のタイヤのチューブに座り、性器と肛門のマスターベーションをするのだった。分析中に、オーガズムの排泄的意義が井戸の上にチューブを乗せてそこに座りながら脱糞し、着ていた服を井戸に放り落とすという夢のなかで示された。この倒錯のいきさつは興味深い。外出中にスペア・タイヤが見つからず、父親がパンクした自家用車のタイヤを外し、直してから膨らまし取り付けねばならなかったという出来事に正確に遡ることができた。この少年は、父親を見ているうちに性的興奮で圧倒された。そしてそれ以降いくつかの症状と秘密の行為ができあがっていった。そのうちの一つは、彼の自転車の汚れたタイヤをしゃぶる癖であった。もう一つは、警官がやってくるまで待って、警官が見ると自分の口でタイヤを膨らませようとしながら、自転車のタイヤの空気を抜くという刺激的な遊びであった。しかしながら、厳重に扱われていた自家用車に乗ることへの怖れも彼は感じてきていた。

この倒錯と性格病理の背後に見つけた不安を分析によって理解するには、他の要因にも目を向けねばならない。それはまたしても外傷と運命の交錯である。この患者は末っ子でただ独りの男の子であった。早期幼少期のある外傷的な出来事は、一つのスクリーンメモリー機能の性質を帯びていた。彼が五歳のとき、おそらく（将来への家族計画を全く変えてしまった母親の長患いのあとで、母親と再会したのち）乳母と一緒に郊外を散歩しているとき、生け垣の下に捨てられていた死んだ赤ん坊を偶然発見した。この出来事は彼のこころのなかでしっかりと彼自身の悪癖と結びついていったのだった。この悪癖とは、庭で昼食が開かれると、大嫌いな冷えた脂身をいつもこっそりと生け垣に投げ捨てるというものだった。

分析の最初の三年間は、大規模な投影同一化と「偽成熟」にもっぱら関わっていたが、倒錯、性格病理、症状といった布置［constellation］は、彼の「狐のような」部分を、彼が牛耳られていると感じていた近しい商売上の仲間のなかへと投げ入れるアクティング・アウトにより分析から遠ざけられていた。

しかしこのことが緩和し、彼自身の「狐らしさ」がより意識化されるようになり、転移のなかではっきりと顕わになってくるにつれ、二つのことが起きた。まず第一には、分析のおかげで拘束された人生から解放されるという新しい希望がはっきりと姿を現わした。その結果、分析過程に身を委ねることをある程度受け入れるとともに、意識的な協調のなかでの隠し立てという欠落が放棄された。第二には、心的苦痛に対する態度が変化した。こうして、以前には皮肉っぽい利己心や俗物性としてまかり通っていた臆病さは、分析探求の中心に置かれるようになった。

その後の年月、分析の三年目と四年目に、この素材から彼の迫害不安の解析ができるようになった。（取り入れ対象としての分析的乳房への）深層の乳幼児的依存に向かう進展が始まった——分析過程において抑うつポジションの閾に達した。

五回目のクリスマス休暇前の二カ月間とその後の一カ月間の作業が重要でわかりやすいと思われるので、これから詳細に記述しよう。

倒錯を捨てる葛藤は、分析や分析的両親に信頼を置く葛藤として見ることができた。学校でラテン語の試験を受けている夢を彼は見た。トリックのある問いと思ったが、「メンサ［*Mensa*］」[▽1]〔メルツァー（Meltzer）のもじり〕流のすっきりしたやり方で、名詞を格変化させた。また、昔通った学校を訪れていて、運転手や少年たちとドライブするか、それとも感じのいい女教師のお供をするか決めなければならなかったという夢を見た（「狐のような」と分析のどちらを選ぶか）。

この躊躇は分析的両親の良さや誠実さに対する疑いではなく、その強さに対する疑いと関連していると思われた。私が目の上に小さな傷を負った後の夜に、この患者は意識的にはこれに気づかなかったのだが、飛行機の墜落で片目の上に傷を受け、パイロットの不注意で殺されたかもしれないと分析家に訴えている夢を見た。依存の強烈さは明らかであった。

彼の自信が増すにつれ、有能で勇敢な「おとうちゃん」との同一化も増した。これはいくつかの夢や行動にも現われ、彼は、自分の乳幼児構造の「(雄)狐のような」そして「雌狐（口やかましい意地悪女)」の側面を現している人物に対してと同様に、いつもならすくんでいた状況にも立ち向かった。ある夢では、彼は息子のモルモットをイタチから護った。別の夢では、老人を襲っているチンピラを追い払った。しかし、ある夢のなかで、妄想状態になった前の友人に向かい合ったときに、幼稚園に隠れることしかできなかった。現実においては、この男が不意に訪れ、「聖霊［the Spirit］」への異様なお祈りに加わるように要求してきたとき、この男を彼は宥めずにはいられなかった。これは、私たちが知っていた火事への戦慄と、そして今明らかになった幽霊や霊魂への戦慄と非常に密接に関連していた。私たちはすでに、アルコール・ランプ［spirit lamps］が燃え上がる夢をたくさん知っていた。彼の水泳嫌いは、実際には深い水への戦慄であり、それは溺れる怖れからではなく、下から怪物に捕まえられることへの戦慄からであることが明らかになった。素材はまた、この布置が、彼のインポテンツと女性性器への嫌悪に一役買っていることを示していた。

クリスマスは間近だった。彼の母親は忘れられてきており，そして，「死んだ赤ん坊［dead baby］」のテーマがもう一度支配的になるにつれ，良い対象群の活力に対する彼の内的信頼は崩れていくようであった。彼は再び，玄関前の上り段の死んだ蛸や，芝生のなかの踏み潰されたミミズ，あるいは岩の下の死んだ蟹の夢を見ていた。ある朝，オーブンからパンを取り出すと，粉がパンから落ちてガスの炎でパッと燃え上がるという戦慄の体験をした。ある晩には，娘の寝室からの物音をテレビが爆発したと思い，戦慄で身動きが取れなかった。その幾晩か後，階下の物音を精神異常者が侵入したと思い，身動きのとれないほどの戦慄に襲われた。夢はよみがえった絶望を反映していた。ナチスがイギリスに反撃していたか，ブライトンが爆撃されていた。

しかしながら，クリスマス休暇中実際には彼は調子がよく，活力も勇気も増しているのに気づいた。母親が死んでしまい彼女の所持品が保管された夢のなかで彼はひどく悲しみに打ちひしがれた。けれども，運び去られたカウチは分析のカウチであった。彼は独力で，分析と母親そして彼の内的な良い対象群がいかに密接に結びついているのかを理解できた。その後のある夢で，彼は，自分のメチル・アルコール・ランプでストーブの火をおこしたのを，ある女性に叱られた。彼女は消防隊を呼んだし，その間は防火スプレー管が事態を抑えてくれるからと言いながら，彼に下がっているよう命令した。換言すると，彼の内的母親が，彼に「おとうちゃん」が到着するまで彼女の内的ペニスで十分であると言いながら，彼の躁的償いを禁じた。

この頃までには三つの異なった性質の不安――迫害、恐怖、戦慄――が、彼の意識的体験のなかで明瞭に区別されるようになっていた。これはもちろん、ある程度、不安の経済上の変化に依っていた。彼は、傷ついた対象群から迫害されるよりも、抑うつ的となり、彼自身の悪い部分やそれらを含んだ恐ろしい人物に対してさほど臆病でなくなった。そして、戦慄の状況は心的現実に基礎があり、それを理解することも修正することもできることにさらに気づいた。今や分析作業においては、繰り返される内的母親の赤ん坊たちの破壊と修復の問題、そして、その転移上での現われである分析家の子どもたちとしての出版物と解釈――頭のなかの子どもたち／考え〔brain children〕――の問題に注意が向けられた。この作業には、心的現実に対する責任の増大による、破壊的攻撃（倒錯にあるような、彼のマスターベーション攻撃）の防止が含まれていた。それだけではなく、手作業への気取った軽蔑や知的研究の理想化に集約されている躁的償いのアクティング・アウトが放棄され、真の償いもできるようになった。そのようなエピソードの一つに、次のことがあった。彼が自家用車からスズメバチを追い出した夢を見たあとで、数日間続く腹痛を起こしたという出来事があった。腹痛は、父親がタイヤの内側のチューブを修理しているが、彼は釘の頭がタイヤに残っていればと半ば願っていた夢のあとで、治まった。分析的おとうちゃんに対する批判的で競争的な態度が綿密に調べられたその後の数セッションのあとに、生け垣の隙間からひどい騒音が聴こえてきて、彼は小さなテリア犬が現われるまで怯えていた夢を見た。しかし、その犬が彼の前を母親の家に向かって走っていったとき、それは父親のボクサー犬に変わったようだった。

その翌年、この問題をワーク・スルーするなかでいろいろな出来事が起こったが、母親の内的赤ん坊たちへのマスターベーションやアクティング・アウトという形式による攻撃に別れを告げることに、それらは関わっていた。彼のいろいろな形式の躁的償いは減少し、エディプス葛藤の解消が始まった。戦慄の発作は消え、まだ残っていた倒錯へのしがみつきもついには放棄された。

臨床素材の検討

転移の系統的な分析によって、彼の不安の異なった性質や防衛構造としてのナルシシズムの組織を私たちが理解できたその有様を、この素材は描き出している。彼は、「死んだ赤ん坊たち」「火事－爆弾」赤ん坊たち、幽霊のような「燃える－粉が－落ちる－パン」赤ん坊たちに**戦慄**を感じた。彼は傷ついた対象群――死んだ父親、健康を害した母親、欠陥のある分析家――に**迫害**されていた。彼らに悦び、自由時間、お金、慰めを剥奪され、しかも、彼らのために働き、礼儀正しく、生計を立て、自分には興味のない経済、健康、道徳、政治の世界についても知らなければならなかった。彼は、自分の「狐のような」部分という暴政を**恐怖し**、服従した。その部分は倒錯に加わるよう要求し、倒錯が秘密の快楽というオアシスでなくなったずっとあとも続いた。この破壊的部分は、中傷やその全知を宣伝することによって、彼が誰も賞賛したり尊敬したりできないようにしていた。この部分は女性性器を貶めて彼をインポテンツの状態に置き、一方ではペニスを美味しく吸える乳首として提示することで彼を同性愛欲望で脅迫した。しかし、とりわけ「狐のような」は、彼に死んだ赤ん坊への戦慄からの保護を提供した——あるいはそう主張した。彼は、転移においてようやく、生け垣のなかの子犬の夢のように、この「狐のような」部分はけっして彼を保護していなかったし、実際は、そもそもは母親である、外界の良い対象によってずっと保護されてきていたことを認識するに至った。その対象は、転移においては分析家、精神分析、分析的乳房であり、彼の弱々しい取り入れ能力にもかかわらず——ちょうど母親が、こっそりと冷たい肉を生け垣に投げ込むような扱いにくい男の子を育てたように——彼の内界のなかへと償う活力を投影する力を備えていた。この生きた赤ん坊と死んだ赤ん坊（死んだ蟹、死んだ蛸、生け垣の恐ろしい隙間など）の一連の夢は、徐々に彼の依存の本質を彼に知らしめ、イタチや老人暴行の夢に見られたように、彼の暴君、「狐のような」に反抗できるようにした。「狐のような」と倒錯への服従は、心的現実における原初的な良い対象への乳幼児レベルでの絶対的依存を認めることに道を譲った。

この段階が進展して初めて、傷ついた対象群からの迫害が改善しはじめ、夢や転移において、さらには母親との関係においても、それらの対象群への抑うつ的な思いやりに取って代わられた。失望が絶望へとはまりこんでいたところに希望が生まれてきた。

理論的検討と要約

戦慄は妄想性不安であり、その本質は行動手段を全く残さない麻痺にある。戦慄の対象は、無意識の空想では死んだ対象群であるが、それからうまく逃れることすらできない。しかし心的現実においては、対象の生命力は、奪われているかもしれないが、神学における身体に対する霊魂のように、戻すこともできる。これは、内的両親とその創造的性交の償う能力によってのみ成し遂げられる。

内的対象群の償う能力に対する依存が、エディプス的嫉妬や破壊的羨望により妨げられると、この修復は睡眠や夢を見ている過程では生じえない。乳幼児レベルでの母親の乳房という転移的意義を担っている外界現実における対象だけが、この任務を成し遂げられる。乳幼児的依存が、羨望からの貶める活動や分離への不耐性から生じた頑迷さにより阻止されていると、修復は認識されないままに何度となく試みられるであろう。

有害なマスターベーション攻撃により、内的な良い対象群への依存が実行不可能となった場合、そして良い外界対象が得られないか、そうとは認識されない場合、暴政への服従といった自己の悪い部分への嗜癖的関係が生じる。安全性についてのまやかしが、破壊的部分の全知により広められ、倒錯とそれに含まれる嗜癖的活動により生み出された万能感により永続化される。暴政的で嗜癖的な悪い部分は**恐**

怖される。暴君は、とりわけ反抗のいかなる兆しでも感じると、迫害者のように振る舞うかもしれない。だが、自己の服従的な部分を引き止める本質は、戦慄への保護が失われる恐怖によっていることに気づくことが重要である。結論に行きついたが、抑うつ不安への不耐性のみでは、あるいは、それが傷ついた対象からの迫害と結びついたとしても、暴君への服従という嗜癖的な布置は生じない。心的構造において暴君との嗜癖的関係が失われることへの恐怖があるのなら、恐怖と服従の背後にある力として、戦慄の問題がその中核に存在するであろう。

そのような自己愛組織が分解され、そして悪い部分という暴政に対する反抗が開始されるまで、抑うつポジションの閾への進展は不可能である。そのうえ、これが生じるまで、分離や抑うつの苦痛への耐えられなさや、迫害に直面したときの臆病さといった精神病理における要因を正確には判断できない。暴君との関係において感じる恐怖は、基本的には戦慄に対するまやかしの保護が失われる恐怖であり、休暇による分析の中断期のように、良い対象群がそのとき不十分か得られないと思われ、良い対象群との同盟に反抗が開始されてしまっているとき、とりわけ出現してくるのが見られよう。

原註

1　この論文は一九六七年七月コペンハーゲンにおける第二五回国際精神分析学会議で発表され、Int. J. Psa., 49, 1968

に掲載された。

訳註

1　社交クラブであり、会員になるための条件は知能テストで高得点を取ること。五〇人に一人の割合で会員になる資格がある。ラテン語で「円卓」の意味がある。日本にも支部がある。

第15章

性倒錯でのフェティッシュ的なおもちゃの起源[1]

「抑うつ的［depressive］」という用語は、心的苦痛（抑うつ不安）の特質を意味する形容詞と、精神病理の一つの組織（うつ病）を意味する用語に区別しなければならない。同様に、性愛に関しても「倒錯的［perverse］」という用語の使用を区別しなければならない。「倒錯的」という用語を私は、心的もしくは身体的な苦痛や損傷を負わせることがその興奮の中心にある、エロティックな空想や活動を意味するもの――すなわち**倒錯的性愛**［*perverse sexuality*］――として用いたい。しかしまたそれで、精神病理学的臨床症状の一つの構造的なカテゴリーである**性倒錯**［*sexual perversion*］へと向かう傾向をもっている組織も意味したい。速記でメモを取るときは別として、ある人を「倒錯者」であると記述するためにその用語を使いたいわけではないということだ。

性愛の一つのタイプを示すのに「倒錯」という用語を用いるとき、衝動やその結果生じる空想と活動を強調し、それが最終的に表出される際に影響している他のメタサイコロジー領域を私たちは軽視している。だが症状の一つのタイプとして「倒錯」と言うときは、それは四つすべてのメタサイコロジー領域を含んだものになっている。その問題が複雑であることは、フロイトの「子供が叩かれる」や、構造（同一化の役割）や経済論との関わりで「マゾヒズムの経済的問題」に見受けられた。しかし、対象選択のカテゴリーに関しては、「性欲論三篇」で論じたことから大して修正されなかった。私はここで、「ナルシシズム」対「対象関係」というカテゴリーが、倒錯での興奮の対象の性質や、それらの症状にみる興奮や社会化の奇妙な特質を適切に説明していない点を検討したい。

これから述べることは、ドナルド・ウィニコットが「移行対象」を定式化した際のアプローチや、マサッド・カーン（Masud Khan）が倒錯の研究でこの概念を用いたことと、根本的な点では類似したアプローチである。この研究を熟知しているなら、私たちのここでの定式化が、良いと悪いを区別することや、見せかけの償い活動と真の償いというこころの状態を区別することに関する問題を提起しているのだとすぐにわかるだろう。真の償い活動そのものは、内的対象の償い活動（性交）との取り入れ同一化から生じるプロセスなのである。これについては後で詳しく議論する。

そのアプローチは、ギレスピー（Gillespie）のものともかなり近い。彼はむち打ち嗜好の人物について述べている。「対象」について言えば、彼のむち打ち相手の女性は、彼にとっては人間としては全く重要でなく、単なる熱中する仲間として、また空想のなかの死刑執行人としてのみ必要だった。ただ、これらのことは現実が不完全であるがゆえに、いつも多少満たされないところが残った。そう、現実の対象はむち打ちの道具だと捉えられているようだったし、彼のむちへの態度は、フェティシストのフェティッシュへの態度にとても似ていた」。ギレスピーは倒錯者のパーソナリティ構造の形成における、自己と対象のスプリッティングの役割を論じた。私は「フェティッシュ」の概念を拡大させるために、この論題を、「フェティッシュ的なおもちゃ［playthings］」と命名する特別な対象の形成における、ある特別なタイプのスプリッティングとの関係に当てはめるつもりである。

ここで提示したい論題は、倒錯によって純化された性的興奮の対象は「分解された対象［dismantled object］」であり、それは部分対象とは異なるということである。この「分解された対象」はウィニコットの「移行対象」と同じかもしれないが、彼は診察室での現象をじかに利用するよりも、幼少期の再構成に基づいて定義しているため、両対象が等しいものかは定かではない。私がここで用いる「分解された対象」の定義は、乳幼児期早期の自閉症の子どもたちとの精神分析治療から導き出されたものである。知見が示す本質的なところは、強迫的メカニズム（対象の万能的なコントロールや、対象の分離）の最も原初的な働きが、欲すればたちまちに本来の対象を再構成できるというとても慎重な方法によって、対象を分解するということである。この点でこのスプリッティングは、メラニー・クラインが記述したスプリッティング過程とは異なる。後者は対象を裂くのにサディスティックな衝動を用いているため、かなりの暴力やダメージを加える。そして抑うつポジションでの苦痛という点で明らかなように、スプリッティング過程によって裂かれた対象は困難を伴いながらようやく修復されうるものなのである。

対象を分解するためには、感覚の特殊化、すなわちビオンの用語でいう「共通感覚」（またはサリヴァン（Sullivan）だと「合意による確認」）を消滅させる方法を用いている。そしてそれは外的対象にさまざまな特質があるなかで、単一の官能的な［unisensual］特質へ選択的に注意を向けることにより成し遂げられると思われる。しかし共通感覚対象を無数の官能的対象に分解することは、取り入れを妨げてしまい、その場での官能的出来事だけしか理解できなくさせる。私は「体験」という言葉を、取り入れ可能でゆくゆくは記憶として使えるような関係性が含まれる出来事にとっておきたいので、使うことにためらいを感じる。そして結果的には「満足」という現象も、対象を分解するにあたって妨げられ、飽くことを知らないことが、貪欲さと記述的に区別できなくなる。

このように対象を貶めることのさらなる困難は、次の臨床素材に見てとれるような、抑うつ不安に対して立ちあがってくる防衛が根本的に欠けていることである。この困難は、愛情から官能に情緒性を貶めることにある。最初に分解するときは、対象の安全を気にかけながら、それがいつか再構成されることをもくろんで行なうのだろう。しかし、ひとたびその対象が単一の官能を寄せ集めたものになってしまうと、その各部分をまとめたものが全体と同じ価値にはもはやならない。それは、部分対象への普通のスプリッティングの場合に起こることとちょうど同じである。これらの分解された対象は、（対象への肛門的攻撃の特異的な形としての「貶め」とは異なるものとして）「脱価値化」され、自己の悪い部分による更なるサディスティックな攻撃から保護されるべき価値のないものになる。

臨床素材

患者は二つの理由から分析にやってきた。それは科学研究において創造性が乏しいことと、男子生徒時代の倒錯がずっと続いていることであった。そして、それら二つのことは互いに影響し合っていること、もっと正確に言えば、それらの負の関係がすぐに明らかになった。科学研究に情熱をもてないのは、彼が音楽家の**なりそこない**だからだということが明らかになった。それはちょうど、密かな倒錯のせいで妻との性関係がなくなっているのと同じだった。生育歴はある単一の起源を示唆していた。母親が歌ったり演奏したりするのに刺激を受けて、彼がいとこと一緒に本格的に音楽を勉強しだしたのは若い頃のことで、彼が爆撃の危険から疎開してきていた折のことだった。この六カ月の間に、ほぼ同い年の少年二人はだんだんおしり叩きゲームをするようになった。これが中高生時代に同性愛的な活動へと凝集され、そして成人になってからの倒錯となったのだった。そのことは、待っていることや「時間が思い通りになること」にはっきり関係していた。それゆえ、それは分析の週末や休暇に噴き出して、彼を猥雑で危険な放浪へと誘うのだった。彼は夢を見た。耕された畑で彼は男子生徒といちゃついていた。そこはビルの醜い背面側で、彼はそのビルにジョージ王朝様式の美しいファサードがついていることを知っていた。耕されている模様は、磁力の線のようだったと彼は付け加え、私たちはこの事柄を「おかあちゃんの背後にある力の畑」と呼ぶようになった。対象を前面と背面に区別することは、彼の憤りにとってとても重要だった。なぜなら彼は、自分の考えや感情の醜さとその対象の特質をはっきりとは区別できなかったからである。

しかし、エディプス的な性質をもった分離への憤りの問題は、喪の問題によってさらに複雑になっていた。それは父親が亡くなったのが、彼がまだ思春期の初め頃のことで、エディプス感情が落ち着いて、それ以前にあった父親への敬愛の念や女性への愛着を取り戻せるようになる前のことだったからである。分析のイースター休暇が父親の亡くなった日にほぼ等しくなると、続けている倒錯において、喪の悲哀や抑うつの苦痛に対する防衛が機能している部分を示す素材を彼は明らかにしだした。彼は夢を見た。彼は自分の幼い娘と、幼少期の乳母のトルード（*Trude*）と一緒に、イースター・オラトリオ▽1が始まるのを待っていた。そこにジャッキー・ケネディとマレーネ・ディートリッヒが入ってきたとき、彼以外のみんなが「目を丸くした」。しかし音楽が始まると、見えない脇廊下にいたようで、もうトルードはいなかった。それで彼は娘の手を握って丘の斜面をのぼっていったようだった。町からは離れていき、音楽は遠くなってゆく。それはまるで「平原の町」▽2から逃げているかのようだった。そして最後、娘はおらず、彼は部屋のなかでテレビのオラトリオを見ており、彼の背後には、ある有名な作曲家とその作曲家の同性愛の愛人が座っていた。

私がこの夢を選んだのは、これにはオーケストラ乳房から、彼自身の作曲家－同性愛的な尻へと、対象を一歩一歩格下げしていく過程がとてもはっきりと描かれているからである。

第一段階――彼は統合された両性性の状態で（彼の幼い－少女－自己－娘と一緒に）、また母親との誠実な［truthful］（トルード［Trude］）関係で、授乳してもらうのを待っている。私たちはトルードの名前と彼女の油断のない目に、この意味があることを知っていた。たとえば「力の畑」の夢のなかで、トルードから見られないようにするため、彼は男子生徒とトンネルのなかに逃げ込んだのだった。

第二段階――二つの乳房（ジャッキーとマレーネ）の性的な美しさが、他人が「目を丸くしている」ところに晒されているとき、彼はそこから目を背けることで視覚的な関係を分解した。その結果……

第三段階――音楽（授乳）が始まる頃には、彼は秘密をもつようになっていた（トルードはもう一緒におらず、「力の畑」の夢におけるトンネルのなかと同じように廊下にいた）。

第四段階――音楽の出所は彼の背後になり（「平原の町」）、彼は自分自身の一部分としての自分のおしりに、ずっとしがみついたままである（彼の幼いロトの妻[▽3]－娘－おしり）。今や**方向転換**が生じている。

第五段階――そこでは幼い－少女－おしりは、塩－の－柱－テレビ画面（哺乳瓶）に変わり、彼の前にある。そして、彼の後ろには同性愛の作曲家―尻がある。

私が強調したい要素は、対象を聴覚的感知［apprehension］と視覚的感知とに分解していることと、真実を捨て去っていることである。これら二つの過程によってナルシシズムへと退行する段階が準備される。それはコンサートホールからだけでなく、それが建っている町からさえも去っていくこととして、夢のなかで生々しく表わされている。しかし、「ソドムとゴモラ」の側面であるナルシシズムの特別な倒錯的側面はすぐには現われてこず、音楽を通していとことかなり特殊な関係をもつようになってから明らかになってきたのだった。二人はとても音楽好きで、音楽を聴いているときに彼らはちらりと視線を交わし、そこに――彼がこぼしていたことだが――妻には決して感じたことのなかったこころの結びつきがあったのだ。

この理想化された「こころの結びつき」には、実際には隠れた重要な意味としての共謀があった。すなわち、二人は表面上は感じのよい少年のように見えたが、おしりを打つという大人たちへの秘密をもっていたのである。分析の数カ月後、彼は倒錯をしばらく断つようになり、それとともに妻に対して勃起するようになり、またより情緒的な関係をもてるようにもなってきた。そうすると彼はおしりを叩く振る舞いが妻に対して噴出することに驚いたが、それは全く喜ばれなかった。その頃の週末前に彼は夢を見た。彼はチチェスター公爵夫人の外輪船の後ろにがっちりとつかまっており、それは上流へと綱で牽引されている。ここで「疎開」週末の間に分析的な両親と分離するのは、両親が世界一周の新婚旅行に出かけているせいだということが明らかになった。ゆえにこのことは、両親が死ぬかもしれない怖れを否認することに利用されていた。これと同じからくりが幼少期に使われていたし、もっと後には父親の死によって母親が父親から離れるのを否認するために使われたに違いない。

私がここで言いたいのは、両親の危険を否認して抑うつ不安に対抗しているその防衛が、エディパルな憤りをつのらせ、両親に性的欲求があるから罰したいという思いをひどくしたということである。だが対象を分解し、真実に目を向けるのをやめたので、葛藤のすべては秘密の倒錯的なゲームで、ただ記述的な意味での同性愛に変わってしまったし、それは環境のせい（いとこと疎開していたとき、後には寄宿性学校など）で偶然に起こるのだった。

患者には音楽の才能があり、また音楽を何よりも求めていたが、芸術との統合的な関係は、倒錯的なものに取って代わられていたと確実に言える。いとこ－作曲家－尻との秘密の「こころの結びつき」であり、これが音楽家－母親（結合対象）との原初的な関係をくつがえした。

それからおよそ六カ月後、この「分解すること」という定式は、対象を再び集めていることをとても明確に示している夢によって、かなりの説得力をもって確証された。その間に外的には母親との関係や、妻への愛と欲望の感情にかなり顕著な改善が見られた。その改善の多くは、「おかあちゃんの背後にある力の畑」の夢へと変わっていった一連の夢と反対になっている夢から始まっているようだった。夢のなかで、彼は母親を畏怖の念を抱いて見つめていた。その母親は遠くにおり、裸で海水のなかに入ろうとしていた。彼女の美しさに彼はすっかり圧倒された。このシーンから彼は、絵画「ヴィーナスの誕生」の描写を連想した。やがてそのうちに内的世界での父親像がしばしば実際の父親の形を取って、繰り返し夢のなかに現われてくるようになった。そしてエディプス葛藤は、週末のときや夏休みが来ることを考えると、かなり高まっていった。彼は夢を見た。彼はテイラーという男性と立っていた（その男性は実際最近初めて書いた本を持っていた。その本はその分野のある古参の女性から絶賛されていた）。そして彼らはプラットフォームから、裸のジュリー・フェリックス（カナダ人のフォークシンガーで、最近彼は通りで彼女を見かけたのだが、背が低くて出っ歯だと思い、かなりがっかりした。分析家もカナダ人だと彼は思っていた）が座っているのを見下ろしていた。彼女は赤ん坊を授かるために、時折遠くに行っていたようだったが、今すぐにでも結婚しそうだった。テイラーは下に降りていって彼女に挨拶をした。そして、彼女に立ち上がって身体を伸ばさないかと誘った。彼女はそれを受け入れ、そうした。患者は彼女の美しさを畏怖したし、またテイラーのフレンドリーで彼女を敬う物腰のなかに性的な猥雑さがないことに衝撃を受けた。それから、彼女は部屋のなかにいるようで、暖炉のそばにもたれかかっていた。彼女はとてもめずらしい透きとおった衣服を身にまとっており、それは薄くて小さな長円形の金片が紐に通されて（音階のように）並んでいるもので、（中国のガラスのペンダントのように）ちょっと動くたびに楽しげな音がチリンチリンと鳴った。これが彼女のウェディング・ドレスだというのは明らかなようだったし、それはあたかもテイラーがデザインしたもののように見えた。

後の連想で明らかになったのだが、小さな金片の形は人間の目の形に似ており、紐は音楽の符線で、ゆえにそれは「音階［scale］」の地口だった。私が指摘したい点は、視覚的に聴覚的に美しいということで対象を再び集めるのは、テイラー－おとうちゃん（これも地口）によって成し遂げられるということである。そして、それが母親の美しさと猥雑でない関係をもっていることに同一化することで、息子は乳房を貶める傾向（彼の目でジュリーを裸にしたとき、彼女ががっかりするほど背が低くて出っ歯だったことに表われている）に打ち勝てるのである。

後の分析で私たちは、母親の身体への味覚と嗅覚の関係が、同じような「分解」に曝されていることにようやく気づいた。それらを再び集めているなかで、エディパルな激怒や嫉妬深い所有欲が夢のなかで湧き起こり、それはある意味患者を非常に驚かせるものだった。たとえば、次のような夢を見た。妻とその友達が牛乳屋からくすぐられていた。彼は突然ものすごく怒り出し、袋を投げるかのようにその牛乳屋を投げ飛ばした。そして、自分がへとへとに疲れきってしまうまで、妻を殴りつづけていた。この夢は間違いなく部分対象レベルにあり、牛乳屋はペニス－乳首、また妻－と－友達は乳房である。

考察

前述の素材では、臨床記述というところからは、フェティシズムに関連した現象を扱っているとは全く言えない。しかしはっきりと、私の示唆するところは、倒錯における対象選択の起源を遡ることができた際に、フェティッシュの形成と何ら違わない過程を正確に見出すことである。それゆえ、この問題に関する別の側面について述べたい。それはエスを起源とする空想や行動の様式としての倒錯的性愛とは異なる、倒錯症状（性倒錯）の起源を理解するにあたって生まれてくる。

倒錯が実体化することとは、自我および超自我の構造やそれらの関係による非常に複雑なものである。「戦慄」の章（本書第14章「戦慄、迫害、恐怖」）で、不安のある特異な布置の輪郭を示したが、その布置が倒錯の根底にある自己愛組織の嗜癖タイプに陥りやすくさせる。この章で私は、対象選択のある特異な役割を示唆する。そして、それはもう「対象－形成」と呼んだほうがよいだろうが、それは対象を「分解」するという、強迫的メカニズムの原初的なタイプによって引き起こされるものである。実際のところ私たちは、フェティッシュ－形成には自我のスプリッティングが含まれているというフロイトの見解に従っているのだが、これはスプリッティングのかなり特別なタイプであって、後にメラニー・クラインが記したものとは異なるものである。この特別な形態のスプリッティング、もしくは分解を理解するなら、それはこれまで考えられていたよりも、より一般的に倒錯に当てはまると言える。そして、フェティッシュ－形成と同じものである対象形成の一つのタイプは、厳密な意味での倒錯、すなわち嗜癖的なアタッチメントが形作られうるサド－マゾヒスティックなゲームにおいては、至るところに存在すると言える。嗜癖的な反復が、最も重い不安と最も暴力的な倒錯衝動を結びつけることはよく知られている。ここで提示した知見は、倒錯を強く特徴づけている浅はかで愚かですらあるタイプの興奮を説明する一助となる。そのためこの知見は、対象関係の投影－取り入れが、単に自己愛組織に変形されるばかりでなく、情緒や記憶や満足を排除した自体愛的なレベルの官能へも変形されるほどの興奮が生じることを証明している。倒錯ゲームでの対象のフェティッシュ様の側面を認識するとき、それが厳密な意味でのフェティッシュや、多くの種類のマスターベーション器具においてと同じように、生命のない対象に完全に取って代わられうることが明らかになる。そしてこの自体愛の要素は、社会化された形態の倒錯の性質、すなわち「あなたが私にそれをしてくれるから－私があなたにそれをしてあげましょう」という側面の相互関係を説明するものでもある。

原註

1　一九六九年六月四日に英国精神分析協会にて発表した。

訳註

1　オラトリオは、聖書を題材に扱った楽曲。

2　旧約聖書に出てくるソドムとゴモラの町は、ヨルダン川周辺の肥沃な土地に位置していたため、別名が「平原の町」である。ソドムとゴモラは、淫乱と悪徳が蔓延していたため、神の逆鱗に触れて滅ぼされた。

3　旧約聖書のなかで、神がソドムの町を滅亡させるとき、ロトと彼の家族だけは助かることになった。しかし逃げる途中に、ロトの妻は神の言いつけに背いて後ろを振り返ったため、塩の柱にされた。

第16章

両性愛的と両性性的の区別について ◀1◁1

精神分析家の間での意見の相違は純粋に言葉の意味に関するものであり、言語を私たちの理解に真に近づければ、そのような相違は朝日を浴びた露のように跡形もなくなるだろうという主張はしばしば納得できるものである。もっと説得力のある立場は、私たちの言葉の意味の混乱が概念の混乱をきわめて正確に反映していると想定する傾向であろう。この論点に基づくなら、言語研究よりも、精神現象についての私たちの理解に関わる探究をさらに推し進めることのほうを優先させる必要があろう。

精神分析のなかでも上記のようなジレンマを最も抱えているのは、精神－性の領域であろう。おそらくそれは、精神分析で用いる専門用語がその半分は記述に基づく精神医学、そして残りの半分は解釈に基づくメタサイコロジーというように二つの起源をもっているからである。本書の本来の目的は性愛に関する私たちの言語を体系的に明確化することではないし、むしろ言葉の意味の明確化は、概念の明確化がなされて初めてできる。この軌跡はこれまでも、次のようなさまざまな識別の際に辿られてきた——多形的／倒錯的、成人の／乳幼児の、記述的な「同性愛的」／メタサイコロジー的な「同性愛的」、依存／受動性。ここで、メタサイコロジー的で生物学的な概念としての「両性性的」と、私たちがメタサイコロジー的な厳密さを割り当てたく思う精神病理学の記述用語としての「両性愛的」を区別するために、次なる措置を講じなければならない。それを徹底するためにはまず、双方の用語ともに臨床的現象に即した実態が把握されなければならない。

クラフト＝エービング（Krafft-Ebbing）とハヴロック・エリス（Havelock Ellis）[▽2]そして、「性欲論三篇」を通しての比較解剖学、発生学、内分泌学に由来する、「両性性的」という用語の系譜に従えば、この用語は本来、こころの性愛状態の体質的基盤、およびその結果としての行動に関して用いるべきだろう。とはいってもこれは、「両性性的」という用語を私たちが、実際この二元的な体質の直接表現であると確信できるような性活動に関して、記述的にも用いたければ用いる可能性を除外するわけではない。したがってこの論題、もしくはその反論にこの章の課題を限ろう。両性性が成人の生活における性行為を通じて直接表現されることはないということ、思春期以降に、記述的な意味での異性愛的行為と同性愛的行為の双方が同一人物に現われることは精神病理的であるということ、そして、この状況を記述するのに「両性愛的」という別の用語が必要であることを私は論じようと思う。

この課題に取りかかる前に、まず男の［male］／女の［female］、もしくはむしろ男性的［masculine］／女性的［feminine］といった概念に関する、言葉の意味のある種の残遺の範囲を明らかにしておく必要がある。その際、あらゆる歴史的、文化的、もしくは個人的な偏見を除外しなければならない。その偏りがあるとどうしても、性格もしくはこころの特質のある特定の一面のみに着目し、それらをこの二分法のどちらかに優先的に結びつけたくなるであろう。男であること［maleness］と女であること［femaleness］はきわめて複雑な概念である。それは、それぞれの個人にとって意味するところが異なるし、正常、文化変容、もしくは適応といった統計学的な考え方に縛られるものでもない。各個人のこころにおけるその意味は、早期に経験された両親像の実際の特質と関連する、遙かにパーソナルなものであり、あまりに深く無意識に根ざしているために、世間一般の概念に大して影響されないというより被害を受けない。むしろこれらの用語を、私たちの臨床的な方法により、個人的な特性にしっかりと根ざして用いなければならない。そうすることを通して私たちは、パーソナリティの異なる部分を互いに区別することができると言えるのである。

このような態度を貫くとき、フロイトがエロティズムの全領域を包含するために行なった性愛の概念の拡張に関する、私たちの立場は明らかになる。私たちはこれから、男性的／女性的という用語がパーソナリティのその部分に関連するものと考える。そして、そのパーソナリティ部分のエロス的なアイデンティティは、解剖学的な意味における性、つまり生殖器および身体の第二次性徴の識別と強固に結びついている。これは、自我は何より身体自我であるという金言に沿った考えである。また、能動的／受身的、依存的／受容的、筋肉的／肉感的、硬い／柔らかい、大きい／小さい、知的／直観的、防衛的／攻撃的などといった二分法的な心的特徴の、個人の性的配分に関する判断は保留しよう。

ここでの議論の第一段階は、本書の始まりの章を頼りにすることになろう。そこでは成人の性愛は、メタサイコロジー的に言えば、内的な両親対象の取り入れ同一化に由来し、そこから二次的にその多形的な性質が派生するのであって、エスの多形的で倒錯的な素質に直接由来するのではないということを論証しようとしていた。成人の精神状態の両性性的な性質には二次的な派生物があると断言するのは、同様に、ただこの概念を延長したにすぎない。そのように主張する際、私たちは、部分的には定義の問題を含むある立場を取っているように見える。すなわち私たちは、記述的な用語である「大人の[grown-up]」との区別として、これらの内的な両親対象との取り入れ同一化から生じるように見えるパーソナリティ構造を「成人の[adult]」と呼ぶことに決めた。それでこの構造が、個人が解剖学的にも文化的にも大人になるずっと以前で、遅くとも潜伏期の始まりと同じくらいの非常に早い時期に生じるという事実を認識しなければならないという矛盾に対しても、私たちは当惑を覚えなかった。

しかし、ただ定義の問題だけというわけではない。なぜなら、私たちの臨床的な方法がこのような構造的な差異を白日の下に晒すことを主張したとき、私たちはそれぞれの精神分析の実践家が自らの経験に基づいて行なう判断にこの問題を委ねたからである。その結果、両性愛的な適応の精神病理的な意味合いに関するこの章での主張は、著者の臨床経験の陳述にすぎないと理解すべきである。とはいっても、なぜこの経験が私たちの予想と一致するように見えるのか、その理由を説明することなしにこの問題を放っておくなら、納得がいかないだろう。これをわかりやすく行なうために、まず、ある症例の短い病歴と臨床素材を呈示して、この問題を論じる基盤としたい。

臨床素材

ある四〇代の既婚男性の分析過程への二つのやや不運な侵入が、分析の三年目に同時に起こった。それらは、とても興味深い臨床素材をもたらすだけでなく、分析家に関する事実に基づいた知識の岩盤のワーク・スルーに対する抵抗も生じさせた。最初の出来事は、エイドリアン・ストークス[3]のやや敵意の感じられる書評を読んだことであった。その書評には、その本に分析家が書いたある小さなセクションに対する、とりわけ軽蔑的な意見が含まれていた。二番目の出来事は、最初の出来事からほんのすぐ後に起こったのだが、劇場で分析家がその妻と思われる女性――その予想は当たっていた――と一緒にいるところを目撃したことであった。

当初これらの出来事は、すでに始まっていた過程を加速させたように見えた。つまり、彼が思春期に入る間際に父親が突然死したことによりしっかりと固定されてしまっていた、潜伏期における内的両親の分離が緩んで、結び合わされる過程であった。その当時の帰結は、不適切な喪と、同性愛的な傾向があるというもっぱらの噂だった寄宿学校のある先生を巡る、倒錯的なマスターベーション空想への結晶化という形で現われていた。彼の青年期の性愛では、愛情の対象の身体とパーソナリティにおける、男の身体属性と女の身体属性の間の混乱が際立っていた。だが、これは二つの相互に関連する方向に自ずと分かれていった。まず彼の性的好みは、全く明瞭な形で女性に向かった。しかし性的能力、もしくは女性と性行為を行なう能力は、若い男の子にキスをしたりその尻を叩いたりする秘密のマスターベーション空想に大きく依存していた。

それと同時にエディプス葛藤は強くなり、いくつかの形となって現われた。夢のなかでは、隣室や隣の庭などどこか別の場所で両親が性交を行なっているという証拠が山のようにあった。また、古い教会に新しいオルガンが据え付けられたり、子牛たちがまた生まれても使えるように、古くなった牛小屋の屋根が修繕されたりした。一方、日中の生活では、生活全般や分析、さらに芸術領域における技能の習得においても思うような進展がないことに彼はいささか気が滅入って落胆しはじめた。彼は同業の若手を羨んだり、自宅近くの空き地に新たに家が建つのではないかと証拠探しに躍起になって夜不安になり、爆発や火事を起こしそうに思える甲高い音にかき乱されて、時々眠れなくなったりもした。同時に妻との性関係は全くなくなってしまい、男の子たちに夢中になっては、分析セッション後の夕方遅くに男子生徒のおしりを見つめながらうろつきまわっていた。そのうち彼は、年輩のピアノ教師と妻の関係に嫉妬し、自分の幼い娘を独占する夢を見るようになった。最終的には、大いに罪悪感を抱きながらも、妻と出会う前に同性愛的な活動を共にしていた若い男性と再び会うようになり、美術学校時代から婚約までの何年か続いていた、両性愛的な乱交を再開する危険を強く感じるようになった。

この状況において彼は、とても重要であると感じるものの、なぜそう感じるのか言えない、とても精緻な夢を見た。彼は、分析セッションで特にこれと言った理由もなくその夢の報告を差し控え、その次のセッションで報告した。夢では、二人の友人が期せずして彼のスタジオのなかに入ってきた。一人は現在の友人でラルフといい、最近大学職に任命されたという話をした。もう一人は昔からの友人でマリオといい、イタリア・ワインのポケット瓶を持ってきてくれた。その二人がお互いに知り合いであるということすら知らなかったため、彼ら二人が一緒にいることに彼は驚いた。さらに、マリオは聖職者の服を着ていたが、それは彼が何年も前に「大陸的な汎知識人［*pan-intellectual*］」になるために放棄していたものだった。患者は、一人の友人の成功に対しては羨望のために、そして、もう一人の友人の贈り物に対してはそれが自分の好みではないために、喜びの表情を見せるのをひどくためらった。彼はマリオの贈り物を棚の上に置きながら、ラルフは（実際はそうではなかったが）独身でこれからは大学に居住しなければならないのだ、と考えることで自分自身を慰めた。

　起きしなに、患者は夢の特徴に気がついた。すなわちその夢は、二つの侵入、つまり、期せずして彼の生活のなかに入ってきた二組のカップル、「ストークスと分析家」と「分析家と妻」に当てはまっていた。さらに彼は、大学で生活する独身として表わされていたラルフが、同性愛趣味とされていたために彼がとても夢中になったことのある、学校教師と関連していることに気がついた。より深い部分対象レベルでは、ラルフとマリオは混乱のなかで同一のものと見なされた二つの対象を表象していた。その対象は、小さな男の子の口とおしりに興味がある乳首－ペニスであり、乳房から離れると（聖職者の衣を脱ぎ捨てると）同性愛的なペニスになるのである。しかし夢のなかでは、ペニスと乳房（再び聖職者の衣をまとったマリオ）は、ラルフの新たな任命として表象される、結合対象として合体されている。そしてこの結合対象は、分析の現在に、酒を持ってきてくれる寛大なマリオに表象される乳幼児的な過去との触れ合いをもたらす。

もちろん、夢がこのようにとても精緻だということは、分析家の精緻さを褒めそやしているだけのように聞こえるかもしれない。しかしむしろここでは、親しみやすさ、寛大さ、感謝の気持ち、正直さといった患者の自己イメージの理想化された側面を妨げないように、悪意、貶め、部分対象レベルへの格下げ、感謝の気持ちのなさが作動する、精緻な方法を強調したい。防衛としての混乱の使用は、マリオの扱い方に明らかに示されている。すなわち、マリオが乳房という聖職者の衣のなかに戻された乳房－ペニスとして、つまり嘲りという形で扱われており、それは、「大陸的な汎知識人」と比較して知性と性的能力が失われていることを意味している。結合対象を形づくるために、嫌々ながらもペニスと乳房を合体させるという次のステップにより、思いつきの組み合わせができあがる。つまり同性愛が暗示されるラルフとマリオのような、奇妙なカップルができあがる。

この種の夢のもう一つの重要な点は、社会的行動の計画、世界観、および価値観や行動規範が夢のなかにあまりにも完璧に提示されているために、夢が実際に外在化されていても、特異で技法的な意味をもつアクティング・アウトとして決して同定されえないと言いたくなることである。ここで、「性格［character］」という用語を私たちがどのように理解しているかが問題となる。本来の「性格分析」と性格「症状」の分析との対比を考えるなら、平行線を辿って問題を混乱させるだけとなろう。だがいつものように、混乱を生み出すのは、記述的なカテゴリーに対するメタサイコロジー的洞察の侵襲である。記述的に言えば、同性愛的な活動は症状として考えられるだろうし、それに対して私たちが精神病理的な意義を付与するならば、社会的な偏見に基づくものとなるだろう。このようなスティグマ化に抗うために、両性愛的な人は逆のことを主張しようとするだろう。すなわち「両性性的」という用語を使用することによって、自分は社会的な偏見や抑制を取り払う特別で選ばれた者なのだとする。

このような政治色の濃い性領域では、異なるデータや異なる基準に基づく異なる観点だけしか、緊張緩和や最終的な秩序をもたらせないのである。精神分析は、こころの深部に貫通することで心的機制のより一般的な認識に加えて、自己の構造と対象の特質に関する明確な見解を得ることによって、道徳的判断や社会的な非難にとらわれない、異なるタイプの見識を披露できる。それゆえ、「**私の**経験では、かくかくしかじかで……」と言う場合は、私たち分析家はまさにその通りのことを意味することができる。すなわちそれは、「**私たちの**莫大な経験では……」が含意する、反対意見を権威の重みで押しつぶそうとする常套句というより、他の人たちにその人たち自身の経験を吟味するように誘なうような、限られた経験の陳述という意味なのである。

したがって私の経験では、治療においてもスーパーヴィジョンにおいても、両性愛的な活動はつねに、ここに挙げた臨床素材によって例証されるような一般的な構造を有していることが明らかとなった。まず分析において、成人の性愛と乳幼児の性愛はきわめて不十分にしか分化していないことが明らかとなる。次に、同性愛的活動に対する防衛的で、結果的には反抗的な患者の態度は、重要な防衛的態度とわかる。最終的には異性愛的適合の偽りの性的能力が明らかになり、同性愛的適合の嗜癖的な側面が分析的探究に委ねられるのである。異性愛でのインポテンツの時期がこれに併発することがある。そして、性的パートナーがあまり関係を求めてこない場合や、安定した異性愛的関係がまだ確立されていなくて、青年期の推進力がすっかりなくなっている場合には、その期間はとても長くなりうる。当然ながら、記述的には分析が患者の性的能力を害したように見えるが、患者だけはその逆であると気づくだろう。世の中に対して精神分析をいわば負の形に表現してみせることに伴う罪悪感は、インポテンツに対する抑うつ的な態度の中核を確かに形づくる。そのような態度は、本物の性的能力の獲得に向けてさらに発達するための推進力を高めることに大いに役立つのである。

考察

個人のこころに関する精神分析的研究の知見と、パーソナリティの構造が生じてくる文化的なコンテクストとは分けられない。社会的視界の広がりと直接関連していることの多い、重度の社会不安の問題を私たちが扱っている際にこれは特に当てはまる。自分の性癖と対立する社会的価値観を突きつけられている個人は、秘密主義［secrecy］か反抗にしか頼れない。しかし秘密主義は、外的世界の最愛の対象が公けにしている価値観と程々の関係を維持するために、自己にも秘密にされねばならない。フロイトが最終的に結論づけた自我を分裂させる［splitting］方策は、このような未解決の葛藤を前にして表面上の健康を保つための主要な方策に違いない（S.E., Vol.21, 1927）[4]。これは疑いのない真実である。しかし構造上の変容[5]に頼らず、他の形態によって自己－に対して－秘密主義であることも可能である。なかでも、防衛としての－混乱の－創造は最も多く見られるものであり、言葉の意味の混乱、作話、および遡及的な事実の歪曲などといった他のものが含まれうる、包括的なカテゴリーでさえあるだろう。

しかし、その個人がその事実を意識しているか否かにかかわらず、自分の性癖を防衛しようとしている個人もまた、社会的変化の動態の一部である。それは、社会的変化を目指すあらゆる運動が天使に与《くみ》して正しいと私たちがいつでも考えているということではない。また心理学と社会学という二つの科学の歴史において、その両者が同一レベルの精神機能に関連した現象を研究しているのかどうかを判断することすらまだ早すぎる。しかし文化が、子どもに対して両親という人物の形態を取って、永きにわたって侵襲することは否定できない。何らかの反抗を試みている個人がこの世の不正に気づいて活動しているのか、もしくは言わば社会的な衣で世間体に見合うようになった、自分自身のパーソナリティにおけるシステム間の葛藤によって活性化されているのかを、ちょっとした観察に基づいて判断することは全く不可能である。

私たちの科学がまだ比較的乳幼児期にあることを考えると、「氏か育ちか」といった問題にどちらの態度を取るかは、単に個人の直観の相違にすぎないが、実際は個人の責任の範囲の問題である。私がもしそのような責任の側に断固として立つ態度を取ったとしたら、その見た目の厳しさは、道徳的な判断の保留によってしか、和らげられるようには見えないだろう。自我が快感－苦痛－現実原則とともに現われてエスの反復強迫を支配していくように、結論的判断は出生以後次第に固められていくと推測するほうがより有用であるように私には思える。このような態度を取れば、心的現実という概念にきわめて頼る立場に私たちは立つことになるし、また当然、この概念の妥当性は同様に私たちの所見の妥当性に依存する。そしてこの所見の妥当性とは、シュレーバー（Schreber）州控訴院院長[6]の言葉を借りれば、どの程度「心的現実」の「事実」が本当に「発見され」、そして「急ごしらえで」ないかということである。

議論

これまで私たちは、科学的であると主張する作業への特異で基本的には不満足な説明の方法を辿ってきたようである。この章は同語反復であるとの告発に顕著に晒されているようである。すなわち、まずいくつかの定義に始まり、次にそれらの定義が例証され、さらにそれらの定義が、明らかに限定された経験と自分の文化にいる個人への計量できない考え方のもとに一般的に妥当であると主張される。さらに悪いことに、ここから論理的な議論に入ることを私たちは提案している。そしてその議論は次のように進むだろう。成人のパーソナリティは内的対象との取り入れ同一化の過程に基づいており、その内的対象は抑うつポジション内で、自らの性的機能および両親の関係についてのそれらの意義に特に関連して、結合すると同時に自らの個別性を保持する自由が与えられている。そのため取り入れ同一化の論理は、自己の成人部分が、内的対象と同じように、性的パートナーと結合すると同時に、最愛の人の自律性を認めるように努力することを命ずる。

それではこの章の論題、つまり思春期以降の両性愛的行為はつねに精神病理的な意義を有するのか、ということに関するこの論理的な議論の意味は何なのか。第一の意味は明らかである。すなわち、結合対象との取り入れ同一化の力が、最愛のパートナーとの間で、結合対象との間と同一ではないが類似の関係を確立しようとする推進力を生み出すだろうし、このようなパートナーは必然的に別の生殖器や別のこころの性的特質を有するだろうと私たちは推定する。次に、対象の統合を求める乳幼児的構造の要求と歩調を合わせながら、取り入れ同一化もまた、一夫一婦制や貞節を好むという形で現われてくる。この第二の意味から、第三の意味は生じてくる。すなわちパートナーたちの両性性的な素質は、万能的でないやり方で相互の理解とコミュニケーションの手段として利用される、相互の投影同一化の形で現われがちとなる。

第三の意味合いは、社会的な価値体系と個人の価値体系との識別という点に関してとりわけ興味深い。しばしば観察されるのだが、創造的な人物とは「肉欲に悩む」人であり、その反対に、創造的な活動は性的な結びつきに満足してしまうと質が低下する。しかしまた、この金言には注目に値する例外も存在する。私なら、その金言が妥当な例としてハーマン・メルヴィル（Herman Melville）[7]を挙げるし、その例外としてバッハ（Bach, J.S.）を挙げるだろう。精神内界の葛藤から生じる苦悩が、創造的な活動を通して自己表現するよう両性性的な統合を駆り立てるという確信を保ちながら、このような例外を説明するにはどうにしたらよいだろうか。

私は別のところで、「抑うつポジションでは、内的な結合対象を次第に外界のより広い表象へと外在化する傾向があり、最終的には地球や太陽を両親と同等視する形を取る。そこでは、生きているすべての人間は、母親の子ども、お互いには同胞を表象する一方で、動物や死者は母親の「内的赤ん坊」を表象するようになる」という意見を述べた。「母親のすべての赤ん坊に対する」抑うつ的な思いやりは行為に現われがちなのだが、それはメラニー・クラインの言う償いという意味だけでなく、「説教［sermonising］」と私が名づけた活動や、芸術作品や科学作品の（ビオンの言う）「公表［publication］」の背後にある原動力として認識される活動の意味をもつ。このような何かを公けにするという行為には、何かを生み出すという意味があり、その状況を巡るあらゆる不安や精神病理の可能性がつきものである場合が多い。けれども、この行為を昇華というより広いカテゴリーに含められるとは私は思わない。この昇華という概念を放棄することを次の章で試みる。その理由はとても単純である。つまり創造的な活動が苦悩のなかでの格闘を表わしているとか、公表は思いやりを表わしているといった見解は、不安に対する防衛としての葛藤の迂回を意味しているだろう、昇華という概念の中核的な意味とは全く正反対のものだからである。

原註

1 両性愛（ambisexuality）──部分的な両性具有（半陰陽）で、特に行動上の状態について用いる（Websters 3rd Int. Dictionary, 1961）。

訳註

1 本書では、ambisexuality を両性愛、bisexuality を両性性と訳出している。なお、『精神分析事典』（岩崎学術出版社［2002］）では、bisexuality を両性素質と北山修は訳している。

2　クラフト＝エービング（一八四〇－一九〇二）はドイツの神経学者で、精神病・性の病理に関する著述で有名。
3　ハヴロック・エリス（一八五九－一九三九）は英国の思想家・性科学者で、『性の心理学的研究』（1897-1928）全七巻において正常な性愛と性倒錯を研究。
4　英国の芸術評論家（一九〇二－一九七二）で精神分析的な美学を発展させた。メルツァーとの共著に『絵画と内的世界』（1963）がある。
5　論文「呪物崇拝」と考えられる。
6　自我の分裂を指す。
7　ダニエル・パウル・シュレーバーは、自伝をフロイトが分析的に考察したことで著明な、今日では統合失調症と理解される症例。通称「シュレーバー症例」。シュレーバーは妄想・幻覚のため入院するが、退院後の一九〇三年に自伝『ある神経病症患者の回想録』を刊行する。フロイトは一九一一年に「自伝的に記述されたパラノイア症例に関する精神分析的考察」を発表した。
8　ハーマン・メルヴィルは米国の小説家（一八一九－一八九一）で、代表作に『白鯨』（1851）がある。

第17章　労働、遊び、昇華

演繹的かつ帰納的に操作する特別な能力のもとに、前にも進めば後ずさりもし、さらに用語に固執しながら、それらに新しい意味を与えることこそがフロイトの方法だった。だから精神分析を教えることは、歴史的なアプローチのみが解決できる意味論の問題をいつも提起してくる。たしかに精神分析界内部での分立傾向の多くは、貧困な学識に基づいている。表記法に関する学識の貧困さと言えようか。問題のもう一面は、古物収集家によって神聖化された用語が、狭い意味で、それ独自の生命を身にまとい、かつての有用性がもはや過去のものとなった歴史のなかに据えられ埋められることを拒絶することである。

おおよそこの章は、栄誉ある用語「昇華」への挽歌である。昇華は草稿L（1897）（「空想は記憶を洗練する、すなわちそれを昇華する目的に奉仕する」）のなかで詩的に使用されたにもかかわらず、「あるヒステリー患者」（1905）▽1からは専門用語として現われた。「倒錯は言葉の情緒的な意味において、野蛮でもなければ退廃でもない。それは胚種からの発展であり、すべての胚種は子どもの未分化な性的な素質のうちに含まれている。そしてその胚芽は抑圧されるか、あるいは――昇華によって――より高度な、非性的目標に向け変えられることによって、きわめて多くの文化的な達成のためのエネルギーを供給することになる」。

フロイトがここでは、社会的な価値判断（「野蛮」「より高度な」）、心的装置のエネルギー概念や流体力学的見解（「エネルギー」「向け変えられる」）、および、身体――神経生理学――と精神分析による研究領域としてのこころ――心理学――を区別するための基礎をまだ見出していなかった、発達に関する生物学的見解（「胚種」「未分化」）に影響されていることは明らかである。生物学者と社会学者のどちらとしても進退極まったフロイトは、倒錯は乳幼児の性愛に立派な起源をもっているので、それは「情緒的な意味において野蛮」ではないし、一方昇華のおかげで「より高度な、非性的目標」、さらには「文化的な達成」に「向け変えられる」だろうと弁護し、論点を最初から真実と決めてかかっている。

この論文の後記に、臨床的な現象としての転移に関するきわめて重大な記述があるのだが、そのなかでフロイトは早期の対象関係の「新」版と「再」版の二つのタイプを区別し、第二のタイプは「私の言う昇華」によって引き起こされていると述べている。「それ以外のもの」（すなわち転移）は「もっと巧妙に組み立てられている。それらの内容は、一つの緩和する影響力――私の言う**昇華**（強調著者）――のもとに置かれている。そしてそれらは、その医師の風采あるいは境遇のある実際の特色を巧妙に利用しそれに愛情を向けることで、意識化されるものにすらなるだろう」（p.116）。驚くほど鋭いこの観察は、もちろん技法上の厳格さの根本原理なのであり、それについては別のところですでに議論した。これらの転移を「より高度な文化的な達成」として「巧妙に利用する」などと捉えるつもりは全くない。修正感情体験という考えはこの誤りに起源をもっており、そこでは分析家は「風采あるいは境遇」の彼独自の「特色」を理想化し、患者の行動に影響を与えるように自分の立場を利用しようとする。

行動――あるいは、実際のところ、現象学的に表われている性格――に変化をもたらそうとすることの欲望は、フロイト自身の臨床においてしばしば過大な役割を演じてきたのかもしれない。というのは「ウルフマン」が、ルース・マック・ブランズウィックとのその後の治療において、法律を勉強して父親の志を継ごうとする彼の望みにフロイトが反対し、同性愛を昇華させる方法として政治経済を学ぶよう彼に迫っていたとこぼしていた、ということが思い出されるからである。明らかにフロイトはウルフマンを病的体質をもった人物と見ており、それゆえに彼の性愛を統御するために、倒錯あるいは抑圧に替わるものとして昇華を特に性急に求めた。「ある人物の性格と描写しているもののかなりの部分は、両性性的な興奮を素材に作り上げられており、幼少期以来固着した欲動や、昇華という手段によって得られた構築物や、利用不能と認識されていた倒錯衝動を有効に禁圧するために採用された構築物によって組み立てられている」とフロイトは書いている（S.E., Vol.7, p.238）。レオナルド・ダ・ヴィンチ論、「（精神分析についての）五つの講義」、シュレーバー症例といった論文で、逆の対象選択に向かう同性愛傾向そのものが昇華にとても適しており、なかでも芸術に関して、文化的に高度な達成にとって最も重要な源泉の一つになっているとフロイトが繰り返し主張していることが想起されよう。

フロイトが技法に関する「分析治療上の注意」(1912)で、注意という警告を発する必要があると感じたのは、昇華を促進しようとする後継者たちの熱意に対してだったに違いなかった。「精神分析治療を行なっているとき、医師には特にそのような意図がなかったのに教育的な活動が委ねられてきた場合に、そこにまた一つの誘惑が生まれる。発達上の障害が解決されていくなかで医師は、解放に向けての新たな目標を指示するような立場に自分が置かれていると知る。そのような場合、神経症から解放するのに非常に大変な努力を傾けた患者を何か特別に優秀な存在に仕立てようとしたり、患者の願望に高い目標を提示したりするとしても、それはごくもっともな野心にすぎない。しかし、このような場合でも医師は自らを抑制し、自分自身の欲望よりも患者の能力を指針にすべきである。すべての患者が昇華の能力を十分に備えているわけではない。もし自分の欲動を昇華させる技量をもっていたなら、そもそも病気などにはならなかっただろうと考えられる人々がほとんどである。彼らをあまりにも昇華に強く押しやり、最も手近で安易な欲動の満足を遮断したりすると、どんな場合でも、彼らにとって人生は自分が思っているよりもずっと困難なものになってしまうだろう。医師として、私たちは何より患者の弱点に対して寛大でなくてはならない。ほどほどの人生を送っている者が仕事上の能力や人生を楽しむ能力のいくらかを再び取り戻すことができたならば、それに満足しなければならない。教育上の野心も治療上の野心と同じように無用である。さらに確信をもって言えることは、多くの人々が自分の欲動を自分の組織に許された昇華能力の限界以上に昇華させようとした、まさにその試みによって病気になったということである。そして、それから昇華能力をもった者の場合は、制止が分析によって克服されると同時に、昇華が実現されるということである。そこで私は、分析治療を使ってつねに欲動を昇華させようとする努力は、もちろん結構なことであるが、決してすべての患者に勧められるべきものではないと考える」(S.E., Vol.12, pp.118-119)。

こうしてこのことは、欲動論の改変にもかかわらず、「ナルシシズム入門」(1914)から「制止、症状、不安」(1926)までの発表の後に発展していった「構造論」によってもたらされた全面的な変更よりも重要な位置を占めていた。「私たちは自ずと、このような理想形成と昇華との間の関係を探求していくことになる。昇華とは、対象リビドーに関わる一過程であって、性的満足という目標ではない、もしくは、それからかけ離れた目標に向けられた本能にある。この過程では、力点は性愛から逸らされることにある。理想化は**対象**に関わる過程である。理想化によって対象はその性質を何ら変えることなく主体のこころにおいて増強され、高められる。理想化は自我リビドーの領域においても、また対象リビドーの領域においても可能である。たとえば、対象の性的過大評価は対象の理想化なのである。昇華は欲動と関係するもののことを述べているが、理想化は対象と関係するもののことを述べているのであるから、両者は概念上区別されなければならない」。

「自我理想の形成はしばしば欲動の昇華と混同され、そのために事実の理解が損なわれる。高い自我理想への大きな敬意と引き替えにナルシシズムを排除した人物は、必ずしもリビドー欲動の昇華に成功した者である必要はない。**自我理想はこのような昇華を要求はするが、これを強いることはできない**」（強調著者）。「昇華はあくまでも一つの特殊な過程なのであって、その開始は理想に促されて行なわれるのかもしれないが、その遂行はこのような促進とは全く無関係なのである」（S.E., Vol.14, 1914, pp.94-95）。

自我理想、後には超自我と並列される、昇華へのこの新しい方向づけの応用は、「快感原則の彼岸」（1920）で提示された新しい欲動二元論によってさらに複雑になった。攻撃性の昇華にはフロイトはほとんど触れなかった（ジョーンズ『フロイトの生涯』Vol.3、付録A「マリー・ボナパルト（Marie Bonaparte）への手紙」一九三七年五月二七日付参照）。それだけでなく昇華すべき衝動の起源に関して曖昧だったために、欲動の「能力のなさ」あるいは欲動の「昇華能力」という要素を体質のためとすることがさらに必要となった（「精神分析入門」（S.E., Vol.15, p.376 参照））。たとえば「ウルフマン」のなかに、その混乱が見られる。そこではフロイトは、この男の子は「父親への顕著にマゾヒスティックな態度を昇華した。彼はキリストになった――これは、クリスマスが自分の誕生日だという、誕生日の一致によって特に容易に行なわれた」（S.E., Vol.17, p.64）と論じている。昇華と同一化（「彼はキリストになった」）の等式化は、フロイトが五年後にようやく解決に踏み出したマゾヒズムの性質に関わる問題を提起した（「子供が叩かれる」S.E., Vol.17, 1919）。しかしそれはまた、欲動を脱性愛化し活用する手段としての昇華という概念がありうるのかについて、疑問を提起することにもなった。性格の基盤としてのキリスト同一化は充分に脱性愛化や実利をもたらしたようには見えない。フロイトは「それ（キリスト同一化）は性衝迫に昇華と安全ブイを与えることによって抑止を授けた。すなわち彼の家族関係の価値を低下させ、それから人類という大きな共同体への道を開くことによって、恐るべき孤立の脅威から彼を守ったのである。このようにしてこの粗暴で不安な子どもは、社会的に行儀良く、教育可能な存在となったのである」（S.E., Vol.17, pp.114-115）と言うのであるが。

フロイトが描き出しているのは、この少年での例外的に硬直した潜伏期の始まりであるが、そこでは、固着、アンビバレンス、そして同性愛の部分的な抑圧が彼の潜伏期をひどく脆弱にしていることが認められる。（抑圧されたものが、昇華された部分へと道を開こうとするか、さもなければ昇華された部分を再び抑圧されたものへと引きずり降ろそうとする）「努力が彼によって拒否された唯一の結果として、一見涜神的な強迫観念が発生することになったのだが……」（S.E., Vol.17, p.117）。

「自我とエス」（1923）でフロイトは、同一化という新たに登場してきた概念と昇華という古い概念との間の葛藤の解決を改めて試みた。「対象リビドーの自己愛リビドーへの変容」（二次ナルシシズム）「がそこで起こったのだが、そこには性目標の放棄、脱性愛化——一種の昇華——が暗に含まれている」（S.E., Vol.19, p.30）とか、「こころの深層でひとたび荒れ狂い、すみやかに**昇華と同一化**によって終息するに至らなかった（エディプス・コンプレックスの）格闘は、（自我と超自我の間の）より高度な領域に今や含まれている」（p.39）とか、「周知のように、モデルとされる父親との同一化によって超自我は生じる。こうした同一化はどれも脱性愛化という性質、昇華という性質さえ備えている」(p.54) などである。だが、フロイトは続けて述べる。「それはあたかもこの種の変容が起こると、それと同時に欲動の脱融合が発生するかのようである。昇華のあとではエロス的な要素は、かつて結合していた破壊性全体を拘束する力をもはや失っている。この破壊性が攻撃や破壊の性癖という形で解放される。この脱融合が、独裁者的に「おまえは……せよ」と命令する理想によって表わされる、過酷さや残忍さという特徴全般の源泉であろう」。

このように昇華という概念に固執しようとしてはいるが、今やフロイトは超自我が自我に同一化を強制**しうる**と示唆している。しかしこれは病理組織［pathological organisation］であり、健康な性格の基礎としては与《くみ》しないのではないかとフロイトは疑っていた。昇華についてのこの考えの最も進展した立場は、取り入れ同一化と見分けがつかなくしてしまっており、本書に陰に陽に表わされている見解との有用な橋渡しとなる。「文化への不満」(S.E., Vol.21, p.80、脚注) にフロイトは書いている。「労働［work］がリビドーの経済学に対してもつ重要性は、手短な概観の限りでは適切には論じられない。個々の人間を現実に縛りつけるための生活技術としては、労働を強調することが一番有効である。なぜなら、労働によって最終的には、人類の共同社会という現実世界の一部分に安全な居場所を確保できるからである。自己愛的なものにせよ、攻撃的なものにせよ、あるいはまた性愛的なものにせよ、リビドーを構成する諸要素の相当な部分を、職業労働やそれと関連ある人間関係へと置き換える可能性は、社会において存在を正当化し保持するためには絶対必要であるものとしての享楽に全く劣らない価値を与える。職業活動は、もしそれが自由意志で選ばれたものであるならば——すなわち、もし昇華という手段によって個人が現にもっている性癖、つまり保続され体質的に強化されている本能衝動を利用できるなら——、特別な満足の源泉になる。それなのに人類は、幸福への道としての労働をあまり尊重していない。満足をうる他のものを追い求めるようには、これを追い求めない。人類の大部分はやむを得ず働いているだけであり、人類に生まれつき備わっているこの労働忌避の気持ちが、とても困難な社会問題をもたらしている」。

私が強調したいのは次の表現である。「それが自由意志で選ばれたもの（活動）であるならば——すなわち、もし昇華という手段によって個人が現にもっている性癖、つまり体質的に強化されている本能衝動を利用できるなら」。

第10章で取り上げた臨床素材をここにもう一度取り上げてみてもよいだろう。その素材は、乳幼児レベルの超－自我－理想に依存している状態から、成人レベルでの組織において「後援を受けて」という原理での取り入れ同一化へ変化していく推移を例示するために使われた。二つの夢「防風雨帽をかぶった男性」と「ボール博士の訪問」は、乳幼児的動機づけの原理に基づいた**目標**と成人のそれに基づいた**ゴール**との違いを明らかにしていた。その違いは、「後援を受けて」という方法と原理への成人の**誠実さ**と対立する、（成人の高さまでのぼっていきたいという乳幼児の期待を含む）愛情と保護によるご褒美という暗黙のゴールを伴う、乳幼児様式としての対象への従順さという基本的な並置も含んでいた。この誠実さが成人の労働の基本である。

第9章「成人の性愛での多形傾向の取り入れ基盤」で説明したように、成人の性愛は取り入れ同一化によって導かれる。そのため、成人生活における「労働」と「性愛」の用語の関係について述べることは、鶏が先か卵が先かという因果関係のわからないタイプのパラドックスのように見える。労働をより広義に取り、性愛を労働の一つの特殊な領域としてそこに包含することは、共通感覚のように見える。それにもかかわらず、精神分析的な方法によって研究される行動の意味というところからは、「性愛」という用語は、特に性愛の「親として」の特質が受け入れられるならば、「労働」という用語より広い意味をもっているように思われる。そうであれば、成人の遊びは、まさにその本質において、責任と労働からの一時的な息抜きであろう。そういう意味で、働く者のみが休暇を手に入れることができる。このことはそれが子どもの遊びとは随分異なることを意味している。子どもの遊びは、夢がそうであるように、内的な葛藤を探究するために内側に向かうものとして理解される。

個人の労働生活がいつ始まるのかという問いに答えるにあたっては、分析における協同作業と自己分析作業の違いが参考になる。潜伏期の始まりと成人部分の同時発生は、第22章「構造的精神‐性理論の教育への影響」でさらに論議されるだろう。フロイトにならって、パーソナリティの成人部分の始まりは、取り入れ同一化がしやすくなるエディプス・コンプレックスの消滅へ向けた動きと一致すると私は考えている。潜伏期におけるエディプス・コンプレックスの消滅はメカニズム――抑圧や強迫的なコントロールによって封じ込めようとする――の面からも、さらに加えて活動の領域――内容的には主に前性器的――の面からも不完全であることはたしかである。それにもかかわらずこの時期に心的現実において部分対象と全体対象が多種多様にある状態から大きく前進して、超－自我－理想へと構造化されていく。

もちろん、潜伏期での取り入れ同一化に向かうこの大規模な動きは、最も早い段階から用いられていたメカニズムを利用する。というのは、妄想－分裂ポジションから抑うつポジションへのあらゆる動き（Ps↔D）は、投影的な様式の同一化とは対抗する様式としての取り入れ同一化に向けた動きを含んでいるからである。

「マゾヒズムの経済的問題」からもう一度感動的な部分を引用することをお許し願いたい。「子どもの発達の進路は、次第に両親から子どもが離れていくようにするし、超自我にとってのそれぞれの両親の重要性は次第に背景に退いていってしまう。残された両親のイメージに、やがて教師とか権威者、そして、自分で選択した人物とか世間でもてはやされているヒーローなどの影響が結びつくが、これらの人物像は、自我がすでにある程度抵抗力を身につけてしまっているので、もはや自我に取り入れられる必要はない。両親に始まった一連の人物像の最後のものは、人間のなかのごく少数の人々だけが偏りのなく見ることができる運命の陰鬱な力（すなわち――死）である」。

新しい特質は両親のイメージと結びつくようになるが、新しい影響を与える人物像は取り入れられる必要がないというこの主張点は、第11章で十分論議された。第10章では、成人の両性性の取り入れ基盤が、乳幼児性愛の多形性や倒錯の多形性それぞれから、成人の両性性の多形性を識別することを目的として述べられた。この章ではまた違った課題に取り組んでいる。すなわち、なぜ成人の労働はそれほど性的なのか、なぜ乳幼児組織は労働を嫌うのか、そして昇華の概念が精神分析史での「構造」の時代にはもはや余分なものとなっていったのはなぜかを解明しようという課題である。ここで取り上げているのはパーソナリティの成人組織［adult organisation］についてであって、決して「大人」になった個人についてではないということ、言い換えれば私たちはその用語をメタサイコロジー的に使用しているのであり、記述的にも現象学的にも使用しているのではないということは、いつもこころに留めておかなければならない。それぞれを同様に関連する組織に結びつけることによって、遊びと労働を関係づけなければならない。後に症状と性格での倒錯の概念が「暴政」と「ポルノグラフィ」の章（第20・24章）で論議されるだろう。説明というより解明されなければならないのは、自己の乳幼児組織が自我をエスとの一次的関係に置いて、遊びをもたらす一方、自己の成人組織は取り入れ同一化を通して、子どもでも大人でも同様に、超－自我－理想を介して自我の成人部分をエスとは二次的な関係に置き、働くという行動をもたらすことである。

私たちの課題の最初の部分は、フロイトの理論定式すべてのなかで暗黙の内に成し遂げられていた。

それは、構造的であろうと前構造的であろうと、さらに本能の理論、不安、記憶、思考の理論、経済原則の理論のいずれであるかを問わず、また快感、現実、反復強迫のいずれであるかを問わない。「自我とエス」でフロイトは、エス、超自我、外界という三種の主人に仕える自我の苦境を描いているが、それは乳幼児組織についてのきわめて正確な像である。十分に明らかにされていないのは、おそらく経済的な側面である。それはこころの経済原則の発見における次の段階、すなわちメラニー・クラインの妄想－分裂ポジションと抑うつポジションの記述でようやく解き明かされることになった。

「理想化」の過程は、フロイトが「主体のこころにおいて増強され、高め」られる対象として描いたより以上のものを含んでいることをメラニー・クラインの仕事は示した。クラインは、スプリッティングと－理想化の過程が必然的に含まれ、そこでは心的苦痛と結びついている対象のすべての側面が「悪い」対象として分裂・排除されて、「理想化された」対象が残されることを明らかにした。この理想化された対象は「良い」対象と同じではない。というのは、その理想化された対象の特質は、完全さを迫害的に要求することが含蓄されている点で「人間」の範疇を超えているからである。言い換えれば、理想化された対象は、遊びとして理解されている乳幼児の行為－における－思考がその下で進むであろう、容赦［forgiveness］という特質をまずもって提供しない。

対象がさらに過剰に理想化されているところでは、良いと悪いの混乱がたやすく生じるだろう。逆にスプリッティングと理想化が不適切なら、自己と対象の両方で明瞭な区別が生み出せない。これらの境遇では遊びは、過剰な迫害不安ゆえに続けられないし、形は遊びに似ているが楽しみを欠いた強迫的な特質の具体的な行動によって置き換えられるか、制止される。自己愛的な同一化、特に投影同一化によるアイデンティティについての妄想は、良い対象のもつ寛容さや容赦する性質が授ける子どもらしい自発性や豊かな創意を台無しにする。

この見守り包む慈愛のもとで、乳幼児構造の遊びは責任の免除を楽しむのだが、それによって乳幼児的自我は全く自己中心的に発達課題に専心できる。自分自身を赦すという課題は成人組織には大変難しいものであり、それは判断の誤りや悪意にまつわるエピソード、外界での過失や無知によって強いダメージを受けるためである。だが、その課題は乳幼児組織には知られていない。乳幼児組織は、心的現実において、良い対象の忍耐やその万能的な償いのなかに完全な赦罪を見出す。だが、乳幼児構造にとって心的現実が一義的で圧倒的に重要であるように、成人のパーソナリティ部分にとって、取り入れ同一化において、外的現実と社会的責任が一義的になる。[1]

このようにより十全な意味に取れれば、先に引用した「文化への不満」でフロイトが述べていることは、もはや、労働の喜びは脱性愛化されたものと考えられる必要は決してないというもっと豊かな意味を帯びることになる。第11章で述べたように、**賞賛や取り入れの働きによって「個人が現にもっている性癖」と「体質的に強化されている衝動」は、その個人に特有なものとして、超自我の特質と同様に、パーソナリティ構造のなかに適切な居場所を見出すだろう。**

無意識の空想や動機を分析しなければ、記述的には成人と乳幼児の性行動がしばしば区別できないのと同じように、成人組織よりも乳幼児組織が運動力を支配したとき、労働と、偽りの労働、強迫、乳幼児的万能的支配、行動に現われるその他の遊びではないものとの違いをしばしば区別できなくなる。分析家が、患者あるいは自分自身のアクティング・アウトやアクティング・インのこうした側面を見極めるために役立つ記述的な判断基準は全くありそうもない。転移や逆転移を探究する分析的な方法のみが有用である。

すべての労働には性的な意味が含まれているという含意に、十分に情緒的な側面、すなわち情熱［passion］を認めなければならない。その情熱を、乳幼児性愛の興奮と記述的に区別するのはやはりあまりにも主観的、唯我論的すぎる。だが、メタサイコロジー的な言語の範囲では私たちはこれらの用語を正確に使おうとするだろうし、さらには情熱を熱狂［fanaticism］、激情［rage］、エクスタシー、および、心的快感についての他のカテゴリーと区別しようとするだろう。多数の心的苦痛のタイプを徐々に解明していったように、まさにそうするのである。

構造論においては、感情は自我機能のなかでそれに相応しい地位を与えられていて、もはやエスや心的エネルギーと必ずしも結びつけられるわけではない。最も重要な原則（「涅槃原則」）としてのそれらの量的な操作は、経済の三つのレベル（反復強迫、快感－苦痛原則、そして妄想－分裂－抑うつポジション）すべてに包含されることによって置き換えられた。詩的なイメージ（「記憶の洗練」）としてではない、（反動形成や脱性愛化と結びつく）防衛のメカニズムとしてでもない、そして、超自我の過酷さの結果としてでもない昇華の概念は、もはや表記についてのメタサイコロジー・システムの部分としては不要である。無意識の動機や空想の精神分析的探究という手助けがなければ、性の目標や対象が曖昧な行動のそうした側面を表示するために、昇華はおそらく記述的に保存されるだろう。たしかに「昇華」という用語はずっと前に科学的な手指からすり抜け、俗な言葉に変わっていた。そこでのかなり漠然とした使用法は、時には性関係での無能やインポテンツを暗に示したものだが、もっと後の使用法と同時に、フロイトの本来の意味にも害を及ぼしている。

「性欲論三篇」で提案していた「性的」という用語を、広く深く拡大することとの有益性をその後の論文でフロイトが実証したのと同様に、私たちの精神分析的発見は、その言葉のより広くまた最も予想しなかった意味をもたらした。フロイトのもともとの神経生理学的な準拠枠が純粋に心理学的なものに変わってゆくにつれて、「心的エネルギー」という疑似生理学の観念は「意味」や「活力」という純粋に心的な概念に置き換えられなければならなくなった。乳幼児構造の活力は、エスに由来するものであり、原初的なスプリッティング―と―理想化や防衛的なスプリッティング―と―投影同一化によってつくりだされた部分間の葛藤を遊ぶことの結果として現われたが、パーソナリティの成人部分の活力は内的対象の活力に依拠することで安定して利用可能なものとなる。これらの内的な両親との取り入れ同一化において、その両性性的な面が外界ではさまざまな抽象レベルで作動するが、それはいつも同じ基本的な意味――**両親的**――においてなのである。このことは、母親、父親、子ども、母性、頭のなかの子ども・考え［brainchild］、発展性のある／生殖力のある［seminal］影響、創造的、養うこと、そしてとりわけ、愛といった用語の私たちの語法に映し出されている。

個人の性行動の基本レベルでの真実は、性格の領域においても真実である。乳幼児性の模倣や倒錯的な風刺漫画をつくりだす自己愛同一化は、成人の取り入れ同一化と協働して、世の中での個々人の実際の行動を形作る。個々人はとても複雑で、疾病分類学的な分類に対してひどく挑戦的で、全く予測不能であるということには何の不思議もない。

原註

1　『絵画と内的世界』（Tavistock, 1963）におけるエイドリアン・ストークスと私の対話を参照。

訳註

1　ドラ症例のこと。

第18章

倒錯と嗜癖に関する理論の構造的改訂

今や成人、乳幼児、倒錯の性愛に関する総論の構造的改訂の下に、倒錯と嗜癖に関わる発見や理論を要約し整理しなければならない。「戦慄、迫害、恐怖」の章は、明記されるべき嗜癖のメタサイコロジーについての理論を暗に含んでいたし、その社会的含意のいくらかは「暴政」の章で後に辿られよう。同様に、倒錯対象の性質についての章は嗜癖理論との関連づけを要する理論を暗に含んでおり、その社会的含意についても「ポルノグラフィ」の章で同様に検討される。

簡略な定義から始めよう。嗜癖——乳幼児構造の自己愛組織の一種で、この組織は行動を統制しているパーソナリティの成人部分を無力にし、完全に取って代わることがある。その中心構造は、依存を、両親像から自己の「悪い」部分に向け変えている、「良い」子の部分から成り立っている。それは、そもそも抑うつ的な苦痛から妄想－分裂ポジションへの退却として、もっとはっきり言えば、独占欲の強い嫉妬やエディパルな競争や離乳の恐れゆえに殺してしまった、母親の内部の赤ん坊に関連する戦慄の体験に対する防衛としてなされた。嗜癖の内的構造は、良い対象を穢して、追い出す（躁的）か糞便のなかに葬り去る（抑圧）かの、冷笑的な思考様式への隷属から成っている。根本のところで、良い対象への**依存**は、自己の悪い部分への**受動性**［*passivity*］に**失望**［*despair*］の気分を抱えながら取って代わられる。この明け渡しの過程で、希望－絶望の変化に関するあらゆる心的苦痛はあらかじめ取り除かれる。受動性という用語はこの病理的な関係様式のために取っておかれ、成人と乳幼児両方において、良い関係を結ぶ際に実にさまざまな形を取る依存や信頼、信用や無力と混同されてはならない。

嗜癖のこの内的構造は、外的世界でのいかなる様式の関係やいかなる活動であれ、それらを倒錯させることで表現される。ここに示唆されているのは、**倒錯**の一般的な意味が、特異な適用を行なうための基準としてこのように理解されるということである。倒錯させられない人間の活動はない。なぜなら倒錯衝動の本質は、説明的な尺度だけによる判断への非行的な反抗において、良いものという見せかけを保つ一方で、良いものを悪いものに変えることなのだから。このように倒錯衝動は、十分な証拠のないときの慎重な判断、寛容さや忍耐、自己吟味、犠牲を払う覚悟などの良い特質をもつため、良い対象を無力にしたいと願う非行衝動と関連している。非行衝動にとって、悪意の証拠がないときに良い対象が判断を拒むことは、「無罪」の判断（「自分がすることではないと彼らにはわかっている！」）に等しいと認められるが、処罰を慎むことは弱さ、また犠牲を払う覚悟は愚かさとして受け止められる。

言い換えれば、悪い、破壊的、邪悪、凶悪――あらゆる程度の悪意が、個人のなかの自己の乳幼児構造のこの部分を特徴づける。この自己部分は、そもそも乳房－乳首という母親の結合対象である良い対象に永久に反撃する。それは、自己の他の部分と対象との良い関係を倒錯させ、悪い自己部分への嗜癖的受動性に縛りつけようと模索する。この目的のため、あらゆる手法を好きなように利用する。すなわち、誘惑や脅迫、強制や混乱、抑うつ的な苦痛や分離や嫉妬に良い部分が耐えられなくすることなどである。倒錯させ、嗜癖になるよう努める。そしてこれらは、狂気と死に向けて外挿[1]する過程におけるそれぞれの歩みなのである。

この影響に対する良い乳幼児構造の脆さは、自己と対象の原初的なスプリッティング－と－理想化の適切さにかかっている。このスプリッティングが不適切な［inadequate］場合、破壊的部分がとても容易に良い部分に侵入するため、苦痛や緊張が生じるや否や直ちに影響を及ぼす。一方で、過剰な［excessive］スプリッティング－と－理想化は、不安にあまりに拍車をかけるため成長は抑えられ、生物学的に不可避な発達は、まだ態勢が整っていない心的構造に過度な負荷を与えつづける。

原初的なスプリッティング－理想化の適切な確立によって、倒錯と嗜癖をもたらす自己の悪い部分の働きが弱められるという証拠が、深層に入り込み十分に長い期間続けられるあらゆる分析で認められる。しかしそれ以上に、破壊性のもつ毒性は修正されうるとしたメラニー・クラインの理論が繰り返し裏づけられている。悪い自己部分の統合のためにスプリッティング－理想化が最終的に放棄されるほどに、良い部分と良い対象との統合が十分に強固なものになったとき、一つの過程が、どうしても非常にゆっくりとしたものであるが開始される。そこでは、自己の良い部分に心的苦痛を引き起こす（そのため「悪い」とみなされる）対象の分裂・排除された側面にも統合がもたらされる。こうして少しずつ心的苦痛に持ちこたえる力が増えるにしたがって、対象にはより大きな統合が与えられ、その統合が次には、自己の悪い部分を扱うための強さと能力を高める。これらの悪い部分は「家族」に近づくことを許されるので、良い経験の共有は悪い部分の毒性を緩和し、建設的で創造的な活動において、悪い部分を統合にいくらか利用できるようにする。それにもかかわらず、破壊的な部分の良い対象への根本的な敵意と破壊本能との根深いつながりは決して完全には克服されないだろうことは想像を絶するほどである。それでも、良い対象の力は過小評価されるべきではない。

このことから倒錯全般、とりわけ性倒錯の定義がもたらされる。これまでにも述べてきただが、倒錯的性愛というように、形容詞形の「倒錯的」は衝動と関連するものと捉えられる一方で、名詞形の「倒錯」は、メタサイコロジー（注：記述のレベルではない）では自己愛構造と考えられる行動の一組織のための疾病分類学的な用語と捉えられる。ここで倒錯の三つの**レベル**を示すことができる。私はそれらに、**習慣性の**［*habitual*］、**嗜癖性の**［*addicted*］、**犯罪性の**［*criminal*］という用語を示唆したい。

（1）習慣性の倒錯――この倒錯は、嗜癖における自己愛組織の全要素を含んでいる。つまり、真実への攻撃、フェティッシュ的なおもちゃとなる対象の分解、自体愛的な官能性、抑うつ的な苦痛に対する防衛、サディスティックな空想の犠牲者への投影同一化というトリックによる苦痛との関係のマゾヒズムへの改変である。しかしこの倒錯には、戦慄に対する防衛から生じる受動性が欠けている。それゆえそれは、外的な関係が強く求めるものに自由に合わせることができ、「嗜癖」とははっきり区別される、記述的な用語「習慣性」が当てはまる。

（2）嗜癖性の倒錯は、それが定まった時点ですでに内的なものになっており、外的な要素はそれを緩和する作用をもつにすぎない。こうしてストレスがかかる状況によってさらに悪化するが、「良いもの」としての乳幼児性転移をもたらす外的対象との接触は一時的に安らぎをもたらすかもしれない。しかしながら、この倒錯が人生において引き起こす失望の気分は広がり、自殺衝動は避けられない。密かな隷属は、乳幼児性転移での経験や関係を除いたすべての経験や関係を「不誠実」であるとする。これらの乳幼児性転移での経験や関係は、全人生を満足させるにはあまりに不安定ではかないものと感じられる。このようにしてパーソナリティの成人部分は、比較的ストレスがなく感情を伴わない領域の行動を統制しつづけるだろうが、一方でこの部分は嗜癖性の倒錯を隠すスクリーンとして以外は意味のないものと体験される。このスクリーンの背後では、自暴自棄とその自殺を目指す要素が同害報復原理のもと、究極のまがいものの償いとして自己の破壊的な部分に殺されることを目的とした、倒錯に表現されているずっと遥かに危険な形態や関係へと個人を引き入れる。とりわけ嗜癖性の倒錯が社会化される場合、犯罪性の倒錯への転換も起こりうる。

（3）犯罪性の倒錯は、パーソナリティの良い乳幼児部分のスプリッティングと、外の世界の人物（最も多いのは幼少期の年下同胞）への投影同一化の結果として生じる。しかしながらそれは、嗜癖性の倒錯が社会化されているときには、その軌跡においていつでも起こりうる。もしサディズムとマゾヒズムの間を決まって往復するゲームが、サディズムとマゾヒズムの一貫したパターンに取って代わられるなら、記述的な意味においての能動的なパートナーは、メタサイコロジー的に、自分がその活動によっていよいよ圧倒されてしまっていることに気づくだろう。こうなるとゲームはゲームでなくなり、暴力は決して遠いものではなくなる。昔のパートナーに対する暴力の代わりに、若い「無邪気な人たち」を嗜癖性の倒錯へ誘い込み堕落させることが、他のすべてに優先する情熱として台頭してくる。これは本質的には精神病質であり、知的な判断に損傷はないが、道徳的な分別が存在しない精神病のカテゴリーにある。しかしながら、パーソナリティ構造は精神病質的や倒錯的でありえるが、いかなる重要なメタサイコロジー的な意味においても、その人物が「精神病質者」や「倒錯者」ではありえないのを覚えておくことはつねに重要である。それゆえ、これらの病態を治療不能としてしまうことは理論上ない。実践においては、精神分析過程が生じうるような設定を創るという問題を解決することが、外来ではほとんど不可能に見える。

このことから私たちは、倒錯と嗜癖の治療での特別な問題、つまり倒錯・嗜癖性の転移に出会うのだが、この問題については別の章を当てよう。

訳註

1　第1章の訳註8を参照。

第19章 転移の倒錯

現下のこの領域についての研究はきわめて不完全で、ある意味では、この問題に分析家たちの注意を求める以上のことはほとんど期待できない。この問題こそが、倒錯と嗜癖が精神病理に重要な役割を担っているすべての患者に生じる。患者たちには一貫した努力が見られ、精神分析過程のある段階において、分析家を通常の役割から離れさせ、その対処全体を自分たちの倒錯的あるいは嗜癖的な傾向に沿った構造に変容させてしまおうとする。患者の無意識によって行なわれるこの変形は、きわめて高度な微妙さで遂行されるので、その現われやその結果としての逆転移は分析家に見逃されやすく、気づいたときには手遅れになりやすい。すなわち、分析の統制が壊され覆されていることに分析家が気づいた頃には、すでにこの事態は完遂され、おそらく修正不可能、あるいはむしろ不可逆的な事実となってしまっているのである。

備えあれば憂いなしであるから、たとえ現時点では試みる問題の描き方が限定的なものであったとしても、臨床には役立つかもしれない。この目的を果たすために、賭博［gambling］を論じることにしよう。それは一つには、これまで本書においても倒錯と嗜癖の分野での賭博に、値すべき十分な注目が与えられてこなかったからである。しかしまた、転移関係が改造されていくことを研究するために有用なパラダイムを提供することができるからでもある。ここでドストエフスキー（Dostoievsky）の『賭博者』に描かれている、彼自身の問題でもあるこの問題についての古典的な探求の概要を、踏み台として利用させてもらうことはおそらく許されるであろう。なぜならドストエフスキーの幾多の著作と同じく、この著作でパーソナリティの解剖と地理が、まばゆいばかりの明晰さで展開されているからである。覚えておられようが、この作品は後期の著作に属する。この頃彼は妻を置いて、ポリーナ・スースロワ(Paulina Suslova)[1]と駆け落ち旅行をしていた。莫大な借金を抱え、てんかん発作に襲われながら、『白痴』を新聞に連載して必死に財産の埋め合わせをしようとしていて、結局は彼が出会うあらゆる賭博のテーブルの前で、さらに大きな借金苦に沈んでいたのであった。

　この小説の粗筋は簡潔に言うと以下の通りである。アレクセイという貧乏な大卒者が、男やもめの「将軍」の二人の小さな子どもの家庭教師として「ルーレテンブルグ」にやってくる。「将軍」は退役将校で、婚約者の高級娼婦ブランシュとともにいる。[2]そして財産の埋め合わせをするために、裕福な「おばあさん」[3]の死を待ち望んでいる。それは、「将軍」が、デ・グリュー「侯爵」に絶望的に莫大な借金を負っているからである。彼とともにいるのは義理の娘のポリーナで、彼女は、五万フランの額でデ・グリューに愛人として譲り渡されてしまっているのであるが、その事実を彼女が知るのは、彼の誘惑を受け入れてしまった後であった。ポリーナは今や憎しみへと転じた嗜癖的な愛情関係から自分を解放するために、ルーレット賭博で必要な金銭を得ようとするが、その目的のために彼女の「奴隷」であるアレクセイを賭博へと仕向ける。しかし彼はお金をすってしまう。そこへ、もう死ぬと思われていた「おばあさん」が意地悪く登場し、老人性の興奮の渦中で自分の財産を（賭博に）使い果たしてしまい、他の登場人物には悪夢のような光景が展開する。彼女がモスクワに帰った直後、アレクセイは、（ルーレット賭博に勝ち）一〇万フランを得るが、ポリーナの自由を購うために五万フランをポリーナに与えると、彼女はいらだち錯乱して金を彼の顔に投げつけ、彼女に恋をしている英国紳士のアストリー氏とその妹の父性的な保護のもとに戻ってしまう。結局アレクセイは、金銭を浪費するためにブランシュとともにパリに発つ。「将軍」は、今や激しく狂った状態となり、アレクセイをたぶらかしてお金を使い果たさせたブランシュの地位目当ての結婚にひっかかる。しかし、アレクセイは失った金をなんとも思っていなかった。彼は、今や自ら貧困をこそ熱望する確信的な賭博者となり、ルーレットのテーブルに挑戦する。彼はそこでは一瞬にして、かつてのように「男」になれるのである。

重要なのは、ここに提示されたドラマが、潜在的には終わりのないものだということである。たとえば、アレクセイについて言えば、ルーレットのテーブルにて貧困から「男らしさ」の世界に立ち上がること、そして散財するか賞金をブランシュあるいはデ・グリューに吸い取られること、これは彼の嗜癖、あるいは嗜癖的な循環なのである。彼の稼ぎは、ルーレット－回転台－乳房を媒介して、もうろくした

「おばあさん」－母親が失ったものから得たものである。この「おばあさん」－母親が、物語のなかで示すアレクセイへの信頼と寛大さは、彼女が赤ん坊－男の子に対してもっている困惑にみちた愛情を明らかにしている。したがって、この母親的なものの循環は以下のようである。ブランシュとグリューのカップルに誘惑され堕落させられた「将軍」－夫に、ポリーナの母親は捨てられ、衰弱し（死んでしまい）、「おばあさん」－母親へと入れ替わる。彼女の性愛と愛情希求は、小さい－男の子、アレクセイへと向かうが、彼に「死ぬ」まで消耗させられ、良いアストリー氏－父親によって回復させられなければならない。こうして、彼の妹として回復し、小さい－女の子ポリーナを再び養育できるようになる。

同様に、大佐－「将軍」－アストリー氏－父親にも循環がある。ブランシュとデ・グリューのカップルだけが変化しない。全体を通じて、二人の「子どもたち」、内部の－赤ん坊たちは、絶えず「亡きものにされる」危険にある。

このエディプス・コンプレックスの改悪についての鳥瞰図は、性器あるいは前性器レベルであれ、部分対象あるいは全体対象レベルであれ、倒錯や嗜癖の分析に次第に現われてくる構図である。結合対象は分割され、願望は興奮に置き換えられ、パーソナリティの破壊的部分が、コントロールを掌握して自己愛組織をつくりあげる。このようなパーソナリティ組織は外界、すなわち両親、友人、配偶者、子ども、コミュニティ機関、宗教、分析などからの取り入れ関係によって持続的に修復されつづけなければ、精神病への崩壊は避けられない。

フロイトは、一九一四年にはすでに、性生活で倒錯に深くはまりこんでいる人たちは治癒しないということに気づいていた。このことは今日においても真実であり、多くの著者によって観察されてきた。[1] むしろ、このような患者は自らの倒錯や嗜癖を、社会的な関係よりも真正なものと捉えており、自分たちの習癖や悪行を邪魔される恐れをもたずに継続できるように、彼らの行動全体を調節することを学ぶために分析に来る。結局は分析の間に、この意図の背後にある失望が解消され、病に対する戦いが始められなければならない。

しかしこのようになるまで、自分の生活内での持続的な修復的取り入れの源泉となるよう、分析家と分析を巻き込もうとする患者による努力がほとんど絶え間なく行なわれる。終わりなき分析を生み出そうとする意図はきわめて明瞭で、それは、単に寄生的なだけの種類のものではなく、より倒錯的で破壊的なものである。男性においても女性においても、意識的な動機が、ポリーナのように負債（抑うつ的罪悪感）から解放されるためであれ、アレクセイのように倒錯的な快楽にふけるためであれ、分析的乳房は無慈悲に貪欲な対象になる。

転移を倒錯的に利用しようとするこの意図に分析家が動かされやすいかどうかは、もちろん逆転移の問題で、無限に多様で複雑である。しかし、ある構図は認められ、それは特にドストエフスキーの物語に驚くほどに明晰に示されている。「将軍の」ブランシュに対する奴隷的態度は、父親が乳幼児的な性的興奮、特にマゾヒスティックな性質の興奮に動かされやすいということを表わしていて、それは結合対象を解消しはじめるようである。男性の分析家は女性の分析家よりこの点で影響をいくらか受けやすい。

患者に対する結合対象的態度の解消によって、母親的な逆転移は、相互理想化への誘惑に影響を受けやすくなる。これは楽観主義と寛大さを生み出し、ほんの些細な発達のなかに、分析はやがて「峠を越える」といった希望が見られるようになる。女性の分析家はおそらくこの点で巻き込まれやすい。

これら二つの逆転移上の影響の受けやすさに加え、三つ目には、特に料金上の調整が倒錯的に利用され、分析的乳房が胴元－乳首をもつルーレット－回転台－乳房に変容されてしまうということがある。すなわち、分析的乳房は機械的で「科学的」なものとなる。このあり方は、精神分析の歴史を非常に精妙に修正することで正当化される傾向がある。この正当化は、精神分析に医学から全体的に距離を取らせ、分析家がまずは治療を成し遂げようと試みること、つまり、治療により苦痛を緩和し、発達を促進すること、あるいは最も適切には、その両方を行なおうとすることを否定するところに見られる。こうして「何も傷つけない［nihil nocere］」という医学的倫理は、市場の法則、「買い手注意［caveat emptor］」というものに置き換わる。この情緒的に不毛な態度は、逆転移の概念を変容させ、分析家のいかなる情緒的な反応も病理的なものとしてしまい、一方で、健康な逆転移と病理的な逆転移の区別を無視し、他方で、意識的な逆転移と無意識的な逆転移を無視する。これにより、逆転移現象［counter-transference phenomenon］と逆転移的な活動の差異が曖昧になる。そのため、逆転移を「あなたは、私に……と言ってもらいたいようですね」という形の、意識的な逆転移以外には何の根拠もない解釈で表現されるところでは、逆転移の自由なアクティング・アウトが解放される。

分析状況のこの倒錯が引き起こされると、全体状況は以下のようにして固定される。すなわち、分析外で患者の生活の社会的な形態は「成功している」「ちゃんとしている」と評されるほど改善し、社会精神医学的な基準から見ると「治癒」と記述される程度に達する。彼は「適応が良くなった」のであるが、しかし、彼の倒錯は未だ「治癒」していない。分析のなかでは、分析家へのある種の残酷さが持続し、それは態度や、セッションを休むこと、遅れること、支払いに不満を言い、「もちろん、ここの私たちは別です」ということなのだが、全般的に精神分析家を嘲笑することなどに表われる。しかし、倒錯的な行動や夢についての報告の素材は豊富である。分析家の希望が挫折することを示唆するものは優越感と非難をもって歓迎される一方で、時折示される楽観主義は陰性治療反応という倒錯的な祝祭の到来を告げる。そこで明らかになってくるのは、患者は分析家－母親を、精神分析に嗜癖している分析的な授乳する乳母－売春婦と見ているということである。そして、患者を良くすることができないか、限界を認めることができないかのいずれかであると見ているのである。唯一、偽の－乳首－ペニスという誇張された「超然とした」「科学的な」態度のみが患者の尊敬を得ることができ、畏怖されさえする。そこで患者は偉大な存在に接しているのではないかと思うが、しかし分析家が神のような存在なのか、悪魔のような存在なのか、全く確信できない。分析は、世－の－中に生きることから変化して、分析家が「宿命」、つまり不可解な胴元－乳首として存在する小宇宙へと変わる。
この形態こそ、私の経験では倒錯的な転移の極印である。すなわち、乳房である精神分析が侮蔑され、乳首、ペニスあるいは糞便的ペニスが混同された分析家が畏怖される。そこから浮かび上がって見えてくるのは、社会的な倒錯のムチとしての解釈とのフェティッシュ的な遊びである。精神分析集団が退廃していくと、自然とこの路線を進んでいくことになるのであろう。

原註

1　ギレスピー、カーン、バリント（Balint）を参照。

訳註

1　アポリナーリヤ・スースロワの間違いであろう。ポリーナは、『賭博者』の登場人物、ポリーナ・アレクサンドロヴナ・プラスコーヴィヤの名で、当時のドストエフスキーの愛人アポリナーリヤ・スースロワをモデルにしていると言われている。ドストエフスキーは、肺病になった妻をウラジミールに転地療養させ、アポリナーリヤと欧州を旅行するが、先に発った彼女を追って立ち寄ったヴィスバーデンでルーレット賭博熱に囚われ、その後欧州中を賭博しながら放浪しつづけた。

2　「将軍」は、家族と貧乏なホテル暮らしをしている。ブランシュも同じホテルにいる。

3　「車椅子のおばあさん」と呼ばれているが、「将軍」の伯母である。

第3部

理論の応用

第20章 暴政 ◀1

この論文は、一九六二年に始まる三段階の変容を遂げた。それは、一九六二年にはいくつかの経験——ある臨床素材、ある彫刻作品、法律家の回顧録——が重なり、それらがイマーゴ・グループで発表された論文に刺激を与えたときに始まった。その第二の段階は、「名のない恐怖」というビオンの理論を補足するものだと考えられる、戦慄と恐怖の概念を考案したときである。この論文は一九六七年の国際学会で発表され、第14章に収められている。現在の段階は、倒錯と嗜癖にある内的暴政に関する精神分析的知見に基づいて暴政の社会的なコンテクストを徹底的に探求するとともに、それら社会的現象に関する精神分析や分析家、その協会の役割についての問いかけを拡げようとする、融合と発展の段階である。

米国最高裁判所陪席裁判官だった法律家のフェリックス・フランクファーター（Felix Frankfurter）▷1は、ハーレン・フィリップス（Harlen Phillips）▷2との対談（『フェリックス・フランクファーターの回想』（Reynal, 1960））のなかで次のように述べている。「私はとても真剣に、非常に真剣に法律を解釈する。

なぜなら、理性としては脆く法律としては限界があるけれども、法律は理性が制度化されて形になったものだからだ。そして、ちょっとした意志と抑えの効かない規律なき残酷な感情による暴政と私たちとの間に位置するものとして、私たちにはそれしかないのだから」。

私にはこの発言は、社会契約に関する明白な言明としての法律と、社会ののけ者を排除し処罰する規則としての法律との間での混乱の縮図のように思われる。抑うつポジションの閾にいる患者において、私はこの葛藤に再三にわたり出会っている。それは、良い原初的対象への信頼や依存の到来が独占欲の強い嫉妬と未だかなり混流していて、分裂・排除された自己の悪い部分への懲罰、さらには根絶さえも——外的世界での投影された表象においてだが——権利として、忠誠への報酬や信頼の継続への前提条件として要求されるときに見られる。

抑うつポジションへの侵入が深まるにつれて、判断を下す機能は乳幼児レベルの内的諸対象に引き渡される。そしてその結果、取り入れによって見せかけの神聖さが改められる。ヒトラーのドイツにおいて、一体誰がナチでおらずにいられただろうか。試練に耐えたひと握りの人々を除いて、誰が確信できようか。

オットー・フェニヘル（Otto Fenichel）[3]（『トロフィーと勝利』（1939））は、一五二五年の農民戦争に関するエンゲルス（Engels）[4]の記述について言及し、そこから法律に関するフランクファーターの考えよりも遥かに自我防衛的な意味を導き出した。彼は次のように著している。「内戦であろうと対外戦争であろうと、すべての戦争において、戦術上必要と思われるより遙かに多くの残虐性、そして個々人のなかに実際に動員される憎しみの総量より遙かに多くの残虐性が存在してきたし、今日も存在する。心理学だけがこれを説明することができる。これをグラバー（Glover）[5]は、根の深い欲動的な動機こそが戦争の真の原因であるという証拠だと見なす一方、戦争の原因だと見なされているものは通常、破壊欲動の「合理化」であるとした。残酷さのなかには生物学的な基盤をもった快楽があるということを否認しないで、グラバーの観点に異議を唱えることができる。問題の一つは、かなりさまざまな期間において、戦争における残酷さ、特に敵を辱しめるために課せられる残酷さは、とてもよく似た全く一定の形態を帯びているということである。これらは、四肢の切り落としや食人行為、あるいはそれらの象徴的なほのめかしのいずれかを含む。たとえばエンゲルス（『ドイツ農民戦争』（N.Y., 1926））を引用すると、「多くの囚人は最も残虐な方法で処刑され、他のものは鼻と耳が切り落とされて家に帰された……農民はサポヤ［Zapolya］[6]に襲われ追い払われた。ドウサ［Dosa］[6]自身は捕虜となり、赤く熱い玉座の上で焼かれ、生きたまま自分の家来に喰われた。その家来たちは単にこんな状況だったからこそ助かったのだが……」。今や、これらの残虐行為は反乱軍によってではなく、法と秩序の代理人によってなされた。そして人はしばしば、世界史においては暴徒よりも国家に忠誠を誓う身分の高い擁護者たちによってこのようなことがより頻繁かつ広範囲になされているという印象を抱くだろう。いかなる司法システムにおいても処罰に、人間を生きたままで焼いて食べることが規定されていないことが立証できる。このような残酷な命令の目的は何だったのか。打ち負かされた敵をさげすみ、屈辱を味合わせることである。さらに何がこのさげすみと屈辱の形を決定するのか。誰もが一度は切望した、しかし後に抑圧に屈した欲動的な目標であったものが、あざけりや軽蔑でもって相手に強いられる」。

しかしながら欲動的な犯罪、つまりおそらく妄想がかった犯罪の遂行を強いることは、その逆、すなわち一方ではそのような犯罪を放棄し、他方では欲動的でリビドー的な満足をあきらめることよりも遥かに容易な作業だということは全く明白である。マルケサス島民とタヒチ島民それぞれにこのような規制を強いようとして難儀する西洋人の好例は、ハーマン・メルヴィルの優れた本である『タイピー』[7]と『オムー』に見ることができる。

暴政は、「ちょっとした意志と抑えの効かない規律なき残酷な感情」の表現ではなく、抑うつ不安に対抗する防衛として社会化された倒錯である。そのうえさらに、見たところ絶望的に切断された内的対象との交渉のための社会的過程である。それは、抑うつポジションの苦痛に直面することへの臆病さから生じる。暴政の実行はひとりよがりを生み、それへの服従はアパシー［apathy］を引き起こす。

臨床素材

重度のスキゾイド男性の分析における最初の三年は、彼が強烈に同一化していた、精神的にも身体的も過酷に切断された内的な両親の回復作業で占められた。秘密で奇怪な躁的万能感だけが、彼を全くの失望から救っていた。彼には早期幼少期から、二種類の自我状態があった。一つは恐ろしく身体が醜く、絶望的に精神に欠陥があるという感じに支配されたものであり、もう一つは人と交わらない引きこもった状態で、そこでは自分のことを、無類の天才ないし聖者で、圧倒的な美しさと無限の創造力をもった人物と感じていた。最初の状態では彼は、社会性がなく部分的に学習困難で、嘲笑にこの上なく敏感で攻撃されると無力になるのだった。後者は家族から隔離された状態で、作曲家－ピアニスト、部隊長、ニュース解説者、機関車の運転手、編集長など、まさに小さな子どものように妄想的なアイデンティティのオンパレードだった。それらは、素晴らしく詳細な観察とパントマイムの才能で成し遂げられたので、脚色されている妄想の強さや、笑っている大人に対して抱かれていた秘密の軽蔑を家族が見逃してしまうほどにひどく陽気なものだった。完全に一人になったベッドのなかでマスターベーションは花開き、サド・マゾ的な倒錯に至った。彼のさまざまな身体開口部への苦痛に満ちた挿入がなされた。

最初の三年のとても骨の折れる作業は成果を上げ、内的母親や乳房の良さや美しさを、そして内的父親とそのペニスの献身と能力を充分に修復した。その結果、共同作業の時期において分析過程に似たものが形をなしはじめた。しかし、遠くで抑うつ不安が雷鳴を響かせるのに引き続いて、万能感とスキゾイド的な無関心へのパニック状態での退避が起こるときはいつでも、差し迫った分離や陽性の感情に続く陰性治療反応によってそれは粉々になった。

この文脈において、かつての二歳年下の弟に関連し、そして、分析家が新しい分析ケースを引き受けるであろうという予想に関連して、来たるべき赤ん坊に対する途方もない嫉妬が分離状況を支配しはじめた。分析の四年目と五年目の間、内的両親の性器と内的母親の内部の赤ん坊たちを切断する攻撃が、長期休暇に関連して規則的に起こった。

五年目の秋は、彼がとても秘密にしたがった二つの関連のあるタイプの振る舞いに使われた。一つは、マスターベーション行為に関連したポルノ画のデッサンだった。もう一つは悪臭がするという妄想ゆえの身体的接近の回避だった。これは、倒錯によって損傷してしまったと彼が想像していた肛門の漏れから、音もなくおならが出つづけているためであると感じていたことだった。分析経過においてこの後者の問題は、突然陽気になって職場や面接室で「冗談を漏らす」ことと交互に現われるようになった。

次の二月には、彼は自分が描いたポルノを燃やした。そしてその月末頃に、描いた絵はさまざまな切断された女性の身体であったことを明らかにすることができた。

その年の五月に、次のような夢を報告した。一枚の紙に記された有罪を示唆する証拠を恐れ、彼は自分のペニスを使ってその紙を女きょうだいの肛門に押し込んでいた。彼はこの夢のなかで、なぜ彼女がそれを受け入れているのだろうかと困惑を感じた。

これが例証しているのは、自分から内的諸対象のやっかいな切断された身体、すなわち**他殺死体**[*corpus delicti*][▽8]を取り除く患者の仕掛けである。それらは、彼自身の分裂・排除された女性部分に排出され、抑うつポジションの苦痛に対する防衛として外側に投影される。彼の無意識的空想のなかで、切断された諸対象はさまざまな方法によって他の人物に投影されていたので、彼が回避していた感情や責任をそれらの人々が負っていると感じられていた。その結果、自己満足に浸った。というのも、彼の内的世界のなかでは損傷は彼の目には見えなかったからだ。罪悪感、悲嘆、後悔、切望といったすべての感情は取り除かれた。償いに関する全くの無力感がそうした抑うつ不安すべてに広がり、したがって彼の傷害された対象を投影された犠牲者は、生命を蝕む全くの失望をも背負っていると感じられていた。もちろん眼も含めて、誰か別の人物のあらゆる身体開口部は、この侵入のために利用されるのだった。彼自身のこころや身体のあらゆる産物が、切断された対象の運び手になりえた。

分析の六年目の後半には、美しい内的母親、分析家、さらに外的母親を守り保護したいという願望が徐々に高まった結果、統合の過程がとてもゆっくりと始まった。分析家と母親は、良い内的対象と結びついている外界の二人の人を表象していた。

患者のパーソナリティの分裂・排除された部分こそが、そもそも彼の内的世界を切断していた。その破壊活動のひどい残忍さゆえに、この部分は、最初は夢のなかでは機械装置——戦車、戦艦など——としてのみ表わされていた。五年目と六年目を通して、夢と広範なアクティング・アウトのなかで、これは「ティガー」[◁9]という名の猫として表わされ、私たちにはやがて患者のなかの「ティガー部分」として知られるようになった。六年目の秋には、この部分が夢のなかで時折人間の形をして現われた。その動きがゆっくりと意識に上るようになった。以前は、それらはおならの絶え間のない排出という妄想に結びつけられていた。今では、分析家が解釈したときはいつでも、カウチの上での持続的な囁きとしてそれらは表在化した。解釈に対する皮肉っぽくて嘲笑的で口汚い反駁の囁きだった。

六年目のクリスマス休暇が近づく頃は、良い内的母親の維持が、したがって分析における良い感情や希望の維持がいつになくうまくいった。分析家の安全についての極度の不安や孤独に対する深い惨めさが意識に上りはじめた。休暇の直前のセッションで彼は次のような夢を報告した。彼はみっともない身なりをした黒んぼ［*negro*］が雨のなかの排水溝で眠っているのを見た。患者は彼を起こした。患者が坂を下りていったので、その男は彼の後をついてきた。その間、その男はずっと自分のペニスを患者の尻に押しつけていた。

この夢は明らかに、破壊的な、そして今や嫌うべき彼自身の一部が、患者がその残酷さを呼び覚ますまで一時的に眠らされていたことを示している。彼が自発的に坂を下っているのは明らかであり、誰も彼に強制していない。彼は、孤独やあらゆる抑うつ的な苦痛への不安から逃れるために退行したがっていた。この夢は、彼の女きょうだいの夢と関連している。

六年目の二月、クリスマスの間彼が精神的に虚脱したために失われた立場を修復しようとする、とても困難な苦闘の後、アイヒマン（Eichmann）▽[10] とナチの死の収容所のことで占められたある分析時間の後に、彼は夢を見た。三世代にわたる人々の集団が、分析家の面接室の外にいた。その人たちはみすぼらしくて飢えていたが、陽気さと悲しみを織り交ぜながら歌い踊っていた。一人の若い女性が患者の手を取り、グループのなかに引き入れようとした。だが、彼は身を引き離し、歩いて坂を降りていった。次に彼は自分の部屋にいて、鏡のなかに映る裸の自分を見ていた。自分のペニスは見えなかったが、脚を上げるとその後ろに第三の脚があるのが見えたので、彼はぞっとした。

「黒んぼ」の夢でのように、彼の内的世界のなかに死の収容所を作ることを許可した後ろにいるアイヒマンと一緒に坂を歩いて下っているのに気づいてぞっとしていると私は解釈し、彼はそれに同意した。

彼は、陽気さと悲しみが織り交ざった人類家族、すなわち「三世代」に加わるのか、あるいは人々の間にあるすべての愛の絆を憎んで皆殺しにするつもりであるナチスに加わるかという選択に直面していた。彼は後者を選んだ。それは、彼自身のアイヒマンの側面に内的な良い諸対象を皆殺しにさせておくことによってである。すなわち、外的世界の諸対象を愛し、彼自身が人類家族の一部であると感じ、他者の幸福を気づかう能力の基盤を破壊するままにさせておくことによってである。しかしながら、彼の手を取ろうとした若い女性から身を引き離したのは、集団のみすぼらしくて飢えている姿や彼らの歓楽のなかにある哀愁によって表象されている苦痛を避けようとした結果だった。そのことに注意することが絶対に必要である。そうすることによってアイヒマンに内的世界の支配権を与え、それによって、ペニスに表象されている自尊心を犠牲にしたことを実感したとき、彼はぞっとしたのだった。

この素材は、バタシー[▽11]で展示されていたラルフ・ブラウン（Ralph Brown）[▽12]による「ある死体を伴った二つの肖像」を見たとき、私のこころでとても生き生きしたものとなった。それは、この素材の形式的な側面と情緒的な側面を力強く統合する。

当時の私の見解は、『絵画と内的世界』として出版されたエイドリアン・ストークスとの「対話」で述べている。そしてそれは、今私が思うに、精神分析と分析家の社会的役割［role］を悲観的に捉えたものだった。それは、妄想的な不安を減らし、抑うつ的な苦痛への耐性を発展させる良い対象との結びつきを強化するという見通しのもとに、解釈という精神分析的な方法と社会的に等しい作業を行なう負担をすべて芸術家に、あるいはむしろ「芸術の世界［art world］」に移しがちであった。その望みは、とりわけ芸術家を分析的に治療することを通じて、精神分析的な知見が「芸術の世界」に浸透するかもしれないということにあった。これは、教会の継承者である人道主義にその分野を委ねてしまっていると言われるかもしれない。

一九六三年の私の論文「身体妄想」[13]で述べ、そして先ほど述べた患者についての有望な兆しは、引き続く数年間の作業では確証に至らなかった。というのも、彼の進歩はゆっくりと止まり、その後再確立されることはなかったのである。しかしながら、彼とは理解に至らなかった問題は、他の患者たちとの間で顕わにされ、ワーク・スルーされ、一九六七年の「戦慄、迫害、恐怖――妄想性不安の解析」（本書第14章）という論文で報告された。その知見は次のように要約された。

「戦慄は妄想性不安であり、その本質は行動手段を全く残さない麻痺にある。戦慄の対象は、無意識の空想では**死んだ**対象群であるが、それからうまく逃れることすらできない。しかし心的現実においては、対象の生命力は、奪われているかもしれないが、神学における身体に対する霊魂のように、戻すこともできる。これは、内的両親とその創造的性交の償う能力によってのみ成し遂げられる。

内的対象群の償う能力に対する依存が、エディプス的嫉妬や破壊的羨望により妨げられると、この修復は睡眠や夢を見ている過程では生じえない。乳幼児レベルでの母親の乳房という転移的意義を担っている外界現実における対象だけが、この任務を成し遂げられる。乳幼児的依存が、羨望からの貶める活動や分離への不耐性から生じた頑迷さにより阻止されていると、修復は認識されないままに何度となく試みられるであろう。

有害なマスターベーション攻撃により、内的な良い対象群への依存が実行不可能となった場合、そして良い外界対象が得られないか、そうとは認識されない場合、**暴政への服従**といった自己の悪い部分への**嗜癖的**関係が生じる。安全性についてのまやかしが、破壊的部分の全知により広められ、倒錯とそれに含まれる嗜癖的活動により生み出された万能感により永続化される。暴政的［tyrannical］で嗜癖的な悪い部分は**恐怖される**。暴君は、とりわけ反抗のいかなる兆しでも感じると、迫害者のように振る舞うかもしれない。だが、自己の服従的な部分を引き止める本質は、**戦慄に対する保護が失われる恐怖**によっていることに気づくことが重要である。結論に行きついたが、抑うつ不安への不耐性**のみ**では、あるいは、それが傷ついた対象からの迫害と結びついたとしても、暴君への服従という嗜癖的な布置は生じない。心的構造において暴君との嗜癖的関係が失われることへの恐怖があるのなら、恐怖と服従の背後にある力として、戦慄の問題がその中核に存在するであろう。

そのような自己愛組織が分解され、そして悪い部分という暴政に対する反抗が開始されるまで、抑うつポジションの閾への進展は不可能である。そのうえ、これが生じるまで、分離や抑うつの苦痛への耐えられなさや、迫害に直面したときの臆病さといった精神病理における要因を正確には判断できない。暴君との関係において感じる恐怖は、基本的には戦慄に対するまやかしの保護が失われる恐怖であり、休暇による分析の中断期のように、良い対象群がそのとき不十分か得られないと思われ、良い対象群との同盟に反抗が開始されてしまっているとき、とりわけ出現してくるのが見られよう」。

この要約では、これを書いたあとの二年間に次第に確信を深めた点、すなわちこれら「死んだ対象」は内的母親の内部の赤ん坊たちであるという確信を最終的な分析で得た点は強調しなかった。

要約と討論

こうして今、一九六二－六八年にかけての六年間における、社会現象としての暴政の問題に関する私見の発展を、ここではこのように説明してみた。なぜなら、行動することの要請は改められ、共通感覚を伴う人道主義への降伏が覆されうると私は感じるからである。ちょうど冷笑主義が共通感覚の倒錯であるように、精神分析は共通感覚に対するアンチテーゼであると私は確信している。というのは、精神分析は外的現実ではなく心的現実の法則こそが第一義であると見なしているからである。共通感覚は、啓発された自己の利益に関する冷笑に抗議するかもしれないが、抑うつポジション内では弱々しく感傷的に見えることなしには決して抗弁できない。結局のところ、それは自己中心性に必ず結びつく。超自我の具体性という発見を扱うようフロイトが私たちに教えているように、自己を越えたところにあるところの領域を共通感覚は考えきれない。

したがって、精神分析には理論やその使用法が備わっており、それによって時間や深度の次元での人間の行動の意味を知ることができる。これは、共通感覚や、予知的なものが足りない内省では手に入らないものである。

暴政の理論は先見性を生む。そして先見性は行動を可能にする。この先見性の真髄は、心的現実においては内的母親の内部の赤ん坊たちを殺害するという意味をもつに違いない行動を、外界で認識できるようにするということである。そこでは、戦争や強制収容所というパラダイムは私たちに役立つ描写ではないが、共通感覚は暗黙の承認を与える。精神分析的な考えが要求されるいくつかの社会的論争の領域について言及しよう——漁場、避妊法、臓器移植、野生生物の保護、離婚、薬物摂取、工場飼育、生体解剖、植林、考古学、刑法と刑罰学、埋葬法、図書館と博物館の保護、動物園、結婚、妊娠中絶、汚染。

暴政や究極の倒錯である戦争は、私たちには「私たちがすることではないとわかっている」というような、共通感覚にとって無害に見える活動によって絶え間なく生み出される無意識の戦慄や抑うつ不安の蓄積が、私たちに強制してくるものではないのだろうか。おそらくは精神分析のみが、これらの領域を詳細に描写し、それらの活動を暴くための方法と素材をもっているのであろう。

原註

1 本論文は、英国精神分析協会で発表され、Scientific Bulletin, No.24, 1968 に掲載された。さらに Rev. de Psicoanalisis 25, 817, 1968 にも掲載された。

訳註

1 ウィーン出身の米国の法学者（一八八二―一九六五）。ハーバード・ロー・スクール教授、最高裁判所陪席裁判官を務める。司法消極主義で立法部の判断を尊重した。

2 不明。

3 オットー・フェニヘル（一八九七－一九四六）は、ベルリンで訓練を受け、オスロ、プラハを経て米国ロサンジェルスに移住した精神分析家。『精神分析技法の基本問題』（1941）は邦訳がある。ジェイコブソン（Jacobson, E.）やグリーンソン（Greenson, R.R.）を育てた。

4 フリードリヒ・エンゲルス（Friedrich Engels）（一八二〇－一八九五）。近代共産主義の創始者。カール・マルクスと協働し、社会主義運動を推進した。著書で一九二四～二五年に南西ドイツを中心に起こったドイツ農民戦争を題材に取った。

5 エドワード・グラバー（Edward Glover）（一八八八－一九七二）。英国の精神分析協会創始者の一人で、自我心理学派。クラインと鮮明に対立した。『精神分析の技法』（1958）は著名。

6 Zapolya（これはポーランド語記述。ハンガリー語ではSzapolyai Janosと記述）はトランシルヴァニアの豪族（一四八七－一五四〇）で、後にハンガリー王国の対立王となる。ドウサ・ジョルジの率いる農民反乱を鎮圧し、ドウサを残忍に処刑した。

7 第16章の訳註7を参照。メルヴィルは捕鯨船の水夫として世界を回り、マルケサス諸島マクビーバでタイピー族に捕らえられた経験、タヒチ島での経験をもとに『タイピー』（1846）、『オムー』（1847）を執筆。

8 犯罪の明確な証拠という意味もある。

9 『くまのプーさん』（1928）に登場するトラ。いつも飛びはねて、森の動物たちを困らせるが、心根は優しい。

10 カール・アドルフ・アイヒマン（Karl Adolf Eichmann）（一九〇六－一九六二）。ナチス親衛隊中佐。強制収容所でのユダヤ人虐殺を指揮。

11　ロンドン南西部の地区でインナー・シティに位置する。Battersea Art Centre がある。

12　一九六八年に王立美術院に当選した彫刻家のことか。

13　一九六四年の論文「身体妄想と心気症の識別（The Differentiation of Somatic Delusions from Hypochondria）」のことで『国際精神分析誌』四五巻に収められている。本邦未訳出。

第21章

世代間の「永久革命」

若き日のトロツキー（Trotsky）[1]のじっとしていられないこころは、ロシア革命の未来とその窮境に感づいていた。もし新しい体制が永久に革命へ駆り立てる衝迫を制度として組み込まなければ、その体制は完全に統制された状態に情け容赦なく変わり果てるし、それはこの体制の前提に背くことになるのだと。この小論で私は、永久革命へと駆り立てるこの衝迫の源泉を示したい。そして、永久革命と反逆の衝動を区別し、心的現実における世代間の断絶という事実との関係や、人間のこころの根源にある近親姦に対する障壁とのつながりを示したい。

ここでの議論の基になっているのは、「青年期からの浮上」〔第8章〕と「超-自我-理想の起源」〔第10章〕の章である。だが本章では、精神分析の創成期にはかなり重要視されていたにもかかわらず、今ではほとんど言及されなくなった概念である、近親姦〔incest〕障壁もしくは近親姦タブーについての議論から始めよう。後者の用語はフロイトの考えに吹き込まれた人類学的な着想を露わにし、加えて彼のこころのなかで、一方では宗教〔religion〕の発展に、もう一方ではエディプス・コンプレックス

[Oedipus complex]の運命につながれたそのやり方を露わにしている。幼少期の性質をより詳しく理解したことで、現代では近親姦の概念から同胞間の性的関係を除くようになったし、親と子の性交に対する禁止、もっと正確に言えば内的な禁止に限定するようになった。この禁止が、実のところ両親が子どもの欲望を拒絶することや、子どもが現実に生殖不能であること——男の子が精液で妊娠させられないこととか、女の子が子どもを妊娠できないこと——に基づいて、エディプス・コンプレックスの背景を形成する。乳幼児性愛での真の性器的な傾向の目標が、第一に生殖に向いていることは今日認識されている。つまりフロイトが初期に考えたような性愛部位（性感帯）の快感が目標ではなく、赤ん坊を与えたり授かったりすることを目標としているのである。また投影同一化の結果として、性愛部位の混乱や地理上の混乱やアイデンティティの歪みが起こるため、前性器的な傾向こそが、性器性のふりをしたり官能に貪欲になったりする。

性器的なエディプス・コンプレックスの核にあるこの無意識的状況、すなわち子どもは赤ん坊を作れないし、内的な親がそれを試すことすら許さないこと、これが世代間の大きな隔たりを特色づける心的現実の根本的な側面なのである。外的世界において集合的には世代は当然お互い次第に変化していく一方、世代間格差[gap]の心的現実は、他者に対する私たちの思考や感覚の様式[modes of thought and feeling]において、引き続き、個人や集団として知られるようになる。見かけ上この事態は、実のところほとんど真実でないところで、最も明らかなように見える。すなわち、青年のコミュニティと成人のコミュニティの間にある障壁がそこなのだ。未だ青年期の過程に保持されている若い人たちと、成人としての責任をもつことへと移行した者たちの間に存在する大きな隔たり、実際のところ、同世代間の構造的な隔たりなのである。しかし、成人の生活を営むようになってまだ間もない不安定な時期では、年長の世代との同一化が防衛的に頑強であるため、格差が広がるようである。このような同一化は、更生したばかりの犯罪者とか賭博者や喫煙者と似たような、殊勝な態度に満ちていることが多い。

こうした理由から若い頃の父親というのは、それからさらに一五歳か二〇歳ぐらい歳を取って、自分の娘たちが青年期に入り、父親の犠牲のうえで躍起になってエディプス葛藤をやり直していく時期よりも、青年期の娘の性的魅力から厳格に守られている。こうした後の時期の近親姦障壁への重い負担を課せられた結婚の残骸は、今日遥かに明白になっている。人類の歴史のもっと早い時期では、その欲求不満に耐えられないことが一般的とされ、売春、情婦囲い、情夫の容認、重婚、侍女などの制度化が起こった。

社会現象としてこの問題が現われるのは、女性よりも男性のほうが遥かに多い。これは父親と娘に比べて、母親と息子の間にある近親姦障壁のほうがずっと強いことを物語っている。この点についても、前性器的発達についての新たな理解にその答えの一つがある。それは幼い女の子の離乳にまつわる葛藤は、女性の淫乱さの基礎となる口唇的な構成要素が加わることで、父親のペニスへの近親姦衝動を強めるけれども、それが男の子の場合だと母親から追い払われて、同性愛へと向かうということなのである。

この経路を辿ると、前性器的な葛藤の口唇的構成要素は、あくまでも私が思うだけなのだが、女の子の女性性を強める一方で、男の子の男性性を確実に弱めると思われる。ただ実際は、ペニスへの強烈にアンビバレントで部分対象的な口唇的欲望も、少女の真の性器的発達を弱めるものである。

ここで指摘したいのは、心的現実によって課せられた世代間の真の格差は、性的な選択や、当然ながら性愛葛藤のなかに現われるということである。しかしながら、乳幼児と成人を比較的しっかり区別できている場合、世代間格差に気づくのはとても寂しいことであり、孤独やノスタルジーに満ち満ちている。たとえどれだけ現実の身の周りの環境が良くなっているとしても、自分の幸せな幼少期の思い出の場面を想起したことがなく、ただその思い出が「台無しになっている」と思うだけの人とはどんな人だろう。そこには、生来の権利——母親——の絶対的な所有を要求するために戻ってくる英雄の帰還という早期空想を再現したいという切望がある。逆に小さい女の子には、求められるか救い出されるという早期空想を再現したいという強い熱望がある。

内的諸対象の取り入れ同一化への傾倒を受け入れるという成人の経験は、外的な両親とは異なっているという明瞭な感覚をもたらすと同時に、とても忠実に内的な「両親の後援を受けて」いるとしても、内的な親とは独立した道を歩んでいく必要性ももたらす。潜伏期のときに世界を受け継ぐ者だと期待されていたことが、今やそれへの責任として明らかになる。そして世界こそが、変化や進化、秩序の改善を要求し、あらゆる領域で新しい形態の実験を求める。

さらに言えば、一昔前の時代、すなわち外的世界で神が死ぬ前はそうでなかったと私たちは感じがちだ。新たな革命的な神に取って代わられるまでは、昔のすべての神は社会的には貴族であり、経済的にはブルジョワジーだった。そして次にはその新しい神も年老いていく、などなど。けれどもそのペースは確実に遅くなってきた。本当にそうだろうか。おそらくその上げ潮は充分なものであったが、かなり政治的なものだったし、科学技術的というよりはもっと自然の気まぐれに開かれていた。それはおそらく外的な必然として、人間はじっとしておれないゆえにただ歩き回っていたのである。

神の死や、天上から下る永遠なる秩序という神話が過ぎ去ってしまったこととともに、同じように代々受け継ぐ特権や地位、さらには――徐々にではあるが――財産の死が起こっているか、起こりつつあることを、私たちは少なくともある程度の明晰さをもって理解できる。永遠なるものの理想化から、フロイトの考えにさえ影響を与えた動的平衡というむなしい望みを経由して、あらゆるものは――複さ、序列、もしくは形態の点で――成長するか、さもなくば衰えるかのどちらかしかないという認識に私たちは変わってきている。エディプス・コンプレックスや近親姦の禁止の力によって世代間に広がっている格差は、とうてい抗えない心的現実なので、外的世界での表現を求める。今日の政治は世代間の闘争にこれまでになく明らかに支配されている。その一方で性や地理、金融、社会階級、宗教、教育、その他の人口分布の変数は、私たちの状況がとても流動的であり、その要因が社会‐経済と無関係だということのために、政治的結集にとっての重要な意義を失くしている。

ただし世代間格差を広げる力を定義すること自体が、その格差の内容や外的関係にとっての重要性を明らかにするわけではない。実際のところ、心的現実において両親の禁止や乳幼児の無能力により引き裂かれているものは、外的現実においては経験の断絶や、それゆえのコミュニケーションの断絶という形で現われている。それに異なった言葉を話すために、各世代はお互いを理解していない。たとえば、戦前の英語と戦後の英語の違いといったものである。言語［language］のどんな名詞でも、時が過ぎ行くにつれてその意味が増えていくし、それと同じくして意味が減っていく。というのは、単語はいつもその時代に流行っている意味をもち、かつ単なる古めかしい資料なのである。もしこのことがよくわからないなら、一九三〇年代のあなたの好きな映画、たとえば「三十九夜」[2]を観に行って、次にそれをテレビとか地域で上演されているのを観てみるといい。そこで幼い子どもたちの熱中しつつも困惑している顔や、青年期の子どもたちが楽しんでいる姿を観察してみよう。そして目を閉じてしばしの間、耳を傾けてみよう。覚えていてほしいのだが、私が論じているのは単に単語ではなく言語——リズムや音のイントネーション、言い回し、速さ、語彙、口語表現、社会的隔たり、そして語られるメッセージや語られないメッセージ——についてである。あらゆるものがある程度、少なくとも衣服と同じくらいにその意味が変化している。お気づきだろうが人間関係というのも、幼い子どもたちにとっては「円卓（the Round Table）」[3]と同じぐらいにロマンティックなものだろうし、青年にとっては「善意でユーモアのあるピックウィック（Pickwick）」[4]と同じぐらいに古めかしいと思うだろう。全くたいそうショックなことだ！

おそらく今、この論文の中核となる論点を提示し検討するところにきているのではないだろうか。私は**政治に関わる**母集団を、心的現実の観点から二つの異なる世代に分け、その各々の世代を三つのグループに分類できると提案しよう。最初に若いほうの世代は、おおよそ一八歳から五〇歳までで、年長のほうの世代はおおよそ五〇歳から八〇歳までである。次に、反逆的な人と、保守的な人と、革命的な人という三つの異なるグループがその各々のなかにある。覚えておいてほしい。私は**あらゆる**人がいつもこのどれかに当てはまるという幻想を抱いているわけではなくて、そのときどきの母集団という意味で、人をそのように分けることができると考えているのである。では三つのグループの心的現実、すなわち**こころの状態**とは何なのだろうか。

反逆心［Rebelliousness］は、近親姦障壁との戦いが未だ前面に出ているという点で、エディプス・コンプレックスの頂点と関連するあらゆる状態を含んでいる。それは過去を侮り、力を貪欲に求め、権力に憤慨し、目新しいものを理想化し、英知を発展させるために経験が重要であるとは信じない、といった特徴がある。また迫害不安が優勢で、かつ暴力的な手段に訴えがちで、暴力的な報復が望まれる。そして彼らがみな固く信じていることは、良い人々は悪い人々によって堕落させられるので、それに対する単純かつ「最終的な解決」に必要なのは、ただ「勇気」すなわち敵を冷酷に破壊することだけだということである。それゆえその目的はいつも負の方向に主張されたり、誤りを導きやすい考えに基づいて議論されたり、根拠のない一般論で彩られている。血の復讐はその倫理＝エトスであり、同害復讐はその根本原理なのだ。一五歳で活発になり、二五歳までに危険な反社会的なものとなっていく。

保守性［conservatism］は、成人の責任や、エディプス・コンプレックスのワーク・スルーという抑うつ的な課題、また結合対象の取り入れ同一化への傾倒を受け入れることに直面した際に、潜伏期のメカニズムへと退行してしまうゆえのこころの状態である。それは、安定を強く望んでいて、成長や発達を犠牲にしがちであるが、心地良くいるために性的情熱を犠牲にすることに等しい。それは分離されて脱性愛化された対象との取り入れ同一化や投影同一化によって生み出されているものなので、若さを羨み、年齢を重ねることをそのまま自動的に経験やそれゆえの知識と同じに見なしがちである。また万能的なコントロールやバランスを取ろうとするテクニックにまつわる信念によって駆け引きや妥協をしがちになる。その一方で象徴形成が損なわれ想像力が制限されているため、すぐに物質主義や欲張りになるし、人々全体と社会的な役割を混同しがちになる。それゆえ機械的に肩書や職務に敬意を抱き、ただ「チェック・アンド・バランス」◁5に従っているだけのことなのである。オリジナルなものと目新しいものの区別ができないのであるが、それは伝統を重んじ、価値の混乱から伝統を守るためである。また心的現実を否認しているため、あらゆる出来事を「原因と結果」と見なし、たとえ「鶏が先か、卵が先か」といったただの堂々巡りの問題でも、悪意をもって言葉をひねったのだと捉える。そして自分自身が昔は反逆的だったことを認めない。というのは、そうしたアイデンティティやそれ特有の発達を否認しているからである。

革命的な精神［revolutionary spirit］は、結合対象との取り入れ同一化が「後援を受けて」分離した生活を送ることを押し付けるものとして受け入れられる瞬間に、生まれるものである。革命的な精神は内的対象と外的対象の違いをよく知っているから、より年長の世代とのコミュニケーションが欠けているのをそのままにしているし、同じようにより若い世代への理解が乏しくなっていることに気づく備えがある。また心的現実が優位であることや思考が内的対象の英知に基づいていることの優位性を確信しているので、外的関係よりも大事であるかどうかはともかく、内的な調和をより大切にする。だから、彼らの忠誠はただ内的なものにだけ捧げられる。それでも、彼らは外的対象に敬意を表している。それは意見については仲間たちに、経験については年長者に、可能性についてはより若い世代に、といった具合である。そうではあるけれども、自分の興味や才能といった内なる炎によって、探究や活動の独自の道を突き進み、同志を歓迎はするけれど、同盟には従属しないよう駆り立てられる。また革命的な精神を後援するものによって、心的現実、そしてそれゆえの動機とその実行方法が最も重要であり、目標はせいぜい先を予言するもので、ゴールはただの幻だと思うようになる。方法論的で倫理的な嗅覚によって、犠牲や誤りという最悪の事態に備える。そして贈り物として手に入れている人生の時間を無駄にすることは、とてつもなく恐ろしいことだから、同じ過ちは決して二度としないと誓う。ただしそれは試行錯誤を繰り返すというのではなく、むしろ内的対象から湧き起こってくる霊感とか、外的なチャンスを待つのである。待っている間になすべきことは、つねに他にいくつもあるのだから、その壁に突進していく必要はない。それにどんなに早くそれを行なったとしても、なすべき仕事はあまりに多いのだから、その仕事を急いでする必要もない。同じ理由から、この精神は、できるだけ必死に仕事をこなすし、新しい世代が台頭してきて、世の中に対する責任を彼らに引き渡すことができるのを楽しみに待ちわびている。そして対照的に、その精神は引退し、追想にふけり英知を求める。革命的な精神は、自分が成し遂げたあらゆるものは歴史のなかに押し流されていくことを知っているし、振り返ってみればそれらは取るに足らないことのようである。つまり、これまで解決してきた問題よりも、確実に露呈してくるもっとたくさんの問題を抱えるだろうことを知っている。彼らはそうやって永久革命を甘受している。革命とは七月や一〇月[▽6]だけのものではなくて、日常のことなのである。

原註

1　アイザック・ドイッチャー（Isaac Deutscher）による伝記の第一巻（Oxford）を参照。

訳註

1　レオン・トロツキー（Leon Trotsky）、本名はレフ・ダヴィードヴィッチ・ブロンシュタイン（Lev Davidovich

Bronstein）（一八七九－一九四〇）。ロシアの革命家。世界革命論を唱えたが、スターリンの一国社会主義論に破れ、国外亡命後暗殺された。

2 英国出身のヒッチコック（Hitchcock）監督のサスペンス映画。

3 伝説的アーサー王に仕えた騎士を「円卓の騎士」と呼ぶことから、the Round Table という単語が中世時代を髣髴とさせるということ。

4 Pickwick という単語は、チャールズ・ディケンズ著『ピックウィック・ペーパーズ』（1837）の主人公である善意でこっけいな老人にちなんで、この意味になっている。

5 政治権力が特定の部門に集中するのを妨げるために、相互の権力の間で抑制と均衡を保たせるという原理。

6 フランスの七月革命、ロシアの十月革命を指す。

個々人はあらゆる事柄に関して自らの見解をもっておくべきであり、直観的な選り好みを合理化することと自らの理論的確信から意味を引き出すことの識別こそが、内省と誠実さの課題となる。精神分析家の専門技術の領域はきわめて限られており、すなわちそれは精神分析的治療を行なうことである。しかし、それが提供する人生観は独特であり、その展望は素晴らしく、その細部は鮮明なので、分析家は他の特質を犠牲にして獲得されるこの方法の狭小さ［narrowness of method］をいとも簡単に忘れてしまいやすい。

こうして精神分析家は、他の科学者以上に——そしておそらくこの点に関しては哲学者のように——説教するために自らの研究室からたやすく引きずり出され、慣れないスポットライトに目をしばたたかせるのである。たとえそこでは、意味を正確に引き出すことが集団で直観を合理化することに取って代わられているわけではないにせよ、彼らが語らなければならないことは思いやりと深い英知、実践的無知が合成されたものと受け取られるに違いない。

以下のものは、ロンドン大学教育研究所の招きで行なわれた、不適応児に取り組む訓練を受けている経験豊富な小学校教師たちのための講義とセミナーから抽出したものである。主眼は、潜伏期（六－一〇歳）、思春期と早期青年期（一一－一七歳）、そして後期青年期（一七－二五歳）に相当する年齢層の集団である。精神－性発達と教育方法の選択との関連を講じるために、以下に示す教育のいくつかの領域に注意を集中したいと思う。

（1）技能
（2）情報
（3）同輩仲間との社会的統合
（4）権威および教職者との関係
（5）知識への渇望
（6）想像力
（7）創造性

これらの用語が精神－性理論とどのように関連するかをはじめに論じておけば、長々しい混乱は避けられるだろう。というのはこの言及によって、私たちの性愛理論が何らかの関連や含意をもつと思われる広範な各カテゴリーにおける、狭いが特定の意味の領域が規定されるからである。対比するために、それらを対にして論じよう。

（a）技能への切望／情報への飢え
（b）情報への飢え／知識への渇望
（c）知識への渇望／創造衝動
（d）創造衝動／想像力
（e）想像力／同輩仲間との社会的統合
（f）同輩仲間との社会的統合／年輩者との接触

（a）技能への切望／情報への飢え

子どもが、大きさだけが子どもを成人の世界から区別しているのではないとわかるためには、現実とのある程度の接触が必要である。最もわかりやすい相違のうち、体力と技能は、知識や賢明さ、創造性や責任、誠実さなどとは全く異なったものとして実に明瞭に示される。しかし体力と技能すらも、小さな男の子のおとうちゃんとの「レスリング」や小さな女の子の家事での「おかあちゃんのお手伝い」に例示されるように、しばしば大人たちの遊び半分の黙認によって偽装される。

それにもかかわらず、これらの二側面での子どもと成人の真の相違は、たやすく投影同一化によって否認されたり万能的に取り除かれるものではない。その結果たいていの子どもたちは、エディプス葛藤の絶頂においてこれらの現実と苦しみながらぶつかり、とても密接につながっているように彼らには見えるこれら二つの領域で力をつけることを強く切望しながら、この子たちに特徴的な将来への視点をもちつつ、潜伏期に入る。そのあらゆる複雑さを、赤ん坊を作り育てることに帰しうるという点で、それらの意味がエディプス葛藤の性器的側面と密接に関連していることに注目したい。

対照的に情報への飢えは、前性器的なエディプス葛藤に起源をもつ。そこではとりわけ乳房、おなか、睾丸といった部分対象レベルの対象の「豊かさ」が特別な賞賛や羨望の項目になっている。母親のおなかの豊かさへの賞賛は、お金や宝石、食べ物や家具にまつわる空想を形作り、父親の睾丸の豊かさへの賞賛は、軍隊や武器、道具や力に関する空想として形成される一方、乳房の豊かさに対する賞賛は幸福や知識に関する空想として練り上げられる。乳房、あるいは実際は乳房－と－乳首という結合された部分対象は、すべてのことを「知っている」と感じられ、それは両親の頭と目に関する乳幼児のイメージと密接に結びつく。

しかし知識という概念は、つながり、洞察、理解、視点などとしてではなく、蓄積された事実として、依然として具象的につくりあげられる。このレベルにおいてこそ、潜伏期の子どもでは事実と情報への飢えが存在するように見える。それは、より強迫的な子どもの貯め込みや強欲さと区別できなくなることが多いが、健康な子どもにも収集傾向は明らかに見られる。もちろん一つの帰結は、名づけるというレベルで好奇心を満たすために、丸暗記しようとする潜伏期の子どもの性癖である。あるものが何と呼ばれているのかを学ぶことは、彼らにとってすべての必要な、あるいはあらゆる可能なかぎりの、対象や行為あるいは出来事の知識を含んでいるように見える。哲学者としては、彼らは小さな現実主義者である。心理学者としては、彼らは行動主義者である。

(b) 情報への飢え／知識への渇望

潜伏期の子どもが抱く情報を蓄積したいというこの欲動は、本質的にきわめて社会的なものであり、競争や誇示、秘密、交渉に力を貸すことになる。けれども当然ながら、窃盗、ごみあさり、詐欺といった非行的な獲得形式も生じてくる。洞察が浅薄であるように、価値に関する区別は貧弱になりがちである。このようにして、子どもによっては、対象を視覚的に認識しようという関心を抱かないままに、サッカー選手の名前や花の名前を熱心に覚えようとするだろう。その意味に関心を向けずに一遍の詩をそらんじたり、大量殺戮といった観念もなしに戦争の日付を覚えたり、首都の名前を、それが都市であると自覚しないままに大文字で綴ることもしないで覚えようとするだろう。

潜伏期の子どもは階級的な考え方をするので——彼にとって世界は成人（貴族）と子ども（農奴）に分けられている——衣服や態度、特権や情報での上流階級の証は、好ましいものの目録のなかで高く位置づけられている。同じように、社会集団に対する内的および外的なオリエンテーションは、成人のような人々とあらゆる点で未だに子どものような人々とに分けられる。このように、つつき順位［pecking-order］タイプの階級構造や、学校での学年から学年へと感染する身分を鼻にかけた俗物根性は、情報への畏怖に相当に基づいている。すぐ上の上級クラスの学校教科書は、神によって神秘的に記された多くの聖なる刻版のように見える。「あの人たちは、続け書きをしている」と、彼女はびくびくしながら友人に囁く。「平方根！」——ドキドキものである。

しかし、潜伏期の情報に対する飢えが地位－追及的であるのに対して、幼い子どもの知識への渇望は、青年期によみがえる、権力への飢えである。そこには言葉や身振りによって探るべき神秘的な深みがあり、達成されるべき名声や権力の高みが存在する。大きな違いは、幼い子どもは、神のような両親が秘密を知っていると考えるが、思春期には、足の脆い両親はそんな秘密を知らないとわかっている。神話の英雄はみな、その偉業を文化的前進へと移しかえた思春期の少年たちなのである。ヘラクレスはアウゲアス王の厩の衛生技師であり、イアソンは皮なめしの発明家である。ユリシーズは法律家であり、税金ごまかしの発明者で、法律を細かく詮索し、狂気という理由で無罪を嘆願した。

人の本性についてのこれらの秘密は、無意識的空想においては母親の身体の内側というカテゴリーに属する。母親を、それゆえ死すべき運命を、掌中に収め支配することが知識の究極目的である。というのも、死は母親の腸のなかへの強制的な回帰を含んでおり、人生はその場からの追放として感じられていたからである。

（c）知識への渇望／創造衝動

このような知識への渇望は、貫くという類のものであり、質問に対する「答え」に満足するものではなく、掌中に収め支配できる性質の道具を探すことにある。物事は「作動しなければ」ならないし、「証明され」なければならない。知識は偽りの龍を殺す剣であり、潜伏期の眠りから、あるいは遥かに多くは邪悪の奴隷身分と悪魔的な糞便的地下世界から、真実の美女を解放する。獰猛で要求がましい渇望こそが、秘密が図書室のなかに、研究室に、教授のこころのなかに閉じ込められていると知っている。天賦の才がそれを解放する鍵であり、少年少女たちは皆、天才でなければならない――すなわち、それとは反対の昨日のあらゆる証拠にもかかわらず、明日にはそうなるかもしれない。チャーチル[1]（Churchill）は学校では劣等生ではなかったのか。醜いアヒルの子が白鳥になったのではなかったか。というのも、美は秘密によって得られ、強靭さは魔術によって、勇気はペテンによって、富はルンペルシュティルツキン[2]（Rumpelstilskin）の助けによって、愛はメフィストフェレス[3]（Mephistopheles）の見逃しによって得られるのだから。

　思春期と早期青年期のこの熱狂、この乳幼児的－エディプス火山の第二の噴火は、次第に鎮まり、後期青年期の切迫した活力がそれに取って代わる。知識に対する猛々しい渇望は、知識そのものにある偽りの前提を見出したことに十分酔いしれて、英雄と天才が同じではないと断定する。母親の身体を支配したいという傲慢な願望は、彼女の素晴らしい秩序ある常態への畏れに道を譲る。すなわち創造的な衝動が生起してくる。それまでは、地獄においてさえも支配すること以外は何も受け入れられないと考えられていたところに、仕えたいという願望が生起してくる――彼女は子どもに仕えたいと願うし、彼は彼の子どもの母親に仕えたいと願う。頭のなかの子ども－考え［Brain-child］、生身の子ども、絵の具とキャンバス、版画、石材、あるいは人間の組織の子ども。卵を抱くことや巣作りを行なうことが、つがいたいための騒々しい自己顕示に取って代わる。執拗な衝迫は、温和で長期の計画に道を譲る。あらゆる顕示欲求は、干渉の怖れによって相殺される。プライバシーは貴重なものとなる。こうして成人の生活が始まる。内在化された両親との取り入れ同一化が、その超自我の規準と自我理想の大望とともに始められる。

(d) 創造衝動／想像力

依然として、卵を抱くことと巣を作ることは本能的な機能である。ただし頭のなかの子ども－考えは生身の子どもとは異なる生き物である。情報への飢えから知識への渇望、創造衝動へという知性の変容は、もっぱら構造の問題――強迫的な防衛という屈服やエディプス的な苦痛の受容、取り入れ同一化への依託、乳幼児と成人の区別の問題――である。そこに含まれる心的傾向の特質的側面は、こころのなかの善と悪の闘いに巻き込まれているそれである。しかし強さ、良さ、活力、信頼性以外の特質はどうかというと、構築的というよりも縫製的な質である。心的機能の量的側面――もしあなたがこのスタンフォード・ビネー［Stanford-Binet］▽4の方法で知性を考えることに耐えられるときの情報処理の速さと複雑さ――はできるなら横に置いておこう。私たちには、想像力がそこから表われ出てくる才能、関心、情熱の漠然とした領域を徹底的に調べることが委ねられている。脈打つ生命に一挙に至る経験的な機会が現実化するのだけを待ちながら、乳幼児的なエスの連なる前概念のなかにそのような才能が潜在しているとするのはかなり疑わしい。発達的環境と直結した外的対象の特質が、乳幼児の賛美する能力に影響を及ぼし、内的対象の特質への取り入れ的貢献を促進した証拠を、患者の生活史において私たちは少なからず目にする。思春期の子どもの英雄たちは、超－自我－理想のこれらの側面に対して社会的に確固とした輪郭を与えるが、その「原基」は乳幼児期の設定にまでしばしば遡るのは確かである。けれどもそのような要因は想像力の機能に形を与えることができるだけであり、豊かさの計測には何もなさない。より正確には、未知のエス要因と知りうる経験上の要因が、変形での象徴形式のいずれを選択するかという決定に確かな役割を担っている。その変形によって無意識的空想は「公表可能」となる——すなわち、意識的な観察に利用できるものとなり、それゆえ、コミュニケーションのための二次的変形に利用できるものとなる。だが、想像力の流動的な豊かさの神秘に向けて、私たちは何が言えるだろうか。

(e) 想像力／同輩仲間との社会的統合

社会的リーダーシップ［leadership］の機能に立ち返ると、それは想像機能にかなり依存していることがわかる。だがそれは、年齢によってさまざまである。集団形成におけるリーダーシップは、建設的と破壊的という二つの基本的な型を自然に取っていく。というのは、集団はおのずと家族という概念の延長か、あるいは家族に対する反抗の具現化を反映しているからである。「良い」リーダーは、過剰な不安に対する防衛や、家族を脅かす退行に対する防衛の形成に責任を負うが、「悪い」リーダーは、退行や家族の遺棄が行なわれる際の不安に対する防衛を形成する。どちらにおいても、想像力の豊かさとその成果についての公式見解を「公表する」能力が、その前提となる特質である。

患者の生活におけるリーダーシップの精神分析的研究は、情熱と憤激が、乳幼児的パーソナリティの善の部分と悪の部分の葛藤が合流してきたことを示す最も明確な指標であることを強力に示唆する。創造的情熱と破壊的憤激は同様に想像力を助長する。芸術家の創造行為が生起するのは、情熱と憤激の間の鋭い刃先［knife-edge］においてである。政治的なリーダーが方向を指示する――たしかに創造性にいささか乏しい形態ではあるが――のは、これらの闘争の劇的脚色に対してである。同様に子どものゲームや遊びのなかに、芸術的なリーダーシップが生じてくるだろう。それはちょうど政治的なリーダーシップが、集団や気どった俗物性や陰謀を組み立てるのと同じである。だが、善と悪の葛藤が一人の子どもの想像によって抱えられる創造的なリーダーシップであろうと、それとも二人の子どもの間でスプリッティングー と ー理想化によって役割が分割される政治的なリーダーシップであろうと、想像力とコミュニケーションの才能が、（その瞬間の）リーダーと（その瞬間の）その追従者とを区別するだろう。

子どもとの精神分析体験は、きわめて稀な例を除いて、潜伏期の子どもには創造的リーダーシップが欠けていること、一方でもっと幼い子どもたちではコミュニケーション技能の欠如のためにその社会での応用がうまくいかないことに関して、疑念の余地を残さない。しかし思春期には、リーダーシップは言語と身振り、歌と踊りを備え、仲間の生活を組織する用意を整え、力を伴って再び出現する。

このように潜伏期には、社会的リーダーシップは創造衝動を欠いており、「悪玉」を繰り返す悪がきぶり、あるいは「善玉」というブルジョワ的秩序を形成する想像力の低いレベルにまで落ちる。思春期に創造衝動が原始的な形を取ったときには、年老いた両親という保護者に嫉妬深く守られた性的快感の貯蔵庫に強奪の奇襲をかける、襲撃隊の英雄的なリーダーシップを生み出す。

想像力は潜伏期の終わりの最も衰退しているときの葛藤的な興奮の産物である、とここでは結論づけなければならない。

（ｆ）同輩仲間との社会的統合／年輩者との接触

こうしたわけで、束の間の仲間集団においても、子どもの方向性をリーダーあるいは追従者に決定する想像力によって、子どもが、その発達の時期次第で、年輩者に対して、とてもさまざまな方向性のもとに置かれることは明白である。幼い子どもは当然、こころもとないコミュニケーション能力の範囲内で、子どもには両親の性愛のさまざまな側面を意味している多彩な成人役割にある両親との投影同一化というドラマを仲間とともに組織するだろう。秘密への衝動がほとんどないことが、彼の遊びを特徴づけている。それは成人の世界への反抗ではなく、成人の世界との競争である。魅力的な成人に出会えた瞬間に、強力なエディプス切望はただちにその子を仲間活動から引き離す。

潜伏期の子どもはこれとは違っている。この子どもたちの非行グループは相当に秘密主義なのだが、一方彼のブルジョワ的善良さは――これ見よがしに――成人生活へともちあげられる用意ができている証拠として、大人たちへの誇示が意図されている。そのため彼の「良さ」は、従順さ、つまり教えられ、先導され、吟味される準備ができていることに特徴づけられる。

思春期の興奮とは何と異なることか！　性的に魅力的な大人たちは誘惑され、支配されなければならない。年老いて不能の――そしてそれゆえに妬み深い――者たちは、反抗的挑戦を受けなければならない。マーリン（Merlin）[▽5]は、木のなかに幽閉される前に秘密を明け渡さなければならない。

教育への影響

私は、教育にとりわけ関連する精神機能の七つの領域について議論してきた。私たちの改訂された精神－性発達理論に照らして再び、年齢に応じた諸影響をまとめる作業が残っている。

幼い子ども（およそ三歳から五歳）

前性器的な没頭から性器的なエディプス・コンプレックスへと移動しながら、この子たちは技能にはほとんど関心を向けないが、遊びや成人像への情熱的でエディパルな転移に向けた強大な想像力の潮流に引き込まれる。子どもたちは欲望を拒絶されることでたやすく傷つき、権威によって迫害される。この情緒性と安定性のなさは、成人の注目をめぐって同輩仲間と激しく競わせ、いかなる協力的な活動も困難にする。しかし強力な創造衝動と結びついているこの競争心は、ハブに対するスポークのように、成人が管理する集団での個人の任務に関わることを可能にする。好奇心は強烈なのだが、知識への渇望は性的なことに関してとても具体的であり、一般的な知識の獲得にはおよそなじまない。実際、情報は重要な意味をもつところでとても性愛化されており、不安や制止、特定の学習障害を引き起こすほどである。しかしながら強い情緒性に突き動かされて、言語や音楽、ダンスやグラフィック・アートのなかに表現したいという切望は、手本に基づく指導を受ける豊かな機会をもたらした。

潜伏期の子ども（およそ六歳から一〇歳）

秩序や規律への切望、そして情報を集め蓄えたいという衝迫は、この年齢集団の子どもを、教育の古典的方法にとっての「理想的な生徒」に変える。このパターンはさらに男女の分離や、同性の教師たちによって強められる。だが、より若いほうの子は持続しているエディプス傾向に抵抗するための支持を必要としている一方で、思春期に向かう子はしばしば思春期の変容に抵抗する生硬な厳格さを達成するだろう。このことは、早期の形式的な教育方法や過剰な親密さに対する警戒が、思春期が近づくにつれて、緩和されるべきであることを意味している。そのときには、さらなる想像力や個性や責任を求める要求が、人間の葛藤とより密接に関係している情報とともに、整っているであろう。

思春期（およそ一一歳から一六歳）

必ずしも確かな形で明らかなわけではないが、この時期は実際、あらゆる類の混乱状態によって特徴づけられる、こころが大きく乱れる年齢である。そのため、それは「非行仲間」あるいは同性の親密な集団との関係が唯一の鎮痛剤となる物情騒然の時期である。これらの集団は、きわめて強力な非行の特性をもっており、そのような集団を結びつける内的な力と情熱的な反抗心を伴う彼らの作業能力に、教育方法は相当に依存している。他方、これらの集団を無視しようとする試みは、破壊的な活動ないし反抗的な無活力、偽りの愚かさを生じさせる。両性の間の競争は激しくかつ重要であり、そのため明らかに男性的ないし女性的と見られる活動に性の差別がもちこまれることには、少女たちからは公然と、そして少年たちからはもっと密に強化されたサディズムを伴って、嫌悪感が向けられる。情報や伝統技能や流行遅れに対する軽蔑は、無活力の雰囲気を生み出す。集団形成の自由や競争環境が与えられることとともに、顕示欲や力への渇望、美への没頭は、教育のための最良の手がかりを提供する。一般に、この年齢集団での教育の目的は、社会的コンテインメントのほうが優先されるために、学問的には限定される。

青年期（およそ一七歳から二五歳）

思春期の集団形成から離れて、青年期のカップル形成へと行動が向かいはじめると、野心が反抗心に取って代わり、より無秩序な欲動の代わりに創造的な衝迫が生じはじめる。そのため、方法論的な指導が形式的な教育よりも一層秩序立てられる。想像力をかきたてること、関心を限界まで追求する自由、傑出した業績を上げた人物との接触による感化などのすべてが才能の動員に有利に働く。その一方で、教授項目の厳格さ、試験の機械化や競争の推進が、思春期的パターンの維持、あるいは二十代初めでの潜伏期の不毛さや狭小さへの逆戻りにつながる。経済的な依存が続くことも同様の効果をもたらす。課題の現実性や生産物の具体性がもたらす自己批判を促進する教育方法は、混乱を減らし思春期の平等主義を思いとどまらせて、自己選択の可能性を生み出す。人生計画の変更が、個人的な犠牲なしにはありえないにしても、社会生活での屈辱なしに実行可能であるに違いないということを、このことは意味している。公的なランクづけのあらゆるシステムは、身分にこだわる俗物根性を激しく増殖させる現実離れした雰囲気を生み出す。このとき名目だけの閑職は、活力にとって死への落とし穴となる。

まとめ

ここで私は、人間関係の現場としての学校と最も広い意味でのカリキュラムの双方との関係で、教育実践への性理論の影響を辿ってみた。私は、心的構造が成長とともに変わるにつれて、主眼点の移動が必要なありさまを示した。しかしそれは主眼点の記述であって、絶対的なものの記述ではない。私はそれをホワイトヘッド（Whitehead）[▽6]の見解および、彼の「教育のリズム」についての素描と本質的に調和するものと理解している。彼の教育的循環の構成要素――ロマンス、正確さ、一般化――は、エディプス葛藤や潜伏期構造、青年組織の性質ととても親密に結びついている。

訳註

1 英国の政治家・著述家、ウィンストン・チャーチル（Winston Churchill）（一八七四－一九六五）であろう。

2 ドイツ民話の亜麻を黄金に変えるこびと。

3 中世ドイツ伝説中のファウストが魂を売った悪魔。

4 スタンフォード・ビネー知能検査（Stanford-Binet test）はビネー・シモン知能尺度（Binet-Simon scale）を米国スタ

ンフォード大学で改良した知能検査。

5　アーサー王伝説中の魔女、預言者。

6　アルフレッド・ノース・ホワイトヘッド（Alfred North Whitehead）（一八六一－一九四七）は英国の数学者・哲学者。

第23章

未生児についての心的現実

あるセッションで、躁うつ病で精神科病院に八年間入院している若い女性が二つの夢を報告した。第一の夢では、彼女は歩きにくかった。というのは、右足の裏［*sole*］に小さなポケットがあり、そのポケットにはいくつかの小さな棒きれが入っていたからだった。

第二の夢では、彼女は頭を後ろにのけぞらせ（彼女は説明するために立ち上がった）、それから（吐物が口からほとばしり、空中で円を描いて性器から再び彼女の身体に入っていくように見える、両手を使った身振りで示しながら）「へど［*sick*］が、永遠にほとばしりつづける」と言った。

彼女は夢についてさらにとりとめもなく話し連想していたが、足裏のポケットの棒きれは、「指の骨／同志の結束［phalanges］」[▽1]「ファランヘ党員［falangists］」[▽2]（笑い）に似て、小さな足の骨のように並べられているということが明らかになった。それらは、彼女が最初に堕胎したとき（その頃彼女は、後に結婚した特別研究員と暮らしていた）に使ったアーモンドの枝に似ていた――「ひどいもんだ！」（と下品で冷めた言い方で言った）。「カール・マルクス（Karl Marx）に因んでカールと名づけていればよかったと後で思いました」（六カ月の胎児は男の子だった）。「私は昨日泣き明かしました、そして自分にこう言い聞かせていたんです、「さあマリー、主は汝に寄り添って恵みを与えたもう。汝は婦人たちのなかにあって祝福され、汝の子宮の実は祝福されている、主イエスよ」と。息子は生きていれば一六歳です。無駄なこと！　来週は新年祭［Rosh Hashonah］[3]で、その後は贖いの日［Yom Kippur］[4]です！」

その翌週、次のような夢を彼女は見た。彼女は自分の部屋や病棟から老人女性病棟へ連れて行かれ、そのあともうどこへも行けないような場所に連れて行かれた。

さてここには、この若い女性の失望の構図が示されている。アーモンドの枝で赤ん坊を殺すことによって、彼女の魂［soul］のなかに病気のポケット／孤立地域をつくった。そこでは赤ん坊の身体のあらゆる骨が迫害者（ファランへ党員）に変わってしまい、ユダヤ人共産主義者の彼女の赤ん坊たちを殺し（六回続けて流産している）、さらに彼女の口から下品さと卑猥さをほとばしり出してしまう病気［sickness］で、彼女のこころを一杯にしてしまう。彼女は審判にかけられており、死刑になるに違いなかった。審判が下される場所（現在の病棟と分析）から老人のところへ、そこから処刑場へ連れて行かれる（イギリスには死刑がもはや存在しないことを彼女は実際知らなかった）。

フロイトは共通感覚と心的現実の間の埋めがたい格差に深い感銘を受けていたようである。そのことは、心理的に外傷として作用したことのあらゆる証拠となる、患者たちの生活史でのありふれた出来事によって立証される。フロイトは「女性同性愛の一ケース」（S.E., Vol.18, 1920, p.167）のなかで、「人はまた、良心の呵責も躊躇もなしに決定された人工中絶という未生児殺しのあとに訪れる、予想もしなかった結果に驚くのである」と書いている。

それから五〇年後、もはや「驚く」人は誰もいない。しかしむしろ、あらゆる分析的な実践――そしてその証拠に開かれているあらゆる精神科的実践――に溢れている、中絶が悲劇的でしばしば破局的な結果をもたらすという証拠にもかかわらず、中絶に対する共通感覚的な態度がその分野で完全に勝利を収めたことに愕然とさせられる。これらの結末の根底に横たわる心的現実の様相は今ではよく知られており、このような決定を委ねる医師、患者、両親のガイダンスに有用な、心的現実と調和する判断基準を定めることができるだろう。

課される任務は、関わる人たちが理性的に振る舞い、**他に良いものがないから**ではなく、そうすることによって肯定的な態度で自分たちの責任を全うできるようにすることである、と手始めに仮定してみよう。妊婦の精神衛生だけではなく、そのドラマのなかのあらゆる関係者の精神衛生が危うくなっている。このような状況において、避けがたい「バック［buck］」は医師に「手渡される［passed］」。[▽5] 医師と妊婦との間に究極の責任があり、二人の上に最終結果が大変重くのしかかってくる。その危険を医師が認めたとき、中絶を勧めたり実行したりすることを全面的に拒否することで、その医師がさっさと手を引くのを何が防げようか。そこでの答えは、中絶によって精神衛生に甚大な損傷があると示唆する証拠は何もないということになる。一方、望まれずに生まれてきた子どもたちの負担、あるいは著しく母性的な能力を欠いている女性たちに望まれて生まれてきた子どもたちの負担は外傷的になりうるし、破局的な連鎖を引き起こしうるという証拠は山ほどあるとして、その義務から臆病にも逃げようとするだけである。

同様に医療専門家がその問題から手を引き、立法の主導を甘受することは、私たち皆がその庇護（と威信）の下で働いている精神文化や伝統と根本的に食い違ってしまうだろう。いかにも立法府は厳しくも緩くもできるが、しかし医師には強要しないだろう。

あるいは、もし合法的な中絶が拒否されるとしても、別のどこかで非合法の危険な中絶が行なわれるだけだろうという冷笑的な仮定のもとに、患者や家族の要求を甘受することも、責任を回避することである。

そこで、中絶の問題は究極的には医師とその患者に委ねられるに違いないと仮定したとき、精神分析は彼らに、直観や慈しむ気持ちや勇気を支える何らかのガイドラインを提供できるだろうか。妊婦の生活状況や生活史の共通感覚的事実に対してバランスが取られなければならない、心的現実に関連する見解を振り返ってみよう。

心的現実についての事実は次の通りである。

（a）赤ん坊は、所有という意味では、母親だけの赤ん坊である。父親は空想ではその存在を支え迫害者から護っているかもしれない。しかし、赤ん坊の存在は母親の存在と時間的空間的に同一の広がりをもったものである——赤ん坊は「いつも」母親の内側にいる。

(b)母親の多くの内的赤ん坊たちのなかから、母親は誕生に向け育てる赤ん坊を「選択する」空想をする。そしてこの「生命という贈り物」は彼女から来るものであるがゆえに、赤ん坊を没収されること、もしくは破壊されることは喪に服するという務めを母親に課す。この喪に服することによって子どもは内側に戻って、内的赤ん坊たちのなかにその居場所を取り戻す。

(c)糞便のなかに埋められてしまって母親のなかに戻れないようにされている死んだ赤ん坊は、幽霊のような迫害者になり、麻痺を引き起こす戦慄の対象となる。一方、死によって我が子を奪われた母親たちは「名のない恐怖」(ビオン)の対象となり、悪夢のなかの典型的な「怒りに燃えさかる目」の母親となる。

これらが、心的現実での際立った「事実」と思われる。あらゆる個々の妊娠[pregnancy]とその予定される中絶の場合において、「誰の赤ん坊なのか、誰が決めるのか」と、問題は心的現実の観点から述べられるだろう。メタサイコロジーの用語を用いると、その問いは、妊娠という際立った経験様式としての投影同一化と取り入れ同一化という単純な区別に分解される。女性が彼女のものとして妊娠を経験する限り、彼女は「生命という贈り物」を破棄し、喪に服することに自由な裁量をもつ。だが彼女が内的母親に投影同一化している状態である限り、中絶しようとする決定はソロモン王伝説の「半分に切断」の話と全く同じである。その結末については本書の別のところに概略を示している。退行して病気へ至る道は大きく開かれている。

しかしながら、第三の可能性が検討されなければならない。すなわち臨床的な事実として妊娠が確立されているそのときに、心的現実としてはまだ妊娠が始まっていない場合である。

こうしてここに、精神分析コンサルタント[▽6]が、計画的な中絶が女性のその後の精神衛生に危険であると考えるかと問われたときに、意見を述べなければならない三つの問いがある。

(a)妊娠は心的現実として理解されているか。
(b)そのことは、取り入れ同一化によって解釈されているか。
(c)あるいは、投影同一化によって妊娠についての妄想として経験されているのか。

そこでそれから、これら三つの問いへの見解が導き出されてくる種類のデータが検討されなければならないだろう。分析を現在行なっている患者の場合、明らかにそのデータはすぐ手に入る。それ以外の場合には、精神分析的な設定をつくり、精神分析のデータを数週間集め、確信が得られるのを待つのみである。その間に妊婦は、倫理的な判断が保留されている精神分析的な雰囲気のなかで、自分の思考や感情や空想を探究するユニークな機会を得ることになるだろう。精神分析的な問い（すなわち心的事実に関わること）に、非分析的な面接や試問の技法が答えることは全くありそうもないと付け加えてもよい。しかしながら、社会的な困窮や身体の健康に関する共通感覚的な領域と対照される、心的現実での危険性をしっかり評価するという最後の任務は、本人たちに任せられなければならない。

訳註

1 phalange は指骨を意味し、phalanges は同志の結束（phalanx）の複数形でもある。

2 ファランヘ党（Falange）は一九三六－三九年に政権を獲得したフランコ将軍下のスペインの右翼政党。

3 ユダヤ暦の新年。

4 一月の一〇日目でユダヤ教の最も重要な休日。

5 pass the buck —— buck はポーカーで次の配り手を示すためにその人の前に置く印。転じて、責任を転嫁すること。

6 英国における病院の医科の最上級医で、日本での部長や医長に当たる。

第24章

ポルノグラフィの制作術

精神分析的な定義がその本来の文脈から取り出され、社会領域での強迫的な操作のために無秩序に適用される危険はつねに存在している。そのため、美学［aesthetics］の領域において、芸術や文学における情熱の表現とポルノグラフィにおけるその誤った表現を妥当かつ有効に仕分ける指針を、芸術家や真剣に芸術に取り組んでいる学者や批評家に提供しようとする際には、そこにある危険は直視されなければならない。この小論は、裁判所や宮内長官、あるいは何らかの目録の編纂者に決して役立つようなものではない。けれども芸術家やそのパトロンが、芸術とポルノグラフィの違いに関する痛烈な批判に対して、不安や罪悪感を和らげながら抗弁するのには少しは役に立つかもしれない。

『絵画と内的世界』という本でのエイドリアン・ストークスとの対話のなかで私は、破壊的な目的で芸術の世界に侵入しようとする個人的かつ社会的な力を認識する必要性を強調するために、精神構造に関するいくつかの発見を活用した。そこで私は、表象（もしくは、ビオンが最近呼んでいるように「変形［transformation］」）とコミュニケーションにおける「成功作品」というより技術的な領域から、美学における価値判断の領域を区別するため、「善」に対比する形で「悪」という言葉を再定義しようと試みた。美学でのこのような理論構造は、動機や責任についての精神分析的な概念に基づいており、ここころを探究するための精神分析の方法と強固に結びついているため、面接室内に限られた活用に適している。だが面接室での私たちの経験は、対象——美的対象——としての芸術作品の外的な判断を行なううえでの、記述的というよりむしろ構造的な種類の指標を導き出すことを可能にするはずである。

この論文では、この領域への手始めの侵入として、ポルノグラフィの定義を置き換えることを目的としている。すなわち、**内的な状況や他者内における自己の統合への意図的な攻撃**、つまり動機に基づいた定義から、芸術家の無意識に対してではなく芸術作品に対して多少なりの自信をもって適用できる、操作的で構造的な定義への置き換えである。すでに述べたように、このような試みは、創造的な作品の調節〔modulation〕と「公表〔publication〕」(ビオンの『経験から学ぶ』を参照)において**使用する**ことを意図しているのであり、同一文化内における一つの組織としての「芸術の世界」の外部からの嫌がらせや操作を目的としているわけではない。芸術的な創造に熱心に取り組んでいる人だけが、これから説明する指標を使用するのに必要となる適度な取り入れ同一化と投影同一化を達成できる立場にいるであろうという、分析的経験から導き出された前提は受け入れられるものであろう。

私は最近、アーロン・コープランド(Aaron Copland)[▽1]のパウル・ヒンデミット(Paul Hindemith)[▽2]の作品に関する議論のなかで、ヒンデミットの言語はもっぱら視覚領域から得られているという発言に興味を引かれた。もとより音楽に関する高度な技術にまつわる知識をもたないであろう聴衆を対象にした発言ではあったが、彼の見解は決して相似ではなかったものの、精神分析的な作業から得られる印象全般と共通していた。それはまた、最近ビオンが（『精神分析の要素』のなかで）強調した、視覚イメージが無意識的空想の中心であるという意見とも共通する印象であった。この発見は、脳波のパターンや被験者が覚醒させられたときにすぐに夢の内容を想起できるといった所見に反映されているように、「急速眼球運動」（REM）睡眠現象が夢を見ている時期と確実に関連しているという、最近の睡眠と夢見に関する神経生理学的なアプローチ（フィッシャー）によっても大いに補足されるものである。

したがって、無意識的空想の流れに寄与するその他の経験様式をないがしろにせずして、それに続く中心的な参照様式の一つとして「視点［point of view］」という用語を採用することは妥当なことに思える（ビオンの「頂点［vertices］」）。

私たちの議論の次の段階では、「視点」という概念を、無意識の空想における自己愛的な目標と対象関係的な目標との区別に、正しく方向づけることが目指されなければならない。発達的な観点からすると、ナルシシズムから対象関係への進展は、フロイトによって記述されカール・アブラハムによって推敲された一連の（リビドー発達の）時期に相当している。しかし、その過程の力動と経済性に関しては、メラニー・クラインによる精神生活での経済的なポジションである、「妄想－分裂ポジション」「抑うつポジション」の定式を通して、より詳細な研究の道が開かれた。Ps↔Dというビオンの表記は、成長の過程のあらゆる段階に前進と退行の微妙なバランスが存在しているという発見に説得力を与えることを意図している。時間という次元において、それは幾何学的な規則性をもたない一つの螺旋状の配置を形づくる。この振動は、別離の単位（夜間、週末、休日、夏期休暇）によって区切りをつけられる、セッション、週、学期、年という、精神分析の四つの時間単位における抗しがたい力のもとに研究される。[1]退行の動き（Ps←D）は、（a）（乳幼児レベルの）自己の破壊的な部分に含まれる破壊的な力（特に、羨望と嫉妬）、（b）（内的および外在化された）破壊された対象あるいは悪い対象によってかきたてられた過剰な迫害不安、（c）（乳幼児的および成人の）自己の良い部分での（抑うつ不安のスペクトラムである）心的苦痛に対する不耐性［intolerance］によって動かされる。前進の動き（Ps→D）は、良い諸対象（外的、内的、最終的には内在化された母親の乳房）のなかにある、愛する能力を利用することにより、（成人および乳幼児的な）自己の良い部分によって主導されるのである。

メラニー・クラインの主導のもとに、次のことを近年の研究者たちは説得力をもって証明した。無意識の空想における「視点」の対象はつねに同一である。つまり、それは、内的な母親の身体の内部と外部であり、また性器および前性器レベルでのエディプス葛藤が優勢な状態では、心的現実における内的な父親、なかでも父親のペニスや睾丸、精液との、母親の償い的な性交関係の原光景にとりわけ関連している。

さて、私たちの議論の焦点であり、避けて通ることのできない複雑な問題に取り組むときがようやく来た。ここで再び、難解ではあるが大いに報われるビオンの業績を紹介しよう。なかでも窃視的な過程とは区別される「思考」の概念に注目したい。私の考えは、『精神分析の要素』〔ビオンの著書名〕に専心するほどの水準にはないため、ここでは私自身の言葉を用いて説明しなければならない。しかし、当然それはビオンの深い考えに基礎を置いているものであると私は確信している。無意識の空想での「思考」に関わる「視点」は、「不在の対象」に対して向けられている。その対象の活動と関係性は、その時点で優勢な不安や衝動の影響のもとで、無意識の空想において推敲される。この過程――心的現実において対象が本来あるべき場所（ビオンのいう「点」）から無くなったまさにそのときにその間隙を埋めようとする過程――は、再び**心的**現実において、その対象が再び現われた際に具現化する組織の状態についての予測を含んでいる。内的世界におけるこの予測とそれに続く妥当性の確認は、内的世界においては全く正しいものではあるのだが、外的世界における対象との分離体験にも当てはめられるようになる。けれども当然それは、心的現実の属性と外界現実の属性を識別することによって発達の間に修正されなければならない、ある程度の非現実性を伴っている。言ってみれば、その残遺物が因果関係という概念である。それは哲学的な問題であるが、私たちはここに留まる必要はないだろう。

思考の基礎を構成する無意識的空想のこれらの過程（ビオンのいう、アルファ過程とC行。『変形』を参照）とは反対に、再度空想の視覚的組織にその中核があり、記述的精神病理学の用語に由来する「窃視［voyeurism］」という用語に結びつきうる過程（ビオンのいう、ベータ要素とその二列（ψ）での使用）があることも私たちは認識しておかなければならない。これらの活動の最も重要な点は、もちろん、「不在の対象」の「不在」を受け入れることの拒否にあり、その活動はむしろあらゆる官能的な様態によるその対象のプライバシーへの侵入にある。ここで再度、窃視空想の視覚的組織を強調しておきたい。なぜなら、たとえ官能的な侵入が聴覚、嗅覚、その他によるものであったとしても、投影同一化の空想が作動し、内的もしくは外的な経験を視覚的な表現へと（ビオンの言う意味で）「変形」させることを、臨床データが実証しているからである。そういうわけで私は、「窃視」と「視点」とに用語を分けた。

次の課題は、美的感知に向けて提示された対象が「考えが詰まった［thought-full］」ものであるのか、それとも「窃視」起源のものかを区別するための特徴を実践的に記述することである。しかし最初はわかりやすいように、ナルシシズムと対象関係性の向き（もしくは、Ps↔D）を見直したほうがよいだろう。心的機能の最も重要な原則としての対象の福利への専心的な気づかいに当てはめてみるとき、Ps↔Dにおける危機、あるいは抑うつポジションの閾は、精神生活の乳幼児的な土台としての、最初は外的対象としての、続いて心的現実での、**栄養を与える**乳房との間に依存的な関係を確立する試みを巡って生じる、ということが明らかになりつつある。この苦闘の過程で、エディプス葛藤が最高潮に達し、両親像の良さへの「信頼」や、根本的には乳房の良さへの「信頼」を密かに崩すことを目的として、地政学やゲリラ戦争の技術を結びつけながら、乳幼児構造の破壊的な部分が競ってくる。

ここでこそ、分析過程において窃視の侵襲が最も正確に研究できる。そうして、外界の力による個人への侵襲が、閾でのこのバランスが大変デリケートなときこそ、最も重大なことになると予測するように私たちは迫られる。その点に関して私たちが正確なことを述べられるのは、分析過程そのものに関連してだけである。ただ、逸脱した発達ラインとは区別されるものとしての「成長」は、成長のあらゆる段階がこの危険に満ちたバランス（Ps↔D）に向けて、いわば、成熟しなければならないことを示している。文化的な視点および個人への芸術の世界の侵襲からすると、青年期や中年期の危機のような節目も挙げることができるだろう。

それではこの探究の細部を見ていこう。それは次のように言い換えられる。社会活動としての芸術と文化の一部としての美的対象という領域において、「プロパガンダー－と－強襲」からコミュニケーションを区別するための指標を探求することである。ただこれは決して、外的な世界での創造的な芸術家とポルノグラフィ制作者を区別しようという実りのない作業のための新たな道具をつくろうということではないことは改めて強調しておきたい。むしろ、あとで述べるように、私は個々の芸術家に気持ちを向けている。というのは、芸術家自身のなかのポルノグラフィ的な視点と創造的な視点との刃先の［knife-edge］ような境界においてこそ、芸術家は最善の作品を創造するからである。芸術家がつくりだす「幻想」とは本質的には、**見渡しのきく点からの対象の見方であり、それはそうでなければ見る者が到達しえないもの**である。

分析を始めて四年目の、ある重いスキゾイド患者が、大きな成果のあったセッションに続いて二つの夢を見た。私はそのセッションで、彼のマスターベーションが内的な母親を害してしまっており、内側にいる母親の生命のない状態が、何事にも興味をもてないと愚痴をこぼす原因となっているということを、かつてないくらいの確信をもって彼に示すことができた。最初の夢では、学校時代に知っていたある女の子が、あるコテージの絵を見せてくれた。それはとても素敵なコテージであったが、彼が最も感心したのは、彼女がその絵をまるで地上から二〇フィートも離れたところから見ているように描いていたことであった。

二つ目の夢では、彼は自分の男きょうだいが運転しているオープンカーを追いかけて空を飛んでいた。彼が見下ろすと、車の後部座席には、母親がとても具合が悪そうに横たわっているのが見えた。

これらの二つの夢においては、否認（女の子はとても素敵なコテージを彼に見せていた）や反転した羨望（しかし、男きょうだいが病んだ母親を内側に抱えているのを彼は見ている）にもかかわらず、一方ではそれでも、彼自身の心的過程のみでは接触できない彼の内的状況について教えてくれる、聴いたり考えたり話をしたりという方法としての分析過程に対する彼の賞賛の性質も私たちは見ることができる。

それとは反対に、羨ましい対象の視点（患者が空を飛んでいる）を獲得しようとする羨望という動機からの投影同一化の過程は、精神分析状況——また暗に、乳房や母親に対する乳幼児の関係——において、きわめてよく遭遇するテーマである。二つ目の夢にそれは表現されているが、投影同一化のメカニズムは明らかにはされていない。その他の多くの夢でも患者は、建物の最上階の窓からの眺めを得るために、しばしば息をのむほどの美しさを見る（すなわち、父親の目を通して母親の身体を眺めていること）ために、高い建物のなかに入ったり上ったりしていたものだった。このことが夢のなかでも、日常生活のなかでも盗まれた眼としての彼のカメラを用いる方法によって、表現されていたことは興味深い。

次に、創造的な視点［creative point of view］の働き方を考えてみるため、ある成人患者の夢を述べたい。当時、精神分析は、女性性器に対する患者の態度に存在する無意識のスプリットという問題に集中していた。このことが、彼の性的能力と社会的態度での限界の原因となっていた。

彼は夢を見た。誰かは定かでない人物と一緒に、入り江や峡谷を見下ろす尾根に立っている。入り江の突端には港と村、そして、外れに工場がある。港の水は澄んでいたが、堰の下流は泥水であった。彼は、再び錫鉱が稼動しはじめ、工場での村人たちの雇用が可能になればどんなに素敵だろうかと考えていた。もう一人の男性が、「なめし皮の供給が尽きたため、工場が閉鎖されなければならないのがひどく残念だ」と口にした。その夢に対する患者の連想は、ある友人が患者に打ち明けたのだが、肛門の近くに硬い皮のような部分があるけれど、きっとそれは性病［venereal］▽3で、同性愛だと医者から思われるに違いないから、医者にかかるのが怖い、ということであった。

ここでは、この二人が異なった「工場」について話しているという暗示に気づいてもらいたい。患者は子宮について、そして誰か定かでない男性は直腸について話しているのである。また澄んだ港を、泥水の入り江から分離している堰は、停泊港のなかのボートが外海に出て行くことができないことを含意する分割があることを明白に示唆していることにも注意してもらいたい。すなわち、赤ん坊たちはトイレに入ることはない。しかし、夢を告げてはいても、実際にはこのことは患者のこころには浮かばなかった。それはただ、直腸と膣、糞便と赤ん坊の区別を明らかにする、患者の内的世界に対する解釈にすぎず、分析家の視点にすぎない。

それから三週間後の夢では、患者は妻に彼の大学の構内を案内していた。彼は二つの湖を妻に指さした。一つは滝の上にあって雑草が生い茂り、釣りをするぐらいしかできなかった。もう一つの大きな方は滝の下にあり、澄んでいて、ボートをこいだり、泳いだりすることもできた。

経験豊かな芸術家であったある患者は次のような夢を見た。彼は自宅にいて、突然、排便したい激しい衝迫に駆られた。トイレに駆け込もうとしたが、とても間に合わないと思い、自分のスタジオにあった灰皿をつかんでその中に排便することにした。しかし、便は次から次に出てきて、部屋で山のように積もり、便のようには見えなくなり、まるでチョコレートアイスクリームのようになってしまった。

彼は次のような連想を報告した。彼はほどほどの喫煙者だったが、仕事中は立て続けに煙草を吸っており、タバコが手元にある間しか仕事を続けられなかった。次のことが明らかであろう。仕事をするために彼は、創造的な仕事が乳幼児的な躁的生産力によって汚染されないよう、同時に、乳幼児的な理想化された糞便を取り除かねばならない。この素材を引用したのは、創造的な美的活動の領域として「刃先のような境界」という用語を練り上げるためである。

　さてそれでは、創造的な視点とポルノグラフィ的な視点を区別するという中心課題に戻ってみよう。創造的な視点についてはすでに述べてきたので、ここではその特質を強調するだけでよいだろう。それは想像によってのみ獲得できるものである。また、その諸対象は基本的には、内的な母親の身体の内部および外部であり、また内的な母親の内的な父親との償い、そして創造的な性交なのである。それを「公表可能な」形に推敲することは、同胞への思いやりに動機づけられている。それは、事実に基づくという感覚において真実である必要はない。

　ポルノグラフィ的な視点を考えるにあたっては、一つひとつ段階を踏んで議論を進めていきたい。そして、それぞれの段階では、現時点における私自身の確信、もしくはより良い見解に基づいた典型的な臨床素材を少し紹介してみる。

　ある統合失調症の若い女性が[◁4]分析の初期の頃に、その後の二年間の分析作業を通じて断片が結びつけられていくことになった、次のような自分の妄想体系［delusional system］を打ち明けてくれた。彼女は自分の両親によって、自分を統合失調症の治療に関する大きな研究プロジェクトに使おうと考えているある金持ちの男性に売られたのであった。その目的のために彼女は映画のセットのなかに閉じ込められた。セットのなかには実在するものは何もなく、すべてがセットの写真と、人間の役としての怪しげな仕掛け——あるいは、おそらく俳優たち——で成り立っていた。彼女にどうしてそれがわかるのかというと、それらの色彩がどれも自然なものではなく、空気も人工的な臭いがし、登場人物たちも明らかに生気がなかったからである。

しかし同時にまた、彼女の眼が、さまざまな様式の瞬きを使って、カメラのように働くことができることも明らかになった。そして彼女はたびたび、睫毛にほんの少しだけトイレット・ペーパーをくっつけたまま現われるのであった。それによって、肛門マスターベーションに帰せられる豊富な素材から、眼をこすることと肛門をこすることが関連していると推測できた。つまり、彼女の肛門カメラのレンズをきれいにすることである。彼女は憤慨して「写真も、実際の人間と同じだ！」と主張したのだが、それは分析家の目の前で彼女が沈黙の——もしくは、ほとんど聴き取れない——会話を続ける窓の外の幻覚の分析家という彼女の創造物のかどで非難されているときだった。

この種の素材から、妄想体系とは、羨望が優勢な状況下で、この非現実な世界が、外的現実および心的現実にかかわらず実際の自然な世界と同じくらい良いものであるということを証明しようという意図のもとに、知覚器官の誤った使用によりつくりだされた非現実の諸対象の世界であると推測されよう。

女性たちとの関係で、気持ちの高ぶりが続く状態に苦しんでいたある患者は、分析が行き詰まったときに、次のような夢を見た。黒いサングラスをかけた広告業の男性が荷馬車を運転しており、その後ろの座席には軽装のモデルがゆったりともたれかかっていた。その間患者は、彼女の写真を撮りながら徒歩でそのあとをついていっていた。患者は、彼らがどこへ向かっているのか知らなかった。

自分の自閉症の子どもについて相談に来ていたある女性は、出産の間、軽い麻酔状態にあったのだが、夢を見て、それから完全に抜けきることはなかった。そして、子どもが生まれて最初の六カ月ずっとその夢にとらわれていたため、彼女は息子が徐々に自分と接触しなくなっていることに全く気づかなかった。夢のなかで彼女は、何らかの生き物によって何もすることがない場所へと連れ去られてしまい、それはおそらく彼女が死んでいることを意味していた。それでもそこには、彼女がつまめる小さなスイッチがあり、それで時々彼女が愛していたある人物がどこかで話をしているのをちょっとの間聴くことができた。[2]

私は結論として、パーソナリティの破壊的な部分は、孤独のときに窃視衝動におもねることによって、良い対象の領域からパーソナリティの他の部分を引き離して、統合失調症に引き込もうと絶えず誘惑しているとする。

ある中年の男性作家は、最新の本に対する書評に幾分がっかりしていた。それは分析の間に執筆した作品で、彼の以前のほとんどの作品にあった性的なテーマを欠いていた。パニックのなかで彼は、次の本の舞台となる場所を探すために直ちに分析を五週間休まねばならないという決断をした。ここに二つの意図があるのは明らかだった。その直前にあった分析家の夏休みへの報復と、新しい本に徹底してポルノグラフィ的な部分を密かに書く時間を取るためである。このセッションの終わった晩、彼は夢を見た。彼は宇宙に突っ込むロケットにまさに乗らんとするところだった。しかし、その乗り物の形はロケットらしくなく、むしろ本か墓石に似ていた。グーン・ショー［*Goon Show*］▽6のメンバーたちからなるクルーが船内にいる一方で、彼はページの間に指を突っ込んで外側にしがみついていなければならなかった。しかし最後の瞬間に、飛行は取りやめになってしまった。クルーたちは気後れしていた。

「灰皿のなかに排便する」夢を見た芸術家のように、その患者も、さまざまなレベルでのさまざまな不安によるプレッシャーのもとで、しかしそもそもは、転移における分離不安に直面して、彼自身のグーン・ショー部分に道を譲ることにより、仕事における創造的な視点とポルノグラフィ的な視点のバランスを崩した。その夢はまた、彼が嘲笑的な議論でなんとか維持していた、典型的な「もちこたえられない立場」の構造を生き生きと示している。

何年にもわたって分析を受けた後に、長い間妹のなかに分裂・排除されていた自分の女性性の所有ができはじめた一五歳の少女が、生理期間中に次のような夢を見た。彼女はニューヨークにいて、大きな店の前の歩道にあったスタンドで香水を買った。それは珍しい香水で、噴霧器を使ってそれを吸い込むと、体中の毛穴から出てきた。

数カ月後、生理が近づいてきて、初めてのダンスにいくのを不安とともに待ちわびていた彼女は、オーブリー・ビアズリー（Aubrey Beardsley）▽7の作品展に行ったあとに夢を見た。彼女はある薬局の前に立っていた。薬局の窓からは、レースで覆われたさまざまな大きさの赤いバッグが見え、それらはおそらく化粧品を入れておくためのものだった。一人の女性が彼女の後ろから近づいてきたが、中年で髪を脱色し濃い化粧をしていて、早口のフランス語でしゃべりまくった。その女性は、自分の名前はマルセルであると言い、自分はフランスの香水製作者で、イギリスに自分の名前を冠した香水を輸出していると話した。彼女は、本物であるかを知りたいから、薬局に入って自分のために香水を一本買ってきてくれないか、と患者に頼んだ。患者は頼まれるままに店に入ったが、出てくるときに初めて、その女性のために一瓶のマーテル――コニャック！――を買ったことに気がついた。

ここに、まるでポルノグラフィに対するかのような、展覧会の作品に対するこの若い女の子の反応が見て取れるだろう。ここでは、フランス語の単語が一つの誘惑するものとして彼女に働いている。それは、（自分から嫌な臭いがしているのではないかとの）彼女の性的な不安（つまり、直腸と膣との混同）を取り扱うのに、洞察（ニューヨークの香水）よりも酒（マーテル）を使うことを教えている。私が解釈をすると、彼女はコレット（Colette）▽8と、高級売春婦になるための準備をさせられる「ジジ」タイプの空想を連想した。

私たちはどこまで来ただろうか。ここまで、以下の点について述べてきた。（a）創造的な視点の統合機能（錫鉱となめし皮工場の夢）、（b）ポルノグラフィ的な視点の、解体と統合失調症を産み出す目的（「映画のセットの妄想」、「荷馬車の中のモデル」の夢、および自閉症の子どもをもつ母親の夢）、（c）創造的な努力における二つの視点の「刃先のバランス」（「灰皿に排便する」夢と「グーン・

ショー・ロケット」の夢）、そして（d）それに対応する、創造的な作品を見る人の側の繊細なバランス（一五歳の少女の「ニューヨークの香水」夢とビアズリー展の後の「マルセル」の夢）

結論

（a）芸術作品を創造することと鑑賞することはどちらも、そして等しく危険な仕事である。というのは、微妙なバランスにある、創造的な視点とポルノグラフィ的な視点の間での天使の決闘［duel-of-angels］▽9の緊張がそのやりとりを覆い隠すからである。

（b）ある特定の作品を「ポルノグラフィ」と呼んだり、ある特定の芸術家を「ポルノグラフィ制作者」と呼んだり、何らかの見方を「倒錯」と呼ぶことは何の役にも立たないと私は結論づけている。

（c）精神衛生にとって、誘惑するほうが誘惑されるよりも危険が高い限りにおいて、芸術でのルールは、「買い手注意」よりも「売り手注意［Let the seller beware］」でなければならない。

（d）鑑賞者への影響と芸術家の動機の表現の区別での操作的な要因はとても潜在的で繊細であるため、顕在内容や図像学は記述的な指標としては役立たない。

（e）商業的な動機とそれに関連する不安は、「刃先の」バランスに関して芸術家に堕落させる力をもつ。

（f）芸術家の機能とは、とりわけ、無比な視点を創造するために自らの想像力を行使することであり、想像力の表出を排除する技術を用いる方法では、芸術作品を生み出すことはできないであろう。

原註

1 筆者の『精神分析過程』を参照。

2 ハロルド・ピンター(Harold Pinter)(訳註5)の"The Birthday Party"(Methuen)を参照

訳註

1 米国の二〇世紀を代表する作曲家・指揮者(一九〇〇－一九九〇)。ロシアからのユダヤ人の両親のもと、ブルックリンに生まれた。アメリカ的音楽をつくりあげた。

2 二〇世紀ドイツを代表する新即物主義の作曲家(一八九五－一九六三)。指揮者、ビオラ奏者でもあった。ナチスの弾圧で、スイス、アメリカに亡命した。

3 原文はverenealとなっているが、verenealの綴り違いであろう。

4 この女性は、ローゼンフェルド著『行き詰まりと解釈』(1987)に記述されている症例サラに酷似している。

5 ユダヤ系ポルトガル人の両親に生まれたハロルド・ピンター(一九三〇－二〇〇八)は英国の劇作家、映画脚本家、役者、監督、詩人。二〇〇五年にノーベル文学賞を受けた。“The Birthday Party” は一九五七年の作品。

6　英国BBC放送で一九五二－一九六〇年に制作放送されたラジオコメディ番組。スパイク・ミリガン、ハリー・シーカム、ピーター・セラーズらが出演。

7　英国の画家、詩人、小説家（一八七二－一八九八）。ヴィクトリア朝の世紀末美術を代表する画家。結核のために二五歳で死去。

8　シドニー＝ガブリエル・コレット（Sidonie-Gabrielle Colette）（一八七二－一九五四）はフランス女性作家。性の解放を主張、実践した。『ジジ』（1944）はブロードウェイで舞台化され、コレットがオードリー・ヘプバーンを抜擢した。

9　フランスの劇作家・小説家ジャン・ジロドゥ（Jean Giraudoux）（一八八二－一九四四）の作品のタイトル。『罪の天使たち』（1943）の脚本。

監訳者あとがき　　古賀靖彦

本書は、Donald Meltzer "Sexual States of Mind" (Clunie Press, Perthshire, Scotland, 1973) の全訳である。メルツァーの主な著書には、"The Psycho-analytical Process" (1967) (松木邦裕＝監訳／飛谷渉＝訳『精神分析過程』金剛出版)、"Sexual States of Mind" (1973)、"Explorations in Autism" (1975)、"The Kleinian Development" (1978)、"Dream-life" (1984) (新宮一成・福本修・平井正三＝訳『夢生活』金剛出版)、"Studies in Extended Metapsychology" (1986)、"The Apprehension of Beauty" (1988) (細澤仁＝監訳／上田勝久・西坂恵理子・関真粧美＝訳『精神分析と美』みすず書房)、"The Claustrum" (1992)、"Sincerity and Other Works" (1994) などがあり、本書は彼にとって二冊目の書である。

本書に限らずメルツァーの著述は理解するのが容易ではない。その主な理由は、メルツァー自身、彼が賞賛してやまないフロイト、クライン、ビオンらの系譜に連なる、創造的な天才だからだと私は考える。いみじくも彼は、本書の第1章において、「フロイト自身は双方（帰納的方法と演繹的方法）を往復しながら作業することができる人であった……彼は霊感を受けた（inspired）仮説に導かれて自らの方法を拡張し、次にこの方法で新しいデータを明らかにし、この新しいデータによりまた新しい仮説を必要としていったのである」とフロイトの創造性の源を看破している。この記述から私は、トーマス・クーン（Thomas Kuhn）が『科学革命の構造』（1962）で著したパラダイム論を連想するし、精神分析においては、ビオンの表記のPs↔Dの含意の一部、つまり、後にロナルド・ブリトン（Ronald Britton）が『信念と想像』（1998）でPs(n)→D(n)→Ps(n+1)→...D(n+1)と読み解いた、こころの発達・成長のモデルを連想する。天才たちの著述では、霊感（inspiration）や直観（intuition）（ビオン）に導かれた、従来のものとは不連続で飛躍的な考えが螺旋状に創造されていくために、私たちの理解が困難になるのだと思う。

本書が著された社会的背景として、メルツァー自身が「序文」で仄めかしているように、一九六〇代のアメリカに端を発した「フリー・セックス」あるいは「性の革命」の世界的な潮流とそれに伴う混乱があることは明白である。しかしながら、メルツァーが本書を著すのに「切迫感」を抱いたのは、一九世紀末ウィーンの「性の抑圧」文化に根ざしたフロイトの性理論という一つのパラダイムが転換される必要性と圧力を、その時代の分析家として彼が誰よりも切実に感じたためであろう。これを、将来、素粒子ニュートリノの速度が光より速いという実験結果が確証されて相対性理論の改訂を迫られる場合に、物理学者が抱くであろう切迫感になぞらえるのは大げさに過ぎようか。さらに、これは副次的ではあるが、メルツァーが処女作で精神分析過程の自然史を記述していくうちに、そこに含み込むことのできない人間の本質、よって精神分析の本質である性愛の自然史が自ずと浮かび上がってきて、それを描く必要性を感じたのではないかとも推測する。そういう意味で、本書は『精神分析過程』と双子のきょうだいのような関係にあると言えよう。

フロイトの精神－性理論からの大きなパラダイム・シフトは、本書全体を一つのまとまりとして成し遂げられているが、とりわけ「霊感を受けた」メルツァーの考えと私が感じるものを、いくつか挙げてみたい。

一つ目は、人のこころ（心的装置、あるいはパーソナリティ）の組織化や組織（organization）といった観点の導入である。本書の第2章と第3章において、このパラダイムの転換がフロイトの考えの流れに起きていることが見事に立証されているが、私はこれをメルツァー自身に起こったものとして読む。その結果彼は、この観点から、フロイトの精神－性理論を縦横無尽に改訂していくのである。さらにこれは、後述するパーソナリティの病理組織論の発達の素地、および、抑うつポジションや妄想－分裂ポジションといったクライン派の基本概念までもが組織として論じられるような発展（Spillius, E.（1994）Developments in Kleinian Thought. Psychoanalytic Inquiry 14：324-364）を遂げる素地を作ったと私は考える。

二つ目は、成人の性愛（成人組織）の属性が内的な結合対象（超−自我−理想）の性的合体との取り入れ同一化に基づいており、その機能には鼓舞／霊感を受けた創造性があるという考えである。これはまず、フロイトのエディプス・コンプレックスと超自我の概念を直接結びつける。そして同時に、クラインの部分対象としての結合両親像の概念を全体対象水準にまで拡張し、それを抑うつポジションの概念に関連づける。以上の結果、これは、フロイトのエディプス・コンプレックスの概念とクラインの抑うつポジションの概念を見事に繋ぐ考えとなっている。「監訳者まえがき」で述べられたように、ビオンは両親の性交の内在化の意味を思考や認識論の観点から推敲したが、メルツァーはそれをじかに性愛の観点から練り上げているのである。

三つ目は、倒錯の本質が「良いものという見せかけを保つ一方で、良いものを悪いものに変える」ことにあり「倒錯させられない人間の活動はない」としてその概念を拡張し、それをパーソナリティの乳幼児的で破壊的な自己愛組織（嗜癖）の表現形とする考えである。これは、クライン派の分析家たちが豊かな発展をもたらし、最終的にはジョン・スタイナー（John Steiner）（『こころの退避』（1993））が包括的に検討した、パーソナリティの病理組織論の先駆となったものである。

なお、これまで述べた、成人組織の属性が言わば生の欲動の達成だとするなら、自己愛組織は死の欲動の産物である。そしてごく単純化すれば、本書は、こころの性愛に関して、組織の観点から、生の欲動の達成から死の欲動の産物までのスペクトラムを網羅する試みだと言えよう。

ちなみに、以上を、本書を素材とした、直観に導かれた私の解釈として読んでいただければ誠に嬉しい。

本書では重要な訳語の統一を試みているが、その最終的な判断と選択は、ひとえに私の責任でおこなった。重要な概念、organization の訳語についてであるが、これは従来、「体制」「組織化」「構造体」「編成」などと訳されてきたし、私自身は組織体と訳してきた。しかしながら、日本語の「組織」には「組み立てること。また、組み立てられたもの」（『精選版　日本国語大辞典』（2006））の二通りの意味があるのと同様に、organization の意味も二通りがある。よって、今回私は、文脈に依って、organization を「組織化」と「組織」とに訳し分けた。なお、メルツァー独自の用語中、以下のものに関しては、熟慮の上、従来とは異なる訳語を採用した —— zonal confusions（部位の混乱）、threshold of depressive position（抑うつポジションの閾《いき》）、gathering of transference（転移の集まり）、aesthetic apprehension（美的感知）。最後に、訳語や訳文が無用の難しさを重ねるものとなっていないことを切に願うが、この点についての読者のご批判やご意見を賜ることができれば幸いである。

私が本書の翻訳を請け負って以来、一〇年もの歳月が流れてしまった。完成にこれだけの長い年月がかかった主な原因は、メルツァーに対する私のアンビバレンスにあるように思う。それが単に個人的なものなのか、それとも一般化できるものなのか、私にはわからない。ただ、これまでに邦訳されたメルツァー著の二冊も出版までに五年以上を要している事実が、私にとって多少の慰めとなる。

翻訳は、私の主催する福岡の西新精神分析セミナーと九州大学精神分析セミナーに当時参加されていたメンバーにお願いした。また、世良洋先生には、第14章に当たる論文を『メラニー・クライン トゥデイ②』(1993) ですでに訳されていた事情もあって、特別に担当をお願いした。そして、翻訳は比較的早くに仕上げられた。監訳作業が遅れたために訳者の方々に迷惑をおかけしたことを陳謝するとともに、すでにセミナーを巣立ってそれぞれの場所で活躍されている諸子の益々の健闘を祈りたい。

何度も座礁しかけた監訳作業を完成への航路に戻す力仕事をしていただいたのは、松木邦裕先生である。長年の変わらない情熱と温かいサポートにこころから感謝を申し上げる。また、加来博光先生には、無理を言って短期間で訳稿に目を通していただき、かつ貴重なご助言を数多く賜った。

最後に、長年に亘って粘り強いご支援をいただき、そして、立派な書籍として本書の出版を果たして下さった金剛出版編集部の方々、特に藤井裕二氏には深謝したい。

二〇一一年一一月　秋爽やかな寓居にて

両性性（Bisexuality）……230, 232, 237, 241, 242
乳幼児の一（Infantile）……175-181
　近親姦（incest）……299-301
　満足（gratification）……177, 179
　乱交（promiscuity）……180
多形（性）（Polymorphism）……135, 137, 139-142, 151, 152
　成人の一（adult）……135, 142
　乳幼児の一（infantile）……175
倒錯性（Perversity）……135, 137, 139-141, 146, 151, 183
偽りの－性的能力（Pseudo-potency）……125, 146

超ー自我ー理想（Super-ego-ideal）

「おやじのしている通りにする」（“following-in-daddy's-footsteps”）……159, 160
「彼ら〔両親〕の後援を受けて」（“under their aegis”）……160, 302
　鼓舞されながらの自立（inspired independence）……163
一と本来の対象（and original object）……161
一と潜伏期の発達（and latency development）……251, 254
賞賛と取り入れ（admiration and introjection）……164, 258
その進展と統合（its evolution and integration）……165
良い対象に対する信頼（Trust in good objects）……190-192
　一の浸食（undermining of）……193-195
　一と宗教（and religion）……299

技法（Technique）

方法の狭小さ（Narrowness of method）……025, 311
視点（Point-of-view）……339-343
　創造的な一（creative）……343, 345, 347, 350-352
基本規則（Primary rule）
　巧みさにおける役割（role in tact）……136
青年との一（with adolescents）……119
転移の倒錯（Perversion of transference）
　逆転移現象（countertransference phenomena）……276

社会的概念（Social ideas）

青年期の世界（Adlescent world）

……107, 108, 118, 119
「非行仲間」（“gang”）……109, 113, 116-119
外的影響（external influences）……196

成人の世界（Adult world）

責任（Responsibility）……108, 240, 254, 258
「大人の」（“Grown-up”）……232
精神分析の役割（Role of psycho-analysis）……294-296

芸術の世界（Art world）……292

世代（Generations）

格差（Gap）……300-304
　一と思考の様式（and mode of thought）……300
　一と言語（and language）……304
　一とエディプス・コンプレックス（and Oedipus complex）……300

こころの社会状態（Social states of mind）

アパシー（Apathy）……286
保守性（Conservatism）……306
反逆心＝反抗心（Rebelliousness）……305
革命的な精神（Revolutionary spirit）……307, 308
暴政的（Tyrannical）……293
　戦慄の役割（role of terror）……293, 294, 296
ポルノグラフィの機能（Function of pornography）……337, 338, 349, 351, 352
教育の機能（Function of pedagogy）……312, 323-327

快感－苦痛－現実原則（Plasure-pain-reality principle）……162
妄想－分裂ポジションと抑うつポジション（Paranoid-schizoid and depressive positions）……077-080, 162, 255, 257, 259, 339
Ps ↔ D……339, 342, 343
「刃先の」（"Knife-edge"）……343, 347, 351, 352

空想の地理（Geography of Phantasy）
妄想体系（Delusional systems）……347, 348
母親の身体（Mother's body）
空間と開口部（spaces and orifices）……143, 144, 150
内部の－ペニス（inside-penises）……144
内的赤ん坊たち（internal babies）……171, 209, 210, 333
一の保存（preservation of）……172
死んだ赤ん坊たち（dead babies）……210
一と妊娠（and pregnancy）……333, 334
原光景（Primal scene）
五人のメンバー（five members）……177
六人目のメンバー（sixth member）……177

アイデンティティ（Identity）
「重心」（"Centre of gravity"）……108
一体験（experience of）……110
一の混乱（confusion of）……111, 124
「偽りの自己」（"false self"）……112
偽成熟（pseudo-maturity）……120, 124, 145, 147, 156, 170, 176, 205
二人精神病（folie à deux）……186

心的苦痛（Mental pain）
一に対する態度（Attitude toward）……190
拒絶症（negativism）……188
受動性（passivity）……264, 265, 267
「二度と嫌だ」（"never again"）……191
耐性（tolerance）……340
戦慄（Terror）……201, 203, 204, 207-213
恐怖（Dread）……201, 209, 210, 212, 213
失望（Despair）……201, 211, 264, 267

混乱＝混同（Confusions）……111
一の創造（creation of）……194, 239
一と冷笑（and cynicism）……190
内的－外的一（internal-external）……191-197
レベルの一（of levels）……111
部位の一（zonal）……195, 196
良い－悪いの一（good-bad）……195
男性－女性の一（male-female）……111

組織（Organization）……256
成人一（Adult）……258, 259
自己愛一（Narcissistic）……139, 194
「非行仲間」（"gang"）……109, 113, 116-119
指の人格化（personification of the fingers）……118
一と秘密主義（and secrecy）……239
一とリーダーシップ（and leadership）……193-195, 320-322
マスターベーションの役割（role of masturbation）……180

精神病理（Psychopathology）
嗜癖（Addictions）……263-269
未成熟（Immaturities）……141
倒錯（Perversions）
倒錯的性愛（perverse sexuality）……183, 215
性倒錯（sexual perversions）
習慣性の一、嗜癖性の一および犯罪性の一（habitual, addictive and criminal）……266-268
糞便－ペニスの役割（role of the faecal-penis）……151
フェティシズム、おもちゃ（fetishism, the plaything）……217
賭博（Gampling）……271, 272
「同性愛」、疾病分類上の地位（"Homosexuality", nosological status）……139, 142
統合失調症（Schizophrenia）……347, 349, 351

性愛（Sexuality）
成人の一（Adult）……171, 172
両性愛（Ambisexuality）……230, 232, 234, 237, 238, 241, 243

◎付録――中心概念の索引

一般のアルファベット索引は義務的に作られているので、私はいくらか考えたうえでそれをやめることにした。そして、そこにこの本の中心概念の次のような索引を付けることにした。つまらない気がかりとして、それがオークションのカタログに似ていることがある。あら捜しをする人たちには面白いだろうが、著者には悪夢である。それのみならず、「おしり－おかあちゃんのを見よ」といった滑稽な項目によってのみ味わいが出てくる、意味を欠いた習慣儀式のようでもある。

もっと深刻な気がかりが本書自体の性質から出ている。私が思うに本書の性質は、精神分析の十分に確立された概念を思考の新たな構成に改訂し、精神分析実践へのその多様な含意や他分野へのその理論の適用をたどる本質的な作業である。けれどもそれは、面接室の中で私がそれらの十分に確立された理論を見て使うそのやり方についての全くパーソナルな発言でもある。それゆえ、新しい酒を古い皮袋に入れるという側面を覆い隠して、純粋に技法的な言語を使うように誤解させやすいようである。そこで私は本書で、古い概念に導入されているパーソナルな趣きを含意させるよう、かなり多くのくだけた話し言葉による表現を使った。

フロイト、アブラハム、メラニー・クラインの業績に認められる諸概念の本質的な歴史的基盤が最初のセクションに要約されるようにしたので、また、それ以外の研究者たちの諸概念の引用は〔引用文献に追記した形の〕著者索引に含まれるようにした〔訳書では割愛〕ので、これから示す中心概念の索引にはその人たちの考えは表示されていない。その結果、すでに発表していた私自身の考えも含めなかった。

メタサイコロジー的概念（Metapsychological ideas）

力動的な作用（Dynamic Operations）
万能と全知（Ominipotence and omniscience）……197, 212, 293
投影同一化（Projective identification）
　―と混乱＝混同（and confusion）……111, 119
　―と「愛他的譲渡」（and “altruistic surrender”）……187
　―と視点（and point-of-view）……339-343
　―と窃視（and voyeurism）……341, 343
スプリッティング過程（Splitting processes）
　水平―と垂直―（horizontal and vertical）……139
　―と理想化（and idealisation）……184, 257, 260
　　過剰な―と不適切な―（excessive and inadequate）……257
　―とこころの特質の配分（and distribution of qualities of mind）……185
　―の幅（width of）……184, 189
　分解する―（dismantling）……217
退行（Regression）
　―における諸段階（steps in）……195
償い（Reparation）
　―と容赦（and forgiveness）……258

経済原則（Economic principles）

反復強迫（Repetition Compulsion）……034, 035, 041, 162, 240, 257, 259

Meltzer, D. (1963) A Contribution to the Metapsychology of Cyclothmic States. Int. J. Psa.
——(1964) The Differentiations of Somatic Delusions from Hypochondria. Int. J. Psa.
——(1966) The Relation of Anal Masturbation to Projective Identification. Int. J. Psa.（世良洋＝訳 1993「肛門マスターベーションの投影同一化との関係」『メラニー・クライン トゥデイ①』岩崎学術出版社）
——(1967) The Psycho-analytical Process. Heinemann.（松木邦裕＝監訳 2010『精神分析過程』金剛出版）

Money-Kyrle, R. (1961) Man's Picture of His World. Duckworth.

Racker, H. (1968) Transference and Coutertransference. Hogarth.（坂口信貴＝訳 1982『転移と逆転移』岩崎学術出版社）

Rosenfeld, H. (1971) Psychotic States. Hogarth.

Segal, H. (1964) Introduction to the Work of Melanie Klein. Heinemann.（岩崎徹也＝訳 1977『メラニー・クライン入門』岩崎学術出版社）

Stokes, A. (1963) Painting and the Inner World (with Donald Meltzer). Tavistock.

Sullivan, H.S. (1940) Conceptions of Modern Psychiatry. Psychiatry.（中井久夫・山口隆＝訳 1976『現代精神医学の概念』みすず書房）

Whitehead, A.N. (1933) Adventures of Idea. Macmillan.（山本誠作・菱木政晴＝訳 1982『観念の冒険――ホワイトヘッド著作集第 12 巻』松籟社）

Winnicott, D. (1965) The Maturational Processes and the Facilitating Environment. Hogarth.（牛島定信＝訳 1977『情緒発達の精神分析理論』岩崎学術出版社）

——(1922) Some Neurotic Mechanisms in Jealousy, Paranoia and Homosexuality. S.E., Vol.18.（井村恒郎＝訳 1970「嫉妬、パラノイア、同性愛に関する二、三の神経症的機制について」『フロイト著作集 6』人文書院）
——(1923) The Ego and the Id. S.E., Vol.19.（小此木啓吾＝訳 1970「自我とエス」『フロイト著作集 6』人文書院）
——(1924) Neurosis and Psychosis. S.E., Vol.19.（加藤正昭＝訳 1969「神経症と精神病」『フロイド選集 10』日本教文社）
——(1924) The Economic Problem of Masoshism. S.E., Vol.19.（青木宏之＝訳 1970「マゾヒズムの経済的問題」『フロイト著作集 6』人文書院）
——(1924) The Dissociation of the Oedipus Complex. S.E., Vol.19.（吾郷晋浩＝訳 1984「精神分析要約」『フロイト著作集 11』人文書院）
——(1926) Inhibitions, Symptoms and Anxiety. S.E., Vol.20.（井村恒郎＝訳 1970「制止、症状，不安」『フロイト著作集 6』人文書院）
——(1927) Fetishism. S.E., Vol.21.（山本巌夫＝訳 1969「呪物崇拝」『フロイト著作集 5』人文書院）
——(1930) Civilization and its Discontents. S.E., Vol.21.（浜川祥枝＝訳 1969「文化への不安」『フロイト著作集 3』人文書院）
——(1931) Female Sexuality. S.E., Vol.21.（懸田克躬・吉村博次＝訳 1974「女性の性愛について」『フロイト著作集 5』人文書院）
——(1933) New Introductory Lectures on Psycho-analysis. S.E., Vol.22.（懸田克躬・高橋義孝＝訳 1971「精神分析入門（続）」『フロイト著作集 1』人文書院）
——(1938) An Outline of Psycho-analysis. S.E., Vol.23.（小此木啓吾＝訳 1983「精神分析学概説」『フロイト著作集 9』人文書院）
——(1938) Splitting of the Ego in the Process of Defence. S.E., Vol.23.（小此木啓吾＝訳 1983「防衛過程における自我の分裂」『フロイト著作集 9』人文書院）
Gillespie, W.H. (1952) Notes on the Analysis of Sexual Perversions. Int. J. Psa.
Jones, E. (1956) Sigmund Freud : Life and Work. Hogarth.（竹友安彦・藤井治彦＝訳 1969『フロイトの生涯』紀伊国屋書店）
Klein, M. (1932) The Psycho-analysis of Children. Hogarth.（衣笠隆幸＝訳 1996『児童の精神分析——メラニー・クライン著作集 2』誠信書房）
——(1937) Love, Guilt and Reparation (in "Love, Hate and Reparation" with Joan Riviere). Hogarth.（奥村幸夫＝訳 1983「愛、罪そして償い」『愛、罪そして償い——メラニー・クライン著作集 3』誠信書房）
——(1950) Contributions to Psycho-analysis, 1921-45. Hogarth.
——(1952) Development in Psycho-analysis (with Paula Heinemann, Susan Isaacs and Jaon Riviere). Hogarth.
——(1957) Envy and Gratitude. Tavistock.（松本善男＝訳 1996「羨望と感謝」『羨望と感謝——メラニー・クライン著作集 5』）

——(1909) Notes upon an Case of Obsessional Neurosis ("The Rat Man"). S.E., Vol.10.（小此木啓吾＝訳 1983「強迫性障害の一症例に関する考察」『フロイト著作集 9』人文書院）
——(1910) Five Lectures on Psycho-analytic Therapy. S.E., Vol.11.（懸田克躬＝訳 1983「精神分析について」『フロイト著作集 10』人文書院）
——(1910) The Future Prospects of Psycho-Analytic Therapy. S.E., Vol.11.（小此木啓吾＝訳 1983「精神分析療法の今後の可能性」『フロイト著作集 9』人文書院）
——(1911) Psycho-analytic Notes on an Autobiographical Account of a Case of Paranoia (Schreber Case). S.E., Vol.12.（小此木啓吾＝訳 1983「自伝的に記述されたパラノイア（妄想性痴呆）の一症例に関する精神分析的考察」『フロイト著作集 9』人文書院）
——(1912) Recommendations to Physicians Practising Psycho-analysis. S.E., Vol.12.（小此木啓吾＝訳 1983「分析医に対する分析治療上の注意」『フロイト著作集 9』人文書院）
——(1914) On the History of the Psycho-analytic Movement. S.E., Vol.14.（野田倬＝訳 1983「精神分析運動史」『フロイト著作集 10』人文書院）
——(1914) On Narcissism : An Introduction. S.E., Vol.14.（懸田克躬・吉村博次＝訳 1969「ナルシシズム入門」『フロイト著作集 5』人文書院）
——(1915) Mourning and Melancholie. S.E., Vol.14.（井村恒郎＝訳 1970「悲哀とメランコリー」『フロイト著作集 6』人文書院）
——(1916) Some Character Types Met with in Psycho-analytic Work. S.E., Vol.14.（佐々木雄二＝訳 1970「精神分析的研究からみた二、三の性格類型」『フロイト著作集 6』人文書院）
——(1916) (1st) Introductory Lectures on Psycho-analysis. S.E., Vol.15.（懸田克躬・高橋義孝＝訳 1971「精神分析入門（正）」『フロイト著作集 1』人文書院）
——(1918) From the History of an Infantile Neurosis (the "Wolf-man"). S.E., Vol.17.（小此木啓吾＝訳 1983「ある乳児期神経症の病歴より」『フロイト著作集 9』人文書院）
——(1919) "A Child is Being Beaten" : A Contribution to the Study of the Origin of Sexual Perversion. S.E., Vol.17.（高田淑＝訳 1984「「子供が叩かれる」」『フロイト著作集 11』人文書院）
——(1920) Beyond the Pleasure Priciple. S.E., Vol.18.（小此木啓吾＝訳 1970「快感原則の彼岸」『フロイト著作集 6』人文書院）
——(1920) The Psycho-genesis of a Case of Homosexuality in a Woman. S.E., Vol.18.（高橋義孝＝訳 1984「女性同性愛の一ケースの発生史について」『フロイト著作集 11』人文書院）
——(1921) Group Psychology and the Analysis of the Ego. S.E., Vol.18.（小此木啓吾＝訳 1970「集団心理学と自我の分析」『フロイト著作集 6』人文書院）

◎ 文献

Abraham, K. (1924) A Short Study of the Development of the Libido. Selected Papers, Hogarth.（下坂幸三・前野光弘・大野美都子＝訳 1993「心的障害の精神分析に基づくリビドー発展史」『アーブラハム論文集』岩崎学術出版社）

Breuer, J. (1893) Studies in Hysteria (with Freud). S.E., Vol.2.（懸田克躬＝訳 1974「ヒステリー研究」『フロイト著作集 7』人文書院）

Bion, W.R. (1962) Learning from Experience, Heinemann.（福本修＝訳 1999「経験から学ぶこと」『精神分析の方法 I ――セブン・サーヴァンツ』法政大学出版局）

――(1963) Elements of Psycho-analysis. Heinemann.（福本修＝訳 1999「精神分析の要素」『精神分析の方法 I ――セブン・サーヴァンツ』法政大学出版局）

――(1965) Transformations. Heinemann.（福本修・平井正三＝訳 2002「変形」『精神分析の方法 II ――セブン・サーヴァンツ』法政大学出版局）

Fenichel, O. (1939) Trophy and Triumph. Collected Papers. Norton.

Freud, A. (1946) The Ego and the Mehanisms of Defence. I.U.P.（黒丸正四郎・中野良平＝訳 1982「自我と防衛機制」『アンナ・フロイト著作集 2』岩崎学術出版社）

Freud, S. (1895) Studies in Hysteria. S.E., Vol.2.（懸田克躬＝訳 1974「ヒステリー研究」『フロイト著作集 7』人文書院）

――(1895) Project for a Scientific Psychology (Origins of Psychoanalysis, Basic Books, 1954).（小此木啓吾＝訳 1974「科学的心理学草稿」『フロイト著作集 7』人文書院）

――(1900) The Interpretation of Dreams. S.E., Vol.4.（高橋義孝＝訳 1968「夢判断」『フロイト著作集 2』人文書院）

――(1901) The Psychopathology of Everyday Life. S.E., Vol.6.（池見酉次郎・高橋義孝＝訳 1970「日常生活の精神病理」『フロイト著作集 4』人文書院））

――(1905) Fragment of the Analysis of a Case of Hysteria (Dora), S.E., Vol.7.（細木照敏・飯田眞＝訳 1969「あるヒステリー患者の分析の断片」『フロイト著作集 5』人文書院））

――(1905) Three Essays on the Theory of Sexuality. S.E., Vol.7.（懸田克躬・吉村博次＝訳 1969「性欲論三篇」『フロイト著作集 5』人文書院）

――(1905) Jokes and their Relation to the Unconscious. S.E., Vol.8.（生松敬三＝訳 1970「機知――その無意識との関係」『フロイト著作集 4』人文書院）

――(1908) Character and Anal Erotism. S.E., Vol.9.（懸田克躬・吉村博次＝訳 1974「性格と肛門愛」『フロイト著作集 5』人文書院）

――(1909) Analysis of a Phobia in a Five-year-old Boy (Little Hans). S.E., Vol.10.（高橋義孝・野田倬＝訳 1974「ある五歳男児の恐怖症分析」『フロイト著作集 5』人文書院）

◎ 訳者一覧

松木邦裕（まつき・くにひろ）
　監訳者略歴に記載
　監訳、序文担当

浅田義孝（あさだ・よしたか）
　平和大通り心療クリニック
　第 1 章、第 7 章、第 13 章、第 19 章担当

真崎由美子（まさき・ゆみこ）
　聖トマス大学人間文化共生学部
　第 2 章、第 10 章、第 18 章担当

丸山仁美（まるやま・ひとみ）
　長崎純心大学人文学部
　第 3 章、第 9 章、第 15 章、第 21 章担当

古賀靖彦（こが・やすひろ）
　監訳者略歴に記載
　監訳、第 4 章、第 12 章、第 20 章担当

永松優一（ながまつ・ゆういち）
　福間病院
　第 5 章、第 11 章、第 17 章、第 23 章担当

山田　信（やまだ・しん）
　タヴィストック・クリニック
　第 6 章、第 22 章担当

松尾信一郎（まつお・しんいちろう）
　若久病院
　第 8 章、第 16 章、第 24 章担当

世良　洋（せら・ひろし）
　世良心療内科クリニック
　第 14 章担当

著者略歴

Donald Meltzer

（ドナルド・メルツァー）

1922 ～ 2004 年。精神分析家。イェール大学およびアルバート・アインシュタイン大学において教育を受け、セント・ルイスにて成人と児童の精神医学の訓練を受ける。英国でメラニー・クラインに精神分析の訓練を受け、タヴィストック・クリニックおよび英国精神分析協会にて教育活動に携わる。主著 *The Psycho-analylical Process*（1967）（『精神分析過程』金剛出版［2010］）、*The Kleinian Development*（1978）（金剛出版より近刊）、*Dream Life*（1984）（『夢生活』金剛出版［2004］）、*The Apprehension of Beauty*（1988）（『精神分析と美』みすず書房［2010］）ほか。

―――

監訳者略歴

古賀靖彦

（こが・やすひろ）

1956 年佐賀県に生まれる。九州大学医学部卒業後、福岡大学医学部精神科勤務を経て、英国タヴィストック・クリニックに留学。現在は油山病院に勤務。日本精神分析協会正会員。著訳書に『オールアバウト　メラニー・クライン』（松木邦裕編、分担執筆、至文堂［2004］）『現代フロイト読本 2』（西園昌久監、分担執筆、みすず書房［2008］）、『メラニー・クライン　トゥデイ①②③』（スピリウス編、共訳、岩崎学術出版社［1993］［1993］［2000］）、『信念と想像』（ブリトン著、訳、金剛出版［2002］）などがある。

―――

松木邦裕

（まつき・くにひろ）

1950 年佐賀市に生まれる。1975 年熊本大学医学部卒業。精神分析オフィス開業後、京都大学大学院教育学研究科在籍、日本精神分析学会会長。主著『摂食障害の治療技法』（金剛出版［1997］）、『分析空間での出会い』（人文書院［1998］）、『精神分析体験：ビオンの宇宙』（岩崎学術出版社［2009］）、『精神分析臨床家の流儀』（金剛出版［2010］）、『不在論』（創元社［2011］）ほか多数。

こころの性愛状態《せいあいじょうたい》

印　刷 …………………………… 2012年11月20日
発　行 …………………………… 2012年11月30日
著　者 …………………………… ドナルド・メルツァー
監訳者 …………………………… 古賀靖彦｜松木邦裕
発行者 …………………………… 立石正信
発行所 …………………………… 株式会社 金剛出版（〒112-0005 東京都文京区水道1-5-16）
電話 03-3815-6661　振替 00120-6-34848
装　幀 …………………………… 戸塚泰雄（nu）
写　真 …………………………… 石塚元太良
組　版 …………………………… 藍原慎一郎
印刷・製本 ………………………… シナノ印刷
ISBN978-4-7724-1278-0　C3011　